师谈（第一辑）

秦皇岛市总工会◎编

燕山大学出版社
·秦皇岛·

图书在版编目（CIP）数据

师谈 / 秦皇岛市总工会编. —秦皇岛：燕山大学出版社, 2024.1

ISBN 978-7-5761-0581-0

I. ①师… II. ①秦… III. ①地方文化－文化研究－秦皇岛－文集 IV. ①G127.223-53

中国国家版本馆 CIP 数据核字（2023）第 211048 号

师谈

SHITAN

秦皇岛市总工会 编

出 版 人：陈　玉			
责任编辑：张文婷		策划编辑：裴立超	
责任印制：吴　波		封面设计：刘韦希	
出版发行：燕山大学出版社 YANSHAN UNIVERSITY PRESS		电　　话：0335-8387555	
地　　址：河北省秦皇岛市河北大街西段 438 号		邮政编码：066004	
印　　刷：秦皇岛墨缘彩印有限公司		经　　销：全国新华书店	

开　　本：710 mm×1000 mm　　1/16		印　　张：17.25	
版　　次：2024 年 1 月第 1 版		印　　次：2024 年 1 月第 1 次印刷	
书　　号：ISBN 978-7-5761-0581-0		字　　数：280 千字	
定　　价：69.00 元			

《师谈》编委会

自　序

秦皇岛是中国唯一一个因皇帝帝号而得名的城市，南临渤海，北依燕山，东接辽宁，西近京津，是一座既蕴含古城风韵，又富有现代气息的美丽城市。五千年中华文明积淀以及得天独厚的地理位置，形成了绚丽多彩、悠长厚重、独具秦皇岛特色的文化，孤竹文化、长城文化、海洋文化等在这里交相辉映。姜女寻夫、汉武挥鞭、魏武赋诗、唐宗驻跸、甲申大战……传说与传承在这里精彩演绎，遗迹与典故在这里相得益彰。

2022 年 1 月 10 日，秦皇岛市总工会联合市电视台创办全国首家电视职工频道——秦皇岛电视台职工频道，以"宣传职工、展示职工、教育职工、服务职工"为主要职能，加强职工思想政治引领，推进产业工人队伍建设改革，进而推动秦皇岛经济、文化、社会稳步发展。《师谈》栏目作为职工频道的品牌栏目，一年来邀请了全市各行各业的专家、学者讲述秦皇岛的经济文化和风土人情。本书精选了一年来 15 名老师的讲座内容，从风云际会山海间到纳兰性德笔下的秦皇岛，从秦皇岛地名探源到"京东第一府"，从昌黎葡萄酒、山桥历史、长城非遗到北戴河老别墅，《师谈》的老师们为全市职工带来了一场文化盛宴，在专家、学者和职工之间架起一座知识的桥梁。

师名家传承中华文明，谈古今汇聚精神力量。《师谈》一书的编撰，让大家能够更好地了解和把握秦皇岛的历史文化脉络，提升秦皇岛的城市文化品位。在全面深入学习宣传贯彻党的二十大精神、增强全民族文化自信的大背景之下，阅读这本书，必然能够对秦皇岛历史文化产生耳目一新的认知，感受独树一帜的地域文化的精神内核。希望这样一次充满家国情怀的精神返乡之旅，能够凸显本书的时代意义，激励广大职工为推进秦皇岛经济社会高质量发展迈上新台阶贡献力量。

在这片山海相连的土地上，伟大的秦皇岛人民在新的时代就像一位勇立潮头的歌者，用宝贵的经验和满腔的热忱，吟唱出对秦皇岛历史文化的尊重与敬畏。我们坚信，在党的领导下走过百年征程的秦皇岛，必将承前启后、继往开来，将自身打造为国际一流旅游城市。

Contents

目 录

李晓奇

　　1962 年 1 月出生，东北大学秦皇岛分校原副校长，教授，现任东北大学秦皇岛分校国际化办学事务特别助理。秦皇岛市第十四届、十五届人大常委会委员，秦皇岛市博士专家联谊会副会长，省级工程技术研究中心副主任，国家级科普基地负责人，国家级一流本科课程负责人，教育部本科教学审核评估专家，教育部中外合作办学会评专家。

"奇"说秦皇山海

——走进张学良与东北大学

秦皇岛不仅拥有优美的自然环境，还有悠久的历史和深厚的文化积淀。作为秦皇岛人，了解秦皇岛，会使我们有更好的归属感和自豪感。当然作为秦皇岛人，宣传秦皇岛也是我们应尽的义务。今天开始，我要通过一些与秦皇岛有关的重大历史事件和重要人物，介绍一下秦皇岛历史上的难忘瞬间。

本次讲座的主题叫作《"奇"说秦皇山海》，第一讲的内容说一说张学良与东北大学。东北大学始建于 1923 年，它是一所具有爱国主义光荣传统的大学，主校区坐落在沈阳市，此外在秦皇岛拥有分校，在佛山设有研究生分院。在东北大学的网站主页学校简介中有这样的一句话："在近百年的办学历程中，东北大学始终坚持与国家发展和民族复兴同向同行，形成了'自强不息、知行合一'的校训精神和'实干、报国、创新、卓越'的东大文化。"那么这些表述有什么依据，背后又有什么重大的事件支撑呢？我会为大家——道来。

我们先来看少帅张学良，他出生在什么年份呢？1901 年。我们知道 2021 年中美安克雷奇会谈，中共中央政治局委员、中央外事工作委员会办公室主任杨洁篪和国务委员兼外长王毅的表现让国人扬眉吐气，让人们不禁想起了 120 多年前《辛丑条约》签订时的那种屈辱场面。那正是 1901 年，本来是八国联军入侵中国，可是到最后签约的时候，可就不是八国了，而是十一国，增加了比利时、荷兰、西班牙。那个时代的中国可以用两个词语来描述，叫作备受欺凌、任人宰割。就是在1901年这个特殊的年份里，张学良出生了。我们平常称他为少帅，像电视剧里表现的那样，我们还可以称他为爱国将领，当然我们更愿意称他为东大老校长。

我们来看在张学良成长的过程中有哪几个人对他产生了重要的影响，第一位是他的父亲张作霖。张作霖希望他文武全才，并且日后成为济世名臣，因此给他起名叫张学良，字汉卿。我们稍微体会一下就会知道，姓张还要学良，还要字汉卿，通俗点说就是要让他学张良。而且张作霖很注重对他的教育，当家里的情况不错的时候，本来可以过比较宽裕的日子，但是在日常用餐的时候，张作霖还是经常让孩子们吃粗茶淡饭。张学良作为长子，张作霖尤其对他寄予了厚望，有一次张学良在喝高粱米粥的时候，表示粗粮不太愿意吃，张作霖当场拿筷子敲了一下他的脑袋训斥了一句说："当年你爷爷要是能喝上一碗高粱米粥，至于饿死吗？"从此他不再挑食。张学良并没有接受太多正规的学校教育，张作霖在家里给他聘请家教，让他得到了很好的国文和英文的训练，从后来他的讲话、题词中，我们可以看到他具有深厚的文学功底。对他影响比较大的另一个人物，是南开大学的创始人叫张伯苓。张伯苓有一个演讲叫作《中国之希望》，听了这个演讲，再加上张学良结识了许多西方的进步青年，接受了民主思想，所以他逐渐向爱国者转变。既然希望他文武全才，张作霖又把他送到了讲武堂。在这里他结识了对他的一生产生重要影响的另外一个人，那就是这里的教官郭松龄。在这儿又有两个词语，一个叫忘年之交，另一个叫良师益友。郭松龄是唐朝名将郭子仪的后人。后来张学良把郭松龄带到了奉军，两人的关系日益密切。

孙中山先生曾经说过，那时的中国有两个祸患，第一个叫帝国主义，第二个叫军阀。全国基本上有这么几个主要的军阀力量，一个奉系，占据着东北，张作霖为首，还有直系，比如像吴佩孚他们，当然还有皖系，像段祺瑞。年纪大一点的同志当初熟悉样板戏的，可能会记得《红灯记》里李奶奶有句台词叫"那时候，军阀混战，天下大乱哪"。那么接下来我们要介绍的就是第一次直奉大战。

1922年爆发了第一次直奉大战，在战前实际上奉系占据的不仅仅是东北，它在关内也占据着大量的土地。但是张作霖以12万人对抗直系的10万人，最终的结果是什么呢？奉系惨败。其中唯一打胜仗的只有郭松龄和张学良率领的部队，关内大片土地丧失殆尽。那最后怎么办呢，已经威胁到关外的老家了，幸亏郭松龄、张学良率兵拼死抵抗，在什么地方呢？抚宁，还有临榆，确保山海关不失，保护着张作霖逃离了险境。5月5日张作霖败退出关，后来他奉天省长的职务也被撤了。6月18日，直、奉的代表，在秦皇岛附近海域的英国克尔留号军舰上签订停战协约，自此第一次直奉大战宣告结束。首战失利张作霖得到什么教训呢？可以说两个教训，第一，用他自己的话说，叫"乌合不教之兵，不堪作战，而无学识之将校，尤不足任指挥"，用咱们今天的话说叫"没文化，真可怕"。虽然说他12万兵力对抗敌军的10万，他手下也有一些似乎能征惯战的猛将，但是张作霖是绿林出身，身边那些人小打小闹可以，大规模作战他们是不行的，以至于在真正的战场上，他们表现出来的，甚至有冷兵器作战的一些模式。因此张作霖一来意识到没有文化的弊病。二来呢，就是奉系的溃败，导致大量的伤兵出现，他意识到没有自己的医院也是不行的，所以他决定起用人才、兴学重教。

我们先来看在医疗卫生领域他干了什么样的大事，首先介绍我们全中国人民应该铭记的 20 世纪初的一个抗疫英雄，他叫伍连德，他作了哪些贡献呢？1910 年哈尔滨疫情大暴发，而我们可以知道那是一个什么样的年份。1910 年大清王朝已经风雨飘摇了，政府是没有能力抗疫的，但是伍连德挺身而出，前往哈尔滨抗击疫情。发现了人传人现象以后，他立刻利用农舍开始隔离，然后把山海关"掐住"，病人不许入关。这都是一些强有力的措施，当然他还需要解剖尸体，还需要焚烧一些因为感染疾病而去世的死者，这些在今天看来都算不了什么，但在那个时候面临多大的阻力，这是可想而知的。我们现在都在戴口罩，而原来那种老式的棉布棉纱的口罩，被称为伍氏口罩，就是他发明的。我们现在餐桌上讲究公筷，在每道菜旁边再放一双筷子用来夹菜到自己碗里来用餐，这也是伍连德倡导的。不仅如此，他还创立了哈尔滨医学专门学校（今哈尔滨医科大学）、北京中央医院（今北京大学人民医院），担任《中华医学杂志》创刊后第一任总编辑。他的这些伟大贡献使得他在 20 世纪前半叶，被提名为 1935 年诺贝尔生理学或医学奖候选人。那么接下来，张作霖看上他了，特别邀请他到沈阳，成立了东北陆军医院。这是最早的一个部队医院，因为张作霖在第一次直奉大战中，已经意识到缺医少药的弊病。这个东北陆军医院咱们知道，后来随着"九一八"日本占领东北逐渐解体，解体以后又经过重组等等，分出若干的分支，其中还专门有一个分支跟咱们秦皇岛有关系，就是咱们秦皇岛现在的视听机械研究所。最初建立的东北陆军医院，后来张学良给他改过若干次名，曾经叫过东北陆军总院。当然还有一个值得咱们自豪的，国际上有一个权威的医学杂志叫《柳叶刀》，2019 年专门设计了一个大奖，以伍连德的名字命名。过去我们所说的"国士无双"，说的就是伍连德。而他也知道报效祖国，他的口头禅是"人以国士待我，必以国士报之"。

接下来又有两位有识之士去解决张作霖的心头大事，就是没文化的问题。这两位有识之士一个是奉天省省长王永江，还有一个是奉天省教育厅厅长谢荫昌。他们积极督促张作霖办自己的大学，谢荫昌的观点是"欲使东北富强，不受外人侵略，必须兴办教育，培养各方面人才"。当然在这个过程中日本人出面阻拦，但张作霖看得非常清楚，"他们（日本人）越是反对咱老张办大学，咱就越是非办不可，得快办，要办好，快出人才！不能让东北人没有上大学深造的机会，不管花多少钱，哪怕少养五万陆军，也要办好东北大学"。于是 1923 年 4 月 26 日，东北大学建校。"璀璨宏伟之东北最高学府，遂正式成立"，办学目的叫作"养成硕学闳才，使东北富强，不受外人侵略"，而张学良在继任东北大学校长之后提出了办学宗旨，叫作"研究高深学术，培养专门人才，应社会之需要，谋文化之发展"。我们可能听着耳熟，这正是我们今天总结的大学的四大职能。

刚才我们提到东北大学实际上并不是张学良创立的，他是第三任校长，但他起的作用是非同凡响的。第一任校长王永江，他既是省长又兼任校长，后来因病回家休养，到 1927 年去世的时候，他一直心头有一个遗憾，就是没有见到东北大学的第一届毕业生。东北大学的第一届毕业生什么时候才有呢，那个已经到了 1929 年了，而接任的第二任校长，也是省长兼校长叫刘尚清。接下来 1928 年，在一个特殊的背景下，张学良接掌了东北，同时也接掌了东大的大印。

咱们来看一下张学良的爱国深情。1928 年 8 月，张学良出任东大校长。1928 年 8 月是一个什么背景呢？1928 年的 6 月 4 日皇姑屯事件爆发，他父亲被炸身亡。他料理完丧事以后，立刻稳定局势，接着接掌东北大学的大印。张学良心中一直有一个愿望，他说的话就叫"武我要保全东北军，文我要办好东北大学"。他说："我们中国人的中国，诸位同胞都得努力拯救中国的危机，我办东北大学，就是为了培养人才。不办教育，外国人就欺负咱中国人，中国唯一希望在青年，而青年之根本在教育。"1928 年的 9 月，他在对学生的讲话中提到，"所以专门人才要做专门事业，宗旨最重要的有两条，一要自己看守自己的人格；二要将自己看小些，将国家看大些"。1934 年张学良在出国考察归来以后，为东大校刊题词，说"现在唯一的救国之方，是坚确决心，把我们自己无条件地贡献给社会和我的国家"。为什么说东北大学具有爱国主义光荣传统，这跟张学良老校长是密不可分的。

而那个时候，东大在张学良大力倡导之下开始引进人才，梁思成、林徽因 1928 年 8 月在欧洲考察之后回国，立刻应张学良邀请，到东大创立了我国第一个建筑系。当然里边还有一些大师级的人物，比如章士钊、梁漱溟，还有我们在《觉醒年代》里看到的黄侃等等。那时候东大教授的待遇，即使拿北大清华出来比，东大也是它们的好几倍。

1923 年东大建立，1924 年又爆发了第二次直奉大战。第一次奉系惨败，第二次奉系大胜。关于这方面的内容我们在后边的讲座中，将有详细的介绍。而在战后张学良看到无辜百姓饱受战乱之苦，他极为反感，在这个过程中他对他父亲的一些做法表现出不满，当然另外还有郭松龄对张作霖也表示不满。于是1925年秋，郭松龄在咱们旁边的滦州起兵，他要推翻张作霖，扶谁上位呢，扶张学良。在这个过程中，奉系节节败退，都抵挡不住郭松龄的军队，最后没办法，张作霖求助日本人，并且让张学良出面调停、镇压。张学良数次写信给郭松龄，希望面谈，郭松龄不见，只给他回了一封信，在信中他说了这样的话，"松龄愿公为新世界之伟人，不愿公为旧世界之枭桀；愿公为平民所讴歌，不愿公为政客所崇拜"，这就是郭松龄的三观！张学良的老朋友刘鸣九、荆有岩，在晚年回忆的时候说到张学良，"张先生为人，有两点与一般人不同的地方，一个特点是爱国思想极端强烈，另一个特点是待人以诚，胸怀坦白"。

张氏父子还积极兴办工业，修铁路、争主权。在1928年的时候，北伐军对奉系发起了猛攻，日本公使芳泽谦吉找上门来，因为那个时候张作霖已经进入北京，成了陆海军大元帅。但是北伐军一路高歌猛进，这个日本公使出来说："用不用我们来插手，你能抵挡得住北伐军吗？要不我们出面替你抵挡一下。"张作霖坚决回击说："这是我们家里的事，不劳邻居操心。"日本公使接着说："你万一抵挡不住怎么办呢？"张作霖说："那我就回东北去。"日本人稍带威胁地说："你回得去吗？"张作霖说："那是我的家，我为什么回不去？"

咱们知道，1928年6月4日，张作霖乘坐的火车，在皇姑屯被日本人事先埋好的炸药炸毁，张作霖受了重伤。早晨五点多受伤，立刻抢救回大帅府，九点多他离开人世，临死之前他对家人说："我受伤太重，怕是不行了，叫小六子以国家为重，好好干吧！我这个臭皮囊算不了什么，让小六子快回沈阳。"这是他最后说的话。同年的 8 月 16 日，张学良在稳定东北局势之后，立刻接掌了东北大学校长的职务。

说到张学良，好多人津津乐道的是他身上可能有的各种各样的毛病，但是相比他对民族的贡献、他的历史功绩来说，应该说那些都算不了什么。那么他有什么样的历史功绩、重大贡献呢？我们可以简单地叫作"八年之内，三造共和"。首先是 1928 年，稳定局势接任东北大学校长之后，他立刻在当年年底 12 月 29 日，通电全国毅然宣布东北易帜，撤下五色旗，升起了青天白日旗。因为那个时候日本希望的是东北独立，从中国的版图上分离出去，张学良避免了民族的分裂。接下来 1930 年他做的另一件大事叫"通电中原"。因为那个时候蒋介石、冯玉祥、阎锡山中原大战，他通电表明站在老蒋一边，所以使得各方罢手，避免了生灵涂炭。他所做的第三件大事，就是 1936 年 12 月 12 日，咱们知道他发动了西安事变。这是中国近代史上一个重要的转折点，实现了全民族的抗战。在纪念西安事变20 周年大会上，周恩来总理称张学良是"中华民族的千古功臣"。

1936 年的 12 月 25 日，张学良陪同护送蒋介石回南京，旋即被囚。实际上张学良晚年回忆的时候曾经说道："周恩来是反对我这么做的，甚至到机场想把我追回来，但我明知去南京将被逮捕，还是去了南京，因为我是个军人，我做这件事我自己负责，同时我是反对内战的，我对牺牲自己毫无顾虑。"咱们可以设想，如果说张学良不跟蒋介石回南京，西安事变的成果要大打折扣。而毛泽东同志在 1937 年的 3 月 1 日，接见美国记者史沫特莱的时候提到，"西安事变中，国内一部分人极力挑动内战，内战的危险是很严重的，如果没有 12 月25 日张汉卿先生送蒋介石先生回南京一举，如果不依照蒋先生处置西安事变的善后办法，则和平解决几乎不可能，兵连祸结不知要闹到何种地步，必然给日本一个绝好的侵略机会"。

我们说西安事变是一个重大的转折，我们都知道红军长征到达了陕北，那个时候之所以叫红军是因为我们有自己的苏维埃政权。但是西安事变到抗战全面爆发之后，我们不再叫红军了，北方叫八路军，南方叫新四军。苏维埃政权也不叫苏维埃政权了，我们改称特区、陕甘宁边区政府。当然后来解放战争，我们也不再叫八路军、新四军了，改称中国人民解放军。所以张学良的历史功绩至少有这三点，叫"八年之内，三造共和"。因此我们可以对东大的学子和校友说，你们没必要因为张学良的各种缺点而觉得在别人面前抬不起头来，而应该以张学良老校长为荣。所以在 2018 年东大举行 95 周年校庆之前，9月 2 日东北大学与张氏帅府举行了一个签约仪式。这个仪式的指导思想是什么呢？张氏帅府向全球东大校友发出邀请，爱国爱校，不忘初心，寻根帅府。同时东北大学 36 万校友向世界推介张氏帅府，感恩少帅，牢记使命，振兴中华。

九一八事变之后，日本人迅速占领了北大营和东北大学的校园。当然张学良按照蒋介石不抵抗的命令，撤入关内，背上了"不抵抗将军"的骂名。沈阳刚刚陷落不久，日本南满公学学堂堂长来东大校园慰问，说你们照常上课，经费由日本提供。让他们提供会是一个什么后果，咱们可想而知，日本统治朝鲜的时候，不许朝鲜人学朝鲜语。而全校师生这个时候悲愤之极，严词拒绝，走上了流亡道路，成为第一所流亡大学。先到北平，短暂停留又到了太原，后来有一支到开封，开封之后又转到西安，西安最后待不下去了，又南下四川三台，这叫一路求学，一路斗争。

那么就在东北大学流亡到北平的时候，1935 年的 12 月 9 日，爆发了著名的"一二·九"运动。日本人的胃口绝不仅仅是一个中国的东北，那时候是"偌大一个华北，已经放不下一张平静的书桌了"。所以学生看到了民族的危亡，开始走上街头游行示威，他们说要停止内战，一致对外。就在这个过程中，东北大学被推举担任整个游行队伍的指挥学校，而学生领袖宋黎担任了游行的总指挥。"一二·九"运动那天只有一千多人上街，好多学校还不知道，于是他们又进一步联合。到一周之后的 12 月 16 日，一万多名学生走上北平街头，东北大学又是走在游行队伍的最前列。

1939 年的 12 月 9 日，毛泽东在延安中央大礼堂举行的纪念"一二·九"运动四周年大会上指出，"一二·九"运动是动员全民族抗战的运动，它准备了抗战的思想，准备了抗战的人心，准备了抗战的干部，总之"一二·九"运动将成为中国历史上一个非常重要的事件。张学良也曾经感慨：看来我办东北大学没有白办，还出了宋黎这么个人物。宋黎在新中国成立以后成了辽宁省的政协主席，还是中共八大、十二大的代表。

1931 年 9 月，东北大学的部分学生说迁往了北平，勉强复课，而 1932 年又出现了东北大学发展史上的一件大事，东北大学刘长春成为第一位正式参加奥运会的中国运动员。那么是谁出资让他去参加奥运会呢？正是张学良自掏腰包，8000 现大洋资助他参加了第十届奥运会。2022 年冬奥会刚刚结束，2008 年北京奥运会也还历历在目。我们不妨把时光倒回到 1908 年。那个时候南开的创始人张伯苓先生到欧洲考察，恰逢伦敦奥运会举办，宏大的场面给他以极大的震撼。回国以后他发了三问：第一，中国什么时候才能有一个人去参加奥运会？第二，中国什么时候才能派一个代表团参加奥运会？第三，中国什么时候才能举办一届奥运会？而回答张伯苓先生第一个问题的，正是张学良和刘长春。1932年在张学良的资助下，刘长春海上漂泊21天，于1932年7月29日踏上了洛杉矶的土地，中国人第一次站在了五环旗下。而回答张伯苓先生的第二个问题，要跨越到1984年第23届奥运会了。那个时候中国重返奥运大家庭，组织了庞大的代表团出征，历史有的时候就是这样惊人的相似，又是在洛杉矶，又是7月29日，普拉多射击场枪声响毕，许海峰射落了本届奥运会的第一枚金牌，也是中国奥运史上的第一枚金牌。而回答张先生第三个问题这我们大家都经历过，在100年之后的2008年，北京举办了夏季奥运会。

1936年初，东北大学的工学院及补习班师生前往西安，在西安设立了分校。有一块石碑，咱们现在可以在西安的西北大学校园内一个老礼堂旁边看到，上书当初东北大学在那儿建分校时奠基仪式上张学良题的词："沈阳设校，经始维艰。自九一八，惨遭摧残。流离燕市，转徙长安。勖尔多士，复我河山。"

时光推移到1936年的12月9日，那个时候东大已经在西安设立了分校，为纪念"一二·九"运动一周年，他们再次走上街头游行，军警开枪打伤了学生，激起了学生们的义愤，他们突破军警的阻拦，一直向华清池而去，因为蒋介石那个时候前来督战就住在华清池。在中国近代史上有这重要的一幕，这是东大师生的贡献，叫作"灞桥请愿"。张学良作为老校长，他赶紧赶到灞桥劝同学们，说你们有什么诉求可以跟我说，我去给委员长反映，学生们不答应。然后张学良又劝说：你们要再往前走恐怕委员长的士兵就要开枪了，同学们还是无所畏惧。张学良说：同学们，你们是要把自己的一腔热血洒在这个地方，还是要洒在日后的抗日战场上。而就在这个过程中，游行队伍里有人唱起了咱们熟悉的那首歌曲，"我的家在东北松花江上，那里有森林煤矿，还有那满山遍野的大豆高粱，那里有我的同胞，还有那衰老的爹娘"。你想这种阵仗，这样的歌曲，对张学良和东北军是何等的心理冲击。所以张学良对同学们表态说，同学们请放心，一周之内，我以行动给大家一个答复。三天以后，西安事变爆发。

在张学良晚年的时候，仍然心系东大，我们知道新中国成立以后40多年的时间里东大不叫东北大学而是叫东北工学院，校友积极呼吁希望恢复东北大学的名称。到1992年，那个时候张学良已经是90多岁的老人了，他在台湾提笔书写了东北大学四个字，而且特意问身边的校友，今天按公历是哪天，最后他署下了1992年11月30日。在老校长书写校名之后，1993年的3月8日，国家教委下文，复名东北大学。我们现在到东大看校门口挂的牌子就是他写的。

1995年，张学良解除囚禁以后，定居美国夏威夷，到2001年10月14日与世长辞。

张学良，我们称他为少帅，称他为爱国将领，我们也愿意称他为老校长，他更是民族功臣。他在我们北戴河、在山海关也留下了诸多的足迹，还有很多要讲的故事，且待下次讲座再说。

风云际会山海间

——风流人物与峥嵘岁月（一）

　　继续我们的讲座"奇"说秦皇山海第二讲。我们今天要介绍的内容是风云人物与峥嵘岁月。

　　在千百年历史硝烟中秦皇岛土地上发生了许许多多的大事。比如说齐桓公伐山戎，也有的地方叫齐桓公伐孤竹，留下了我们所熟悉的老马识途的故事；曹操征乌桓曾经在这里"魏武挥鞭"，而且"东临碣石有遗篇"。众多的历史事件发生在秦皇岛的大地上。

　　我们过去称秦皇岛是三区四县，当然现在变成了四区三县。有朋友开玩笑说秦皇岛不如北戴河名气大，因为人们常说河北秦皇岛、中国北戴河。我说你说得对，但是双方都应该再提升一个档次，应该说中国秦皇岛、世界北戴河。因为秦皇岛是中国唯一以帝王尊号命名的城市，那可是国家级呀；而中国北戴河、俄罗斯索契和美国戴维营并称世界三大夏都，那可是属于"正球"级的单位啊。我们接下来就走进世界夏都北戴河。

　　这里首先我们要给大家介绍的是我们北戴河人民、秦皇岛人民以至于全体中国人应该感谢的一个人物叫朱启钤。在我们的联峰山公园里有朱家坟。朱启钤是我国著名的学者、实业家、爱国民主人士，他在辛亥革命以后先后担任过交通总长、内务总长并一度兼代国务总理。新中国成立以后周总理跟他亲切见面，说咱俩都是总理，但是您比我要长两辈，因为我跟章文晋同志是同事。章文晋是新中国成立以后著名的外交家，他正是朱启钤先生二闺女的儿子，也就是朱先生的外孙。

朱启钤先生一生经历了清朝末年、北洋政府、民国、日伪和新中国五个历史时期。在民国时期，朱启钤先生主持了京城改造，改建了正阳门，打通了皇城，开放了中央公园，也就是现在我们看到天安门边上的那个中山公园，还有新华门等等。

他首次来到北戴河是1916年，他被这里秀美的风光所吸引并且与北戴河结下了不解之缘。而北戴河也因为他的到来发生了历史性的变化，由"昔日之渔户荒村"变成了"华北盛景"。

他首先发现一个问题，就是各国纷纷组织团体，骎骎焉有喧宾夺主之势。我们知道1898年，光绪皇帝下令开辟北戴河为旅游地，外国人纷至沓来。可是长此以往，我们会丧失国家对北戴河的控制，那是一个很可怕的局面。朱先生首先意识到了这个问题，所以他开始采取措施维护国家主权。1919年他联系其他的各界名流一共十六人，向内务部和直隶省呈文，要求组织北戴河海滨公益会，也就是说要夺回我们对北戴河的管理权。而内务部于当年7月21日发文批复，肯定了他们的建议，表示支持。他向内务部呈文要求限制出卖联峰山、鸽子窝等名胜，惩办侵占土地之中外人士，以限制北戴河的租卖。他还开辟了莲花石公园，我们知道这正是联峰山公园的前身。

在他领导公益会的十年里，积极建设开发北戴河，与外国势力坚持斗争，使北戴河管理权回归国人。在他们公益会章程里边有这样的话：对外国人，乘醉驰怒马，采折公园花木者科罚之，恃强为攘者畔之，侵略与欺凌我华人者干涉之……

他做的事还有筑路修桥。我们现在所熟悉的北戴河的东经路、西经路等 36 条干支路以及戴河路口金山嘴等等，都是他设计规划确定下来的。

他还筹建医院，1919 年的时候，他以公益会的名义在西山事务所的东北方向利用德国的旧兵营筹建了莲蓬医院。而且他做善事，减免地方之贫寒者的医药费用。

他兴办教育，认为教育为地方自治之先务，所以他改建了小学，还修建了"区完全小学校"。

他整修名胜，自掏腰包八千多元重修莲花石公园北面的观音寺。我们知道北戴河有二十四景，其中有二十景都在我们的联峰山公园。他为修复这些盛景作出了巨大的贡献。

我们再来看张学良和朱启钤的关系。1927 年，张学良喜欢上了赵四小姐，他常和赵四小姐徜徉于北戴河莲花石公园打高尔夫球。他对当时国内的高尔夫球场不太满意，计划兴建中国第一座 18 洞高尔夫球场，后来沈阳同泽俱乐部开业。而北戴河高尔夫球场始建于 1929 年，这是朱启钤先生专门为张学良打造的一个高尔夫球场，当时已经是华北首屈一指的了。然而遗憾的是 1937 年卢沟桥事变爆发导致球场夭折。到 2013 年的时候，在当年球场的原址上又兴建了现在的松石高尔夫俱乐部。松石高尔夫俱乐部的西面就是我们熟悉的集发生态园，东边是联峰山公园。

朱先生的另外一大贡献是他设立了中国营造学社（The society for research in Chinese architecture）。1925 年的时候，他先成立了营造学会，完全是私人出资，后来这个学会更名为中国营造学社。好多朋友看这个名不知道它是干什么的，从英文名称里我们可以体会到它是专门研究中国古建筑的，并且他们还发行了刊物。在这个学社中的部门负责人中有好多名人，其中包括梁思成和刘敦桢，他们分别担任法事组和文献组的主任，而朱先生亲任社长。也是在经营学社的过程中，朱先生为张学良修建了高尔夫球场，而张学良出资资助朱先生的中国营造学社。

抗战时期，营造学社被迫南迁，先后到过武汉、长沙、昆明，最后落脚到宜宾的李庄。抗战胜利以后，营造学社迁回北京，但资金日渐紧张，后来影响日微，逐渐地不为人知。

下面，我们转到才子佳人，来聊聊大家熟悉的梁思成和林徽因。1928年，梁思成、林徽因受聘于东北大学。在上一期讲座中曾经说过，张学良邀请他们回国任教，他们到东大创立了中国的第一个建筑系。这里边还有一些背景，因此他们的这一做法属于不计前嫌来东大。

为什么这么说呢？上期节目中我们提到郭松龄在滦州起兵，而郭松龄起兵时的一个幕僚叫林长民，后来在交战过程中被打死，这个林长民不是别人，正是林徽因的父亲。

我们都知道1919年的五四运动，而点燃五四运动火焰的恰恰是1919年5月2号《晨报》上的一篇文章的呼吁：山东亡矣、国将不国。这篇文章就是林长民写的。梁思成、林徽因夫妻二人不计前嫌，回到国内，来到东大，建了中国第一个建筑系。

之后他们去了哪儿呢？之后恰恰进入了当初的营造学社。后来1946年他们又到清华创办了建筑系，他们致力于建筑事业，在古建筑调查和实测过程中作出了巨大的贡献。

当年张学良悬赏四百大洋征集东北大学校徽，林徽因的设计方案一举中标。校徽的最上方是艮的标志，代表东北。正中间是那个时候的校训，叫知行合一，当然正下方是白山黑水。两边呢，还设计了俩动物，正是那个历史背景的真实写照：一个是日本狼，一个是俄国熊。

接下来北大邀请梁先生设计了地质馆，西南联大组建，他们又应邀设计了校舍。后来还应邀设计了重修滕王阁的方案。滕王阁多次建起又多次毁于战火，到现在已经是第 29 个版本了。这个版本的设计者正是梁思成。他还分别在 1952 年和 1954 年，为哈军工和陕西师大作了校舍的设计。

接下来他们共同承担了中华人民共和国国徽，还有人民英雄纪念碑的设计工作。

1949 年中国人民政治协商会议第一次全体会议决定，为纪念近代以来为中国人民和解放战争牺牲的人民英雄，建立人民英雄纪念碑。1952 年 5 月成立了建设委员会，由梁思成主持设计。在这个过程中实际上林徽因作了大量的贡献，比如说底座的浮雕。而且林徽因那个时候还给设计组提了一个建议，说这么庄重的建筑，上面的题词应该由领袖们给出。最后她没想到，人民英雄纪念碑正面八个大字"人民英雄永垂不朽"正是毛主席亲笔题写；背面的碑文是毛主席亲自起草、周恩来书写。

据说周恩来为了书写背面的碑文，连续练习了四十多遍。这表明的是什么呢？表明的是一种敬畏！一种纪念！而碑文的内容也最确切地表达了全国人民的心声。

毛主席的碑文是这么说的：三年以来，在人民解放战争和人民革命中牺牲的人民英雄们永垂不朽！三十年以来，在人民解放战争和人民革命中牺牲的人民英雄们永垂不朽！由此上溯到一千八百四十年，从那时起，为了反对内外敌人，争取民族独立和人民自由幸福，在历次斗争中牺牲的人民英雄们永垂不朽！

遗憾的是，人民英雄纪念碑落成之前，1955 年的 4 月 1 日林徽因溘然长逝。她的遗体安葬在八宝山革命公墓，而八宝山革命公墓正是林徽因设计的。梁思成专门在人民英雄纪念碑试雕的汉白玉石碑里选择了一块放在林徽因的墓前。上边很简单地只写了这几个字："建筑师林徽因墓"。

我们再来聊聊营造学社最后的南迁地宜宾市李庄镇，它被称为"万里长江第一古镇"，这是什么缘由呢？因为在它以上没有长江，只有岷江和我们熟悉的金沙江。可能说起宜宾大伙更熟悉的是五粮液，还有就是著名的李庄古镇。

1939 年的时候，国立同济大学、金陵大学、中央研究院、中央博物院、中国营造学社等十多家高等学府和科研院所搬迁至此。而梁思成、林徽因这些顶级的建筑专家，在极其艰苦的条件下开始了他们的生活和研究。他们的窘境让朋友们伤心难过，但林徽因和梁思成在回信中说：我们的祖国正在灾难中，我们不能离开她；假如我们必须死在刺刀或炸弹下，我们要死在祖国的土地上。

1944 年，日军进入贵州直逼重庆。12 岁的梁从诫问母亲林徽因：如果日本人真打进四川，你们打算怎么办？林徽因答道：中国念书人总还有一条后路嘛，我们家门口不就是扬子江嘛。梁从诫又问：我一个人在重庆上学，那你们就不管我了？林徽因握着儿子的手说道：真要到了那一步，恐怕就顾不上你了。

"岁寒知松柏"，这就是艰苦岁月中显现出的中国知识分子的高尚气节！这不仅是林徽因留给梁从诫的宝贵财富，也是留给我们今天众多华夏子孙的宝贵财富！

风云际会山海间

——风流人物与峥嵘岁月（二）

　　我给大家介绍风流人物与峥嵘岁月的第二部分，上次我们走入北戴河，今天我们来看山海关。

　　中原文明绵延几千年，一定程度上也是受到了横亘在北方的山系的庇护。绵延一千多公里的燕山——阴山山脉，再加上东面多山的朝鲜半岛，构成了一道完整的屏障。历史上各朝长城虽然路线不一，但基本上都是依这些山脉的险要而建。北方铁骑很难逾越这些地理屏障而进入中原腹地，还要跟大家提醒一下，实际上我们所处的这个纬度几乎就是北纬 40 度，这是一个特殊的纬度。首先适宜种葡萄，所以我们这儿有红葡萄酒庄园，而更加著名的比如说法国波尔多，几乎也在这个纬度。同时为什么要在这个地方修建长城？不仅是依势而建，而且这个纬度恰好是农耕文明与游牧文明的分界线。

　　我们接着来说山海关。在群山与渤海间有一条平坦的地带，叫辽西走廊。它适宜骑兵辎重行进，一直延伸到雄伟的山海关，天下第一关的厚重城墙背后，实际上是"无险可守"的京师重地和华北平原。回顾历史，这座雄关每一次向北敞开大门，都引发了中华民族命运的剧烈动荡。

　　我们再来看崇祯十七年，这年的 4 月 13 日，小小的一片石战场汇聚了当初中国历史上最巨大的三股势力。他们分别是谁呢？李自成、多尔衮，还有吴三桂。而一片石正是我们今天所熟悉的九门口，三股势力在这儿展开了决定中国命运的一场大战，这一年是 1644 年。

1644 年的 3 月 19 日，大顺军攻破北京，明朝的大部分官员都投靠到了李自成的麾下，而吴三桂率领的关宁铁骑是明朝仅存的精锐，他被李自成封王，本来也打算向京城移动投靠李自成，但是李自成所采取的一系列措施，导致局面发生了根本的反转。他搞了一个政策叫"追赃助饷"，致使众多的明朝官员被抄家、受辱。而吴三桂军队行进到滦州的时候得知家人被囚，而且自己的爱人陈圆圆也被人家霸占了，所以一怒之下回师山海关。李自成本来打算派刘宗敏前去讨伐，而此时农民阶级的局限性一览无余，刘宗敏直接甩出一句狠话，"大家都是贼，凭什么你在京城享乐让我去前方卖命"。无奈之下，李自成御驾亲征，他们相会于什么地方呢？就是九门口战场。

多尔衮虽然政治上斗不过孝庄，但军事上绰绰有余。他采取的策略叫"坐山观虎斗"，所以等到双方一片混战、筋疲力尽的时候，大清的两白旗立刻攻入阵中，大顺军大败。然后吴三桂直扑京城，山海关战役落下帷幕。

李自成败回北京以后，可谓火速登基、火速出逃。咱们知道从他 3 月 19 日进京到最后逃离北京一共 42 天，而真正从他登基算起他当皇帝多长时间呢？只有一天。4 月 29 日匆匆登基，本来必须有的到天坛的祭天仪式他都没顾得上去，派牛金星替他走了一个仪式。4 月 30 日败走北京的时候心有不甘，还回头往前门的箭楼上射了一箭。

因此，1644 年可以说是中国历史上很有特点的一年，在这一年之内出了三个皇帝。第一个是大明王朝的最后一个皇帝崇祯，他跑到咱们现在看到的故宫后门出去的景山公园，那个时候叫煤山，一看大势已去，上吊。接着李自成进入北京，但后来又匆匆逃离。接下来还是在这一年，顺治皇帝进入北京。我们知道 1644 年是甲申年，在 1944 年，郭沫若先生写了一篇文章叫《甲申三百年祭》。

我们接着来看山海关，在第一讲里我们提到了第二次直奉大战。1922 年是第一次直奉大战，而 1923 年东北大学成立，1924 年爆发了第二次直奉大战，张作霖、吴佩孚对峙于山海关，在山海关、九门口一带聚集重兵，相持一个多月。而这里边起了决定性作用的是张学良和郭松龄的部队，他们趁着夜色从黄土岭入关，偷袭设在石门寨的直军前线司令部，占领了九门口和石门寨，其余的部队得以顺利入关。

在双方反复争夺相持的过程中，直系突然之间"后院起火"，冯玉祥在北京发动政变，吴佩孚兵败逃亡，从此直系全面溃败，走出了历史。而经过这一战役，奉系一举夺得了中央政权，张作霖成为北洋政府的领导人，陆海军大元帅，而张学良也升为京榆地区卫戍总司令。

接下来要提一个我们熟悉的景点叫姜女庙。因为在第二次直奉大战双方拉锯的过程中，争夺的一个制高点就是凤凰山，而张学良指着姜女庙发誓：如果我能赢得这场战争，日后一定重修庙宇，再塑金身。最后，他们夺下了凤凰山，姜女庙也成了指挥所。当然还有山海关首山二郎神旧址，它也曾经作为战地指挥所。还有我们熟悉的角山长城等等。

本来北戴河、山海关有众多的古迹景点，可能相对而言姜女庙并不太引人注意，但是今天我们就给大家介绍一下姜女庙的相关故事，看看就这么一个不太起眼的地方有多少动人的传说和故事。姜女庙又称为什么呢？贞女祠。它位于河北省山海关城东约 6 公里的望夫石村后山冈上，也有的当地人说，城外 13 里。当然这里面有民间故事叫"孟姜女哭长城"。按记载，姜女庙始建于宋代以前，万历年间进行了重修。直奉战争以后，实际上具体说的是 1928 年，张学良兑现诺言，他和于凤至掏私房钱重修了姜女庙。

关于姜女庙给大家介绍一些故事。第一个故事，孟姜女是最早的"葫芦娃"。为什么呢，传说有姓孟的老头无儿无女，在家种了一个葫芦，这葫芦迎风就疯长，疯长以后长到了隔壁姜老头家里。后来结了一个特大的葫芦，孟老头和姜老头挺高兴，想把这个葫芦劈开两半咱两家不就正好一家一个葫芦瓢吗？没想到劈开以后里边出来一个小女孩。按咱们传统的描述，小女孩肯定是漂亮得不像话，于是两家开始争夺这个小女孩。姜老头说："出生地在我这儿，应该算我的。"孟老头说："祖籍在我那儿，应该算我的。"无奈之下只好请来当地的长者，长者说："二老就不要争了，这算你们两家的不就行了吗，给她起名叫孟姜。"所以这个美丽的传说，让我们知道了"葫芦娃"的故事。

接下来，我国民间有四大爱情故事，也有的叫四大民间传说，第一个就是孟姜女的传说。当然还有其他三个，比如说梁祝、牛郎织女、许仙与白娘子。再接下来围绕着孟姜女还有一个金童玉女七世夫妻的故事。说的是什么事呢？有一天，玉皇大帝大宴群神，他派金童玉女去给各路大神敬酒。等敬到南极仙翁跟前的时候，金童比较紧张，把手中的酒杯摔到了地上，而玉女为了安慰他，龇牙笑了一下，意思是说：你紧张什么，别这样。可是这一笑的代价太大了，玉皇大帝立刻严肃起来，男女之间怎么能这样呢，罚你们到人世间苦苦相恋七世才能成为夫妻。就这一句话，两人从苦苦相恋到最后成亲历经了将近2000年。而七世夫妻的第一世就是孟姜女和范喜良，第二世是咱们熟悉的梁山伯与祝英台，但一般人不知道他们之间竟然还有转世关系。

咱们知道孟姜女本来跟山海关这儿关系不太大，她是哪国人呢？相传她是齐国人，就是现在山东淄博那个地方。她哭的是齐长城，但是随着历史的变迁，劳动人民不断地把心中的一些或者美好愿望或者怨恨融入这些传说之中，所以最后把她的故事移植到了这个地方，说她来咱们这个地方哭长城，并且哭了七天七夜，哭倒了一大截长城。

接下来，我们看孟姜女庙里边的文化元素，这里边有一个大明三大才子之一的徐渭徐文长，他是明代著名的书画家、文学家、戏曲家、军事家。关于这些词语的描述可能都不足以说明他的名气到底有多大，我们来介绍他的两位粉丝。第一位大伙都认识叫郑板桥，"扬州八怪"之首。郑板桥曾经说："我愿为青藤门下一走狗。"什么意思呢？徐渭徐文长晚年号青藤老人，郑板桥的意思是，"我宁可在他门前当一条狗"。另一位粉丝是齐白石，齐白石曾说："我恨我为什么不能早生300年，哪怕我给徐文长去翻翻纸、研研墨我也干呀。"而徐文长那个时候是谁的手下呢？是胡宗宪的手下，胡宗宪正是戚继光的顶头上司。我们知道安徽宣城有一个县叫绩溪，那个地方特别有名，因为绩溪那个地方出现了一个胡家村。像刚才提到的胡宗宪、红顶商人胡雪岩、我们大伙都熟悉的胡适都是那个地方的人。

那么这个徐文长跟我们今天要说的事有什么关系呢？首先，就跟我们看到的"天下第一奇联"有关。我们知道姜女庙门前有一副对联，人们一直不知道这个对联是什么含义。新中国成立以后郭沫若先生来这儿游玩儿，当地人问郭老说这个对联是什么意思，怎么念呢，郭沫若说这还不简单，海水朝（cháo）朝（zhāo）朝（zhāo）朝（cháo）朝（zhāo）朝（cháo）朝（zhāo）落，浮云长（zhǎng）长（cháng）长（cháng）长（zhǎng）长（cháng）长（zhǎng）长（cháng）消。当然后来又演变出其他的一些读法，传说这一副对联正是徐渭徐文长写的。

大家可能没太注意，走进姜女庙里边还有一副对联："秦皇安在哉，万里长城筑怨！姜女未亡也，千秋片石铭贞！"这个表达的是劳动人民对秦始皇的怨恨。你虽然修了万里长城，你还叫始皇，希望二世三世直至万世，但你现在在哪儿呢，你留下的是人们的怨恨，而孟姜女并没有"死"，虽然只有一块石头，我们知道望夫石对吧，这一块石头铭刻的是她的贞节，这副对联传说是文天祥写的。

接着我们来看一下戚继光，他可谓大明栋梁，他正是胡宗宪的手下。为了抗倭他召集了义乌兵而且开始了自己一整套严格的治军和训练。后来抗倭取得阶段性胜利以后，国家又把他调到了北部蓟镇任总兵。据说他刚到北方的时候，三千义乌兵准备接受他的检阅，但是那天恰逢倾盆大雨，义乌兵在大雨之中纹丝不动，给人留下了非常震撼的印象。这就是大名鼎鼎的戚家军！北方最大的忧患是游牧民族，他们不时地侵入长城，威逼北京。而戚继光调守长城以后，他统领戚家军一边守卫长城，一边修长城。

义乌兵陆续修建了我们所熟悉的金山岭长城、司马台长城、山海关老龙头、九门口长城，义乌兵坚守山海关至居庸关，守卫着京城。而且为了稳定军心，对北上的三千义乌兵，他们推行了叫"徙民政策"，允许外地的官兵家人随军守边。他们的后裔，在长城下拓荒种地，蜿蜒连绵的长城沿线，像花一样开放着众多的义乌兵后裔形成的自然村落，他们世世代代守护长城，情景感人。所以我们今天可以说长城绝不仅仅是一堵墙。

三千义乌兵还给我们留下了美食。戚继光镇守山海关年间，手下南方兵不适应北方伙食，而山海关长城的两边又长着满山的梓椤树，树叶又肥大又清香，所以火头军灵机一动，用它做皮，里边用面粉包菜馅，经过蒸制以后清香扑鼻，非常好吃。当然还有一个说法是南方人到这以后想吃粽子，又没有糯米又没有竹叶怎么办呢？最后他们想办法制成了梓椤叶饼。从守卫的角度，当初戚继光形成了长城四防，人们也配合着给人的身体做了四防，分别是什么呢？一个就是刚刚提到的梓椤叶饼，还有继光饼，这是以戚继光的名字命名的，以及八宝饭和蒸饺。

我们脚下的这片热土承载和见证了千百年来的历史变迁，浸润着深厚的文化膏泽。英雄豪杰、文人墨客，多少传奇和遗迹散落于阡陌之间，燕山峰峦间交错的长城，向后人无声地诉说。侧耳倾听这燕山松涛、渤海回澜，你会发现有历史的足音在其间回响，华夏文明的脉搏在那里激荡，也激励着我们不断写下秦皇岛山海故事新的篇章！

冯树合

　　中国民主促进会会员、中国民间文艺家协会会员、河北省民协会员、秦皇岛市民间文艺家协会副主席、秦皇岛市作家协会理事、北戴河区政协委员、北戴河区民间文艺家协会主席，供职于北戴河区园林局联峰山景区服务中心。对北戴河历史文化有深入的研究，出版有"岁月留痕"之《北戴河史迹》《北戴河传说》《魅力联峰山》（中央文献出版社），《凝碧的天语》《老行当怀乡》《老道路邂逅》《老墨宝传世》（新华出版社），"秦皇岛历史文化览胜"之《戴河春秋》《奇石神韵》（燕山大学出版社）等。曾获第一届秦皇岛读者读书成果奖、秦皇岛市第二届文艺繁荣奖暨文艺精品创作年优秀作品三等奖、秦皇岛市第五届文艺繁荣奖三等奖及集体一等奖等，被评为"北戴河区首批五类人才"。

北戴河地名探源

——中国历史上第一个旅游避暑区的开辟

北戴河海滨北依燕山，南临渤海，中心区位于北纬 39°53′，东经 119°30′，距首都北京 278 公里，辖区面积 112.45 平方公里，海岸线 23 公里，户籍人口 9.68 万人，是渤海北岸中部一座两面临海的小城。这里属暖温带半湿润季风型大陆性气候，冬无严寒，夏无酷暑，年平均气温 12.1℃，盛夏平均气温 24.5℃。拥有海洋、森林、湿地三大生态系统，城市绿化覆盖率 57.53%，人均公共绿地 54.11 平方米，居全国之首。空气中负氧离子（有"空气维生素"之称）含量每立方厘米 7000—14000 个，是一座名副其实的天然氧吧。这里完全具备当今世界生态城市的五要素：海洋、沙滩、阳光、空气和绿色，是当今喧嚣的世界上不可多得的一块绿洲。数千年来，这块神奇美丽的土地一直独领风骚，它的每一片海滩，每一汪海水，每一块岩石，都见证过历史的壮歌与长叹，展示着中华民族的历史画卷。

北戴河是中国古代帝王巡游的目的地，是中国历史上第一个由国家政府（清政府）开辟的避暑地，是享有"东亚避暑地之冠"美誉的旅游胜地。新中国成立后，北戴河荣膺"夏都"之地位，被称为中国旅游业的摇篮，历来是人们放松身心、休闲度假、旅游观光的康养胜地。

自然和地理的特殊原因，使北戴河成为中原农业文明与塞北牧业文明的交汇点，由此引起古代帝王们的青睐，成为达官显贵们的巡游目的地。在中国有万里海岸线，不乏避暑之地，然而，北戴河海滨作为佼佼者闻名于世，一是靠博大精深的自然景观，二是其有极其深厚的历史文化积淀。

一抹青山拥一湾碧水，这里有罕见的岩岸与沙岸混合型自然景观，在北戴河20余公里的海岸线上，风格各异的别墅掩映于绿树丛中。由此形成了蓝天、碧海、金沙滩，绿树丛中点点红的城市景观特色，它们也命里注定地成为众多历史事件的亲历者和见证者。

古今人们在涉及中华统一国家的形成及其昌盛，都难免会提到"秦皇汉武"，而北戴河的历史文化恰恰起始于千古一帝秦始皇和雄才大略汉武帝，正是这两位功勋卓著却又暴烈专制的皇帝巡游此地，才有了后来的魏武帝曹操、唐太宗李世民的"东临碣石，以观沧海"。

有人奇怪，为什么在李世民写了诗作《春日观海》后，帝王们就都远离这里。这是因为以发源于黄河流域的农业文明为基础的中国封建王朝，历来有重陆轻海的观念，由此造成以后的历代帝王对"一片汪洋都不见"的茫茫大海，自然地产生了畏惧感。虽然他们也是夏季避暑，但几乎不到海边冲浪击水，总是选择在内地山林建筑亭台楼榭。甚至到了中国最后一个封建王朝，大清朝廷也把"避暑山庄"建在了燕山北部有游牧色彩的承德围场。

北戴河是秦皇岛市所辖区域，虽然历史悠久、文化丰富，但古时这里只称碣石地，其"北戴河海滨"的地名是在清光绪十九年（1893年）以后才有的。尽管真正给北戴河生机活力的是浩瀚的渤海和俊秀的山峦，但是，它的得名与如今不是岛的秦皇岛一样有趣，它以境内一条小河的名字来命名。戴河，古时称渝水，辽、明、清称渝河，清光绪年间改称戴家河，简称戴河。戴河起源于抚宁区，全长 35 公里，流域面积 273 平方公里，平均宽度 70 米，流经北戴河区域 13 公里后汇入渤海。戴河除上游为山区外，80% 为丘陵区。戴河有 4 条源流：东面源流最大为沙河（18 公里），发源于抚宁区马驿沟村北青河塔寺；西面源流有两支，一是西戴河（14 公里，因流经戴家山头村而得名），发源于抚宁区北车厂；二是渝河（11.5 公里），发源于抚宁区聂口村北，西面源流两河向东南流，汇合于抚宁区五王庄，经榆关南与东来的沙河汇合，再向南流到小米河头村后与发源于北坊子的米河（16 公里）汇合，继续向南流到北戴河村后，进入北戴河区境内。途经北戴河村、朱庄村、车站村、西坨头村、古城村，然后经西联峰山风景区西侧、南戴河村东侧转向偏东方向汇入渤海。

戴河流域有两个用戴河名字命名的著名村庄，一个是南戴河村，一个是北戴河村。戴河入海口、以昔日小渔村南戴河村为中心的区域称为南戴河海滨，南戴河以西至黄金海岸的沿海区域称为北戴河新区，戴河入海口以北至北戴河村的区域称为北戴河海滨。这条成为北戴河海滨得名依据的河流，也就成为北戴河区的母亲河。

在古老的碣石地，以前并没有"北戴河海滨"这个地名，最早的海滨只有 9 个小渔村，由东至西分别为赤土山、单庄、刘庄、草厂、小辛庄、王胡庄（因为种种原因，小辛庄与王胡庄早已消失）、河东寨、陆庄、丁庄。

北戴河海滨地名的由来与中国历史息息相关，晚清时期，随着西方工业革命和资本主义的发展，促使帝国主义向海洋扩张，重陆轻海、闭封锁国的大清朝在经历了两次鸦片战争后，"天朝"大门被侵略者无情地打开。1877 年，中国早期实业家唐廷枢，奉力主洋务的直隶总督李鸿章之命，聘请英国工程师金达，在唐山市大城山南侧的乔屯镇开办了中国历史上第一个近代新式采煤企业开平矿务局，改写了中国近千年的土窑采煤史。由于煤炭产量逐年递增需要建立与之相适应的交通运输系统，1879 年，在金达的建议下，李鸿章奏请清政府计划修建一条唐山至北塘的铁路，以便用铁路将煤炭运至北塘后再经水路外运。但遭到清政府顽固派的强烈反对，不得已的情况下，于 1880 年开凿了一条芦台至唐山的"内运河"，煤从芦台经蓟运河运到北塘。由北塘开凿一条至塘沽的近 20 公里的外运河（黑猪河）来解决煤炭的外运问题。

当运煤河从芦台开凿到胥各庄（35 公里）时，凸起的地势使继续开凿无望，李鸿章只好再次上奏，把铁路缩短到唐山至胥各庄、与运煤河相距不到 10 公里路段。几经周折，清政府才勉强同意，允许修建唐胥铁路。

1881 年 6 月 9 日，唐山至胥各庄一线的唐胥铁路开始铺轨。这条铁路采用的是国际标准轨：1.435 米轨距和每米 15 公斤的钢轨，在清政府洋务派主持下，由开平矿务局负责集资修建。9 月，全长 9.7 公里的唐胥铁路开始试运行，11 月 8 日正式通车，成为中国铁路建筑史的正式开端。

1887 年，唐胥铁路修至芦台，1888 年展筑至天津。1894 年，唐胥铁路向东展筑到了渤海之滨的山海关，因山海关是临榆县政府所在地，又称"榆关"，所以，唐胥铁路由此改称"津榆铁路"。

这条铁路在清光绪十九年（1893 年）修到了北戴河，英国铁路工程师金达在之前勘测路线时，发现戴河向南 12 公里的地方，有一处海滨，这里沙软潮平、松青柏翠，景色迷人，海水浴极佳，适合西方刚开始盛行的海边休闲避暑。金达首先在刘庄一带的海滩建木屋、避暑办公，西方人开始涉足北戴河。在金达的建议下，津榆铁路总局在北戴河村西的戴河西岸设立了北戴河火车站。光绪十九年（1893年），北戴河路段建成通车，从此，北戴河火车站往南到戴河口、以东至沙窝（现滨海大道）的沿海地区，被称作"北戴河海滨"。

在经历了两次鸦片战争和甲午战争后，清政府基本失去了对中国沿海港口的控制权，斥巨资苦心经营的北洋海军全军覆没，大清海军遭到空前绝后的毁灭性打击。甲午战争后帝国主义列强更是掀起瓜分中国港口的高潮，中国沿海的重要港湾被侵占殆尽，遭到重创的北洋海军竟然找不到一个港口基地。李鸿章、荣禄选中渤海湾距离京城较近的秦皇岛一带要"光复海军"，特派开平矿务局总办、内阁大学士张翼选址建新港。

荣禄、张翼等人认为：秦皇岛地处海陆要冲之区，京畿门户密防之地，海域水深浪小且不冻不淤，是建设海军基地的理想之所。但是，软弱无能的清政府，一方面担心在秦皇岛修建军港"机关显露，亦起戒心，难望其事必成"，恐引起帝国主义的不满；另一方面修建军港需要巨资（码头、船坞、航道，还不包括修筑炮台和购买火炮，就得600万两，财政难以承受），而修建商业港口只需100万两，最终决定修建投资小、见效快的商业港口。

建设秦皇岛港的主要目的还是运送开平矿的煤。因为，天津港（塘沽码头）是"约开口岸"，是列强通过不平等条约强迫清政府开放的口岸，其主权被外国人控制，再有就是海河航道拥堵，装载运输十分不便。第二，海河及大沽口冬季封冻达三个月，煤炭堆积如山无法运出。第三，大沽口倍受淤塞之患，因缺钱多年没有疏浚，涨潮时水深只有三米左右，而运煤船都是大吨位，只能停泊口外由驳船转载，成本极高。而秦皇岛港口距离开平煤矿只有 150 公里，不受外国人限制，不冻不淤不拥堵，又有津榆铁路运输线，这对秦皇岛港的开辟与崛起产生了重要作用。

外国人得知清政府要在秦皇岛一带海湾建设港口的消息后，纷纷在此沿海购地建别墅。1896 年，清政府唯恐秦皇岛沿海一带又被外国人侵占，影响自开口岸的建设，在被不平等条约和财力的限制下，采取无奈之举，命开平矿务局总办张翼以开平矿务局和个人名义，将秦皇岛沿海地带和北戴河金山嘴到戴河口全部土地的十分之八九抢先购买。光绪二十四年三月初五（1898 年 3 月 26 日），总理衙门向光绪皇帝递交了《秦皇岛自开口岸折》，光绪帝随之谕旨秦皇岛港开埠的同时，宣布"北戴河为允中外人士杂居的避暑地"。当外国人纷至沓来要购买北戴河一带的土地时，这里的土地大多已经在开平矿务局及张翼名下了。

但是，依靠腐朽的封建势力是无法抵挡帝国主义的侵略的，两年后，帝国主义以一张空头支票，从张翼手里骗走了开平矿务局的矿权、秦皇岛港的港权及北戴河的地产权。

被迫打开国门的清政府，在秦皇岛港开埠的同时，开辟北戴河为避暑地，这是中国历史上第一个由国家政府开辟的旅游避暑区。从某种意义来讲，北戴河避暑区的开辟，是西方海洋文明对东方农业文明的一次冲击，欧风渐进也自然为古老的中华带来了一缕新风。但是，这新潮的到来是以国家和民族的灾难为代价的，随之而来的更是西方的政治、经济、文化和军事的入侵风暴。除了那些想"用宁静的方式改变中国人思想"的传教士，那些傲行于华夏的欧美显贵及外交官也看中了北戴河海滨这块宝地，更有外国列强的军队，以保护外交使节和侨民的名义，进驻北戴河。当年，站在北戴河放眼海面，外国军舰耀武扬威。一群群金发碧眼的西洋人和脚蹬木屐的东洋人，蜂拥而至，全然不像当今改革开放形势下遵照我国法律的要求规矩而来，而是在自己的炮舰掩护下打上门来。西方传教士、冒险家在北戴河大肆盗卖土地，获取巨利，致使"峰峦佳处，泰半为外人所有"。西洋人自治组织石岭会、基督会、庙湾会等，在曾于庐山盗卖土地的英国人李德立和号称"汉大人"的德国人汉纳根带领下，刊行"红皮书"，控制市政，谋求变北戴河为租借地，骎骎焉有喧宾夺主之势。那时候，洋人与洋人打官司去洋教会，洋人与中国人有争执也要去洋教会，更甚者中国人与中国人之间的事情，还要听"洋大人"发落；那时候，乡民还在住土坯房，周围却是一幢幢的罗马式、哥特式、拜占庭式建筑。至 1948 年 11 月北戴河海滨解放，人民政府统计海滨共有中外各籍人士别墅 719 幢（不含 1900 年被义和团烧毁的洋楼），因此它成为中国四大避暑别墅区（江西庐山、北戴河海滨、浙江莫干山、河南鸡公山）之一。那时候，中国女子连光腿蹚海都羞羞答答，而西洋女子却是"袒胸露背的泳衣，血红的嘴唇，流动的秋波"。对于贫穷落后的"东亚病夫"的歧视，使那些洋人处处高居于中国人的头上。

"不平则鸣"，面对如此的社会景象，任何有血性、有志向的中华儿女都会发出民族解放的呐喊和抗争。1919 年，随着五四爱国运动的兴起，原北洋政府代国务总理朱启钤号召北洋政府高官及中国实业家，在北戴河打出"国人自治"的旗帜，成立北戴河公益会与洋人争主权，中国人开始自己行使对北戴河的主权。但是，仅依靠进步资产者的力量是不能从根本上改变亡国命运的。公益会仅存在十余年后，北戴河又落入日本侵略者的魔掌。日本扶持成立伪政府，占据西联峰山修建陆军总医院（对外号称：大林组株式会社），拉铁丝网，修建炮楼，实施残酷统治，使这里生民涂炭，满目疮痍。面对这"人为刀俎，我为鱼肉"的屈辱，中国人民进行了英勇的反抗和斗争。

1948 年底，中国革命力量与国内反革命力量展开了总决战的最后一役——平津战役。刚刚结束辽沈战役的胜利之师——人民解放军的百万大军入关，使盘踞在北戴河的国民党统治者望风而逃，北戴河从此"换了人间"！

北戴河秦行宫遗址考古发现
与秦皇岛地名探源

　　地名是流淌的市井文化，是可触的地方历史，也是展示古今风貌的生动画卷。举凡人们的生息劳作、价值观念、理想憧憬、轶事传说，乃至许多重大历史事件，都在地名中留下串串踪迹，让人追思，令人遐想，使人感悟，催人激奋。

　　秦皇岛这座依山傍海的城市，拥有着和浪涛不息的渤海一样丰富的地名文化，成为它人文积淀的重要内容。

　　秦皇岛是因为秦始皇曾在此驻跸而得名。战国时期，七国鼎立，秦王嬴政在李斯等人的协助下，制定了灭诸侯、成帝业、为天下一统的策略，采取了笼络燕齐、稳住魏楚、消灭韩赵，远交近攻战术，逐个击破的办法。于公元前221年统一六国后，嬴政建立了中国历史上的第一个封建王朝。嬴政认为自己的功劳要高于三皇五帝，登基成为封建王朝历史上的第一个皇帝，史称"秦始皇"。

　　秦始皇建立统一王朝后有五次出巡，除第一次出巡是往西外，其他四次全部往东到大海边。始皇二十七年（公元前220年），第一次西巡到关中西北的陇西、北地两郡（今宁夏和甘肃的东部），大致路线从咸阳出发，西北到北地郡治（今庆阳西南），西出鸡头山，过回中，到陇西郡治，然后返回咸阳。这次西巡是为了视察边防，解除东巡的后顾之忧。

第二次出巡是始皇二十八年（公元前 219 年），从咸阳出发过函谷关、洛阳、陈留、定陶、峄山、泰山、临淄、黄、腄、成山、芝罘、琅琊、郯城、彭城、寿春、安陆、邾县、湘山、汉陵、宛县、武关，回到咸阳。这次东巡有对各地旧诸侯和人民示威的意思。路过陈留，登峄山，泰山立石封禅之后，就开始巡游今天的山东半岛一带。

第三次出巡是始皇二十九年（公元前 218 年），从咸阳出函谷关、过阳武、濮阳、临淄、芝罘、琅邪，返回的路上又过临淄、平原津、钜鹿、恒山、邯郸、壶关、上党、安邑、蒲州津回到咸阳。这次东巡走的是函谷关这条老路，到达了山东半岛沿海地区，由于遇到刺客，赶紧回来了。

第四次出巡是始皇三十二年（公元前 215 年），从咸阳东出嘉峪关，在孟津过黄河，到河内郡治怀县（今武陟西南），过邯郸、恒山、涿县、蓟县、碣石、右北平、渔阳、上谷、代郡、雁门、云中、上郡，返抵咸阳。

第四次出巡到了碣石地，就是现在的秦皇岛一带。秦始皇经碣石"巡北边"而回，表明了他对北方边境的重视，乃使将军蒙恬发兵 30 万人北击胡，掠取河南地。

第五次出巡是秦始皇最后一次出巡（公元前 210 年），秦始皇在沙丘病死之后，李斯继续载尸而行，过恒山、井陉，经太原、雁门，过九原到云阳的直道回咸阳。

秦始皇的五次出巡几乎走遍了六国的旧都和重要的城市，政治目的很明显，就是对六国旧诸侯和人民的示威和镇压。秦始皇出巡各地，无疑对秦王朝的经济、交通产生了影响，对巩固秦始皇的集权统治起了重要的作用。

第四次出巡史书记载：始皇之碣石，使燕人卢生求羡门、高誓。刻碣石门。坏城郭，决通堤坊……因使韩终、侯公、石生求仙人不死之药。关于碣石究竟在哪里，现在的碣石之争主要就是环渤海三地：一个是山东无棣，过去叫盐山、马谷山，俗称大山，现在为争碣石改名"碣石山"；再有就是河北省秦皇岛市昌黎县的碣石山及北戴河；第三个就是辽宁绥中的止锚湾。但是，在没有修长城之前，辽宁的止锚湾与北戴河还有昌黎同属辽西走廊，可以说同属碣石地区。

在北戴河秦行宫遗址未被发现之前，秦皇岛地名有两种说法：一是在清代地图上这里还标注为"秦王岛"，隶属于永平府的临榆县，所管辖范围是今天的山海关区、海港区、北戴河区及抚宁区的大部。据《唐书·太宗本纪》记载，贞观十九年（公元645年），一代名君唐太宗李世民率兵东征，路过此地，班师回朝时与前来接驾的太子李治登临汉武台刻石记功，并留下《春日观海》一诗。一部分学者认为"秦王岛"是因为李世民登基前的秦王封号，而叫秦王岛。但是，据《史记·秦始皇本纪》记载："三十二年，始皇之碣石，使燕人卢生求羡门、高誓。使韩终、侯公、石生求仙人不死之药。"秦始皇东巡到碣石，在这里选入海方士，派韩终、石生、侯公等方士由此入海。大多数学者认为，根据史书记载，还有秦始皇登基前是秦王嬴政，这个叫碣石的地方应该是纪念秦始皇而叫"秦皇岛"。

北戴河金山嘴秦行宫遗址的考古发现，为秦皇岛得名提供了依据。1984年，在北戴河金山嘴及横山区域发现了秦代建筑遗址。整个建筑群均建造在濒海高地上，主要在以金山嘴为起点的南北轴线上分布，目前已探知三处建筑群落，总面积约10万平方米。整个遗址群的南部在金山嘴高地，面积约6万平方米；中部在横山高地，面积约 2 万平方米；北部在今全国人大培训中心至专家休养所区域，面积约 2 万平方米。古建筑遗址地势高敞，背山面海，以南面的金山嘴遗址位置最佳、面积最大，在这里出土了秦代皇家建筑中等级最高的夔纹大瓦当，考古专家认为：这是秦始皇宫殿群，也是金山嘴行宫建筑群中的中央主体部分，秦始皇父子下榻的地方。

秦行宫的标志性证据就是"夔龙纹大瓦当"，说起瓦当，得先了解一下中国古建筑构造：先做地基，夯实基础；然后在基础的柱础石之上安置立柱；立柱上面就是担载房顶全部重量的房梁；梁之上就是檩，檩之上是椽子，椽子之上是望板，最上面就是保温层及防水板瓦。所以关于古建筑出现了很多成语或歇后语，例如，一柱擎天、栋梁之材、抽梁换柱、碧瓦朱檐、钩心斗角、五脊六兽，基础不牢——地动山摇、出头的椽子——先烂等等。古建筑中为防止（或者延缓）出头的椽子先烂，覆盖檐头的筒瓦上带着有花纹垂挂的圆形挡片，就叫瓦当。

瓦当是中国古建筑的重要构件，起着保护木制飞檐和美化屋面轮廓的作用。秦瓦当纹饰取材广泛，山峰之气、禽鸟鹿獾、鱼龟草虫皆有，图案写实，简明生动，一般直径为 16.3－19 厘米。而秦行宫遗址发现的夔纹瓦当呈大半圆形，直径达 61 厘米，高 48 厘米，瓦当正面以夔纹为饰，线条方折刚劲，传达出秦帝国雄强宏大的审美观。这件夔纹瓦当的规格远远超出了椽子头的直径，而且整个建筑群就此一块，显而易见不是为了保护椽子头的房檐瓦当。它在房顶的最高处，其作用是固定房顶一条正脊和两条垂脊，是一种皇权的标志，表示一种庄严。这夔龙纹大瓦当的出土对认识整个秦行宫遗址的规模有了更直观的物证，更重要的是为探究秦皇岛地名提供了依据。

考古专家苏秉琦先生将北戴河金山嘴与辽宁止锚湾墙子里秦行宫遗址，称为"帝国的国门"。因为金山嘴与止锚湾直线相距 30 公里，均处于伸向渤海的岬角，左右对峙连成一线，面向东南直对旅顺的老铁山和山东荣成的成山头。秦始皇正是认清了这三点一线的地理条件，才在金山嘴、止锚湾修建了宫殿群作为帝国的国门。因此，很多学者认为，秦代碣石是个地域，是从北戴河金山嘴到辽宁止锚湾沿海的广大地区。所以这北戴河金山嘴行宫是秦始皇建国门的地方，是中华民族第一次大团结、大统一的象征，其意义不亚于万里长城。我们这座城市，也因秦始皇至此建宫驻跸而得名"秦皇岛"。

1984—1986 年间，秦皇岛市政协、市地方志办公室、市文化局等部门对金山嘴一带组织多次联合考察，发现有大量建筑遗迹堆积的文化层存在。1986 年 6 月，河北省文物研究所在考古发掘中清理出秦代房屋基址两座。7 月，我国考古界著名专家教授对发掘的遗址进行了鉴定。1987—1991 年间，河北省文物局文物研究所组织考古发掘面积 15800 平方米，发现了 4 大组 14 个单元的宫殿建筑基址，先后出土有云纹瓦当、柱础石、菱形纹空心瓦砖等大量建筑构建和盆、甑、豆、釜等众多文物遗存。秦行宫遗址是北戴河海滨已知秦汉建筑遗址中唯一未遭到破坏、并完整保存至今的遗址区，此次发掘被国家文物局评为"七五"期间十大考古新发现之一。

1986 年 9 月 25 日，《人民日报》发表消息：秦皇岛得名传说有了确凿依据，北戴河发掘出秦始皇父子行宫遗址。值得一提的是，秦皇岛是我国唯一用皇帝的尊号命名的城市。

1991 年，北戴河秦行宫遗址发掘完毕，有关专家对遗址进行了考察和航拍，随后予以覆盖回填保护。1993 年 7 月北戴河秦行宫遗址被评为第三批省级文物保护单位，并公布文物保护单位的保护范围。1996 年 11 月 20 日，北戴河秦行宫遗址被国务院公布为第四批全国重点文物保护单位。2009 年，河北省文物局授权秦皇岛市文物局管理并实施秦行宫遗址保护项目。

王宏

女，1986年1月生，辽宁大石桥人，大连工业大学食品质量与安全专业毕业，本科学历，理学学士学位，工程师，秦皇岛市第十四届政协委员。现就职于中粮华夏长城葡萄酒有限公司，一级酿酒师，一级品酒师，国家级葡萄酒品酒委员，曾获全国轻工行业技术能手、全国酿酒行业技术能手、河北省技术能手等荣誉称号。

秦皇岛特色产业

——葡萄酒的前世今生

　　提起秦皇岛，除了秦皇求仙、碣石山海，还不得不提起葡萄和葡萄酒。秦皇岛是一座拥有600多年葡萄栽培历史的城市，葡萄酒文化更应被广泛传播和推广。葡萄酒文化，从广义上讲，就是长期以来人们在与葡萄酒有关的活动中所创造的物质成果和精神财富。葡萄酒在中国经历了一个漫长而缓慢的发展过程，在我国古代，葡萄曾叫"蒲陶""蒲萄""蒲桃""葡桃"等，葡萄酒则相应地叫作"蒲萄酒"，此外，在古汉语中，"葡萄"也可以指"葡萄酒"。关于"葡萄"这两个字的来历，李时珍在《本草纲目》中写道：葡萄，《汉书》作蒲桃，可造酒，人醋饮之，则酶然而醉，故有是名。"醋"是聚饮的意思，"酶然"是大醉的样子。按李时珍的说法，葡萄之所以称为葡萄，是因为这种水果酿成的酒能使人饮后酶然而醉，故借"醋"与"酶"两字，叫作葡萄。

　　中国葡萄和葡萄酒业的开始，是在汉武帝时期（公元前140年—公元前87年）。秦始皇死后，匈奴得势取得中亚霸权，它把从中原掠夺来的大量丝绸带到西域一带，从此以后，西域的人们开始热衷于丝绸，最终发展出丝绸之路，西域的葡萄酒也慢慢由西向东传了过来。特别是汉武帝想得到西域才有的汗血宝马，派遣一生充满浪漫色彩的张骞出使西域。张骞历经十几年的苦难之后回到故国，在出使报告中描述：西域多产高大骏马，还有酿制芳香醇厚之酒的葡萄等各种珍奇物产，野心勃勃的汉武帝决心出手经营西域，我国酿酒用的栽培葡萄自此从西域引入，先至新疆，经甘肃河西走廊至陕西西安，其后传至华北、东北及其他地区。历史上曾有这样一个人，叫孟他，也有记载叫孟伯郎，他是三国时期新城太守孟达的父亲。张让是汉灵帝时权重一时、善刮民财的大宦官。孟他仕途不通，就倾其家财结交张让的家奴和身边的人，并直接送给张让一斛葡萄酒，以酒买官，得凉州刺史。在《三辅决录》里面是这样记载的：孟他又以蒲桃酒一斛遗让，即拜凉州刺史。汉朝的一斛为十斗，一斗为十升，一升约合现在的200毫升，故一斛葡萄酒就是现在的20升，也就是说，孟他拿26瓶葡萄酒换得凉州刺史之职！可见葡萄酒在当时的身价。苏轼后来在诗中感叹"将军百战竟不侯，伯郎一斛得凉州"。到了魏晋及稍后的南北朝时期，魏文帝曹丕喜欢喝酒，尤其喜欢喝葡萄酒。他不仅自己喜欢葡萄酒，还把自己对葡萄和葡萄酒的喜爱和见解，写进诏书，告诉群臣。魏文帝在《诏群臣》中写道：三世长者知被服，五世长者知饮食。此言被服饮食，非长者不别也……中国珍果甚多，且复为说蒲萄。当其朱夏涉秋，尚有余暑，醉酒宿醒，掩露而食。甘而不食，酸而不脆，冷而不寒，味长汁多，除烦解渴。又酿以为酒，甘于鞠蘖，善醉而易醒。道之固已流涎咽唾，况亲食之邪。他方之果，宁有匹之者。作为帝王，在给群臣的诏书中，不仅谈吃饭穿衣，更大谈自己对葡萄和葡萄酒的喜爱，并说只要提起葡萄酒这个名，就足以让人垂涎了，更不用说亲自喝上一口，这在历史上是空前绝后的。有了魏文帝的提倡和身体力行，葡萄酒业得到发展，使得在后来的晋朝及南北朝时期，葡萄酒成为王公大臣、社会名流筵席上常饮的酒品，葡萄酒文化开始兴起。

从葡萄和葡萄酒自远方被带到中国，发展到中国人自己酿造葡萄酒，大概经过了整个丝绸之路的全盛时期。在盛唐，社会风气开放，不仅男人喝酒，女人也普遍饮酒，唐明皇李隆基特别欣赏杨玉环醉韵残妆之美。当时，女性化妆时，还喜欢在脸上涂上两块红红的胭脂，这是那时非常流行的化妆法，叫作"酒晕妆"。《妆台记》中，对"酒晕妆"作了介绍："美人妆面，既傅粉，复以胭脂调匀掌中，施之两颊，浓者为'酒晕妆'，浅者为'桃花妆'。"盛唐时期社会稳定，人民富足，由于帝王、大臣喜欢葡萄酒，民间酿造和饮用也十分普遍，这些都反映在当时的诗歌里。酒仙李白有"斗酒诗百篇"的名声，十分钟爱葡萄酒，他在酒醉时奉诏作诗，还忘不了心爱的葡萄酒，李白在《对酒》中写道：

蒲萄酒，金叵罗，吴姬十五细马驮。

青黛画眉红锦靴，道字不正娇唱歌。

玳瑁筵中怀里醉，芙蓉帐底奈君何。

在众多的唐朝葡萄酒诗中，最著名的莫过于王翰的《凉州词》了：

葡萄美酒夜光杯，欲饮琵琶马上催。

醉卧沙场君莫笑，古来征战几人回？

在众多的盛唐边塞诗中，这首《凉州词》最能表达当时那种充满着必胜信念的盛唐精神气度。

元朝立国虽然只有90余年，却是我国古代社会葡萄酒业和葡萄酒文化的鼎盛时期。元世祖忽必烈至元年间，祭祀宗庙时，所用的醴齐庶品中，酒采用：洞乳、葡萄酒，以国礼割奠，皆列室用之。"洞乳"即马奶酒，这无疑提高了马奶酒和葡萄酒的地位。元世祖还在

"宫城中建葡萄酒室"，格外促进了葡萄酒业的发展。考虑到粮食短缺等原因，元世祖十分重视农桑，他要求朝廷专管农桑、水利的部门司农司编纂农桑方面的书籍，用于指导地方官员和百姓发展农业生产。至元十年（1273 年），《农桑辑要》刻颁，全书分作 7 卷，包括典训、耕垦、播种、栽桑、养蚕、瓜菜、果实、竹木、药草、孳畜等 10 部分，分别叙述我国古代有关农业的传统习惯和重农言论，以及各种作物的栽培，家畜、家禽的饲养等技术，里面就有关于葡萄栽培的相关记载。可见，在元朝，葡萄已达到了一定的栽培水平。在最高统治者的重视下，元朝的一些重要官员也身体力行，发展农业，葡萄种植业得到了空前发展，葡萄酒文化浸润着整个社会生活，其影响几乎遍及社会生活的方方面面。

清朝后期，由于海禁的开放，除国产葡萄酒外，还有多种进口酒。清末民初，葡萄酒不仅是王公、贵族的饮品，在一般社交场合以及酒馆里也都饮用。1892 年，爱国华侨实业家张弼士在烟台芝罘创办了张裕葡萄酿酒公司，并在烟台栽培葡萄，这是我国葡萄酒业经过两千年的漫长发展后，出现的第一个近代新型葡萄酒厂。遗憾的是，当时危机四伏，张裕公司生不逢时，1941 年太平洋战争爆发，张裕公司被日本人接管，葡萄园被驻军砍伐殆尽，葡萄斤两未收，到 1949 年，张裕公司仅剩下两名职员和两名守厂工人。

到了 19 世纪，葡萄酒已是欧洲国际宴会中不可或缺的酒种。在世界进出口大宗贸易中，酒类贸易额居第 4 位，其中葡萄酒占主要比重。而改革开放前中国干红葡萄酒不仅无货可供，国宴上用的高品质葡萄酒也只能全部依赖进口。1949 年后，中国葡萄酒在极其薄弱的基础上起步。1972 年 2 月，美国总统尼克松访华，为庆祝中美关系破冰，尼克松特意从美国带来了干红葡萄酒，并开玩笑道："中国很大，但缺少葡萄酒和时尚女性。"不仅如此，据一份 1977 年中国驻法大使商务处函件显示，此前中国出口到法国的半汁葡萄酒全部被退回。函件中谈道，"贵国这种酒精饮料既不是葡萄酒，也不是开胃酒，不符合欧洲共同市场标准，禁止进口"。国产葡萄酒在经济和外交上的疲软，使中国政府意识到葡萄酒不仅是一种国际性饮品，同时也是一个国家经济和社会生活水平的缩影，中国必须即刻着手研发具有国际水准的属于我们中国自己的葡萄酒。

20 世纪末，因为当时中国人不习惯葡萄酒的味道，半汁葡萄酒在中国流行，所谓的半汁葡萄酒，是由一些葡萄汁、糖、水等调制成的，不是我们现在国家标准里定义的葡萄酒。改革开放之后，为了攻克葡萄酒酿造技术难题，轻工业部第一次派出专家到国外考察学习。1978 年，国家轻工业部成立了干红葡萄酒研制领导小组，经过科研人员 5 年的努力，中国第一瓶干红葡萄酒在河北秦皇岛昌黎诞生，自此，结束了半汁葡萄酒的时代，引发了中国葡萄酒行业的深层变革。之所以能承担如此重大的国家项目，国家轻工业部认为，秦皇岛昌黎葡萄酒厂的三大优势可以为此提供坚实平台。一是产区优势，秦皇岛昌黎的土壤、气候以及地貌，为酿酒葡萄生长提供了得天独厚的优势。昌黎具有 600 多年的鲜食葡萄种植历史，同时盛产苹果、梨、黑枣、山楂等，自古有"花果之乡"的美誉。据《昌黎县志》记载，早在明朝嘉靖年间，昌黎的水果已被选为朝廷贡品。"文革"结束前夕，昌黎葡萄酒厂发挥产地优势，由该厂提议引种的酿酒葡萄品种已尝试种植。二是技术优势，1956 年，河北省酿酒技师任桂源在昌黎创建果酒发酵试验站，试酿成功后，于 1958 年建立"河北省昌黎葡萄酒厂"

（原厂名为"唐山地区昌黎果酒厂"）。该厂是由一位名为商声远的战将创立的，这位曾在战争年代出生入死的骁勇之士，在建设时期为企业找到了一条"借力发力"的经营之路。他们利用昌黎这座"花果山"，把原料优势转化为产品优势，开发出葡萄酒、樱桃酒、红果酒、山楂酒、桃酒销往全国，成为华北地区果酒龙头企业。虽然商声远的企业在"文革"时期受到了冲击，但他的继任者仍沿着新产品研发的路线大胆探索，他们改进工艺后生产的"青竹牌"鼋鱼酒，曾远销日本市场。特别是 1964 年国家把昌黎葡萄酒厂作为科研试点单位之后，酿酒科技力量不断壮大，葡萄酒专家朱梅、郭其昌、杨子培、林文炳等先后与昌黎葡萄酒厂技术骨干一道完成了"河北省果酒稳定性试验项目"，解决了国内多项酿酒工艺难题。1966 年，该企业累计向国家上缴利税 600 多万元，同时协助沙城建立了本省第二家果酒厂。三是成果优势，自 1978 年起，昌黎葡萄酒厂已向河北省轻工业厅多次申请高档葡萄酒生产扩建项目，虽然尚处在审批之中，但研制干红葡萄酒的前期试验已初步展开，他们从黄河故道产区和胶东半岛产区引种蛇龙珠、宝石解百纳、佳醴酿、晚红蜜、法国兰、烟 73 等酿酒葡萄的同时，运用新设备、新工艺进行干红葡萄酒研制试验已取得阶段性成果，这表明中国干红葡萄酒的初期探索首先在企业层面萌芽，这为昌黎葡萄酒厂承担国家"葡萄酒生产新技术工业性试验"重大项目埋下了伏笔。

1983 年 5 月 20 日，中国第一瓶向国际标准过渡的"北戴河"牌干红葡萄酒正式诞生。1984 年，"北戴河"牌干红葡萄酒分别在"全国开发新产品经验交流表彰会议"和"轻工业部酒类评比大赛"上获得新产品奖和金杯奖。这标志着昌黎已经为中国葡萄酒产业点燃了希望之火。2000 年 8 月，昌黎被命名为"中国干红葡萄酒之乡""中国酿酒葡萄之乡"和"中国干红葡萄酒城"。2002 年 8 月，"昌黎葡萄酒"成为全国葡萄酒行业第一家国家地理标志保护产品。如今，以长城、茅台、朗格斯、金士等国内知名葡萄酒企业为代表，秦皇岛已形成葡萄种植、葡萄酒酿造、彩印包装、制瓶和瓶塞、交通运输为一体的葡萄酒产业集群，同时，也带动了相关旅游产业的发展。

由此可见，葡萄酒作为秦皇岛的特色产业，是有红色基因的，是有根的，靠的是全国上下团结协作，靠的是老一辈们夜以继日的科研攻坚、开荒拓土，更传承着崇高的共产主义革命理想和爱国精神。作为后辈，我们应守护住秦皇岛人乃至中国人自己餐桌上的高脚杯，为加快建设国际一流旅游城市而奉献力量。

葡萄酒品评的艺术

影响葡萄酒风格、质量的因素有很多，它不仅包括像日照、温度、降雨、风、土壤等生态条件以及与生态条件相适应的品种这些自然因素，还包括许多人为因素，葡萄酒的质量首先取决于葡萄原料的质量，而原料的处理、发酵和陈酿等则是将上述葡萄中的潜在质量在葡萄酒中完好地表现出来。因此，好的葡萄酒需要自然因素与人为因素的完美结合。

葡萄浆果的成分非常复杂，不同品种的葡萄浆果中所含各种物质的质量和比例具有明显差异，这就为品种间的差异提供了物质基础。因而用不同品种葡萄酿制的葡萄酒，即使是同一类型的葡萄酒，也具有各自的特征。不同的葡萄栽培区域，自然条件不同，必然会导致同一品种的表现也明显不同。只有在适宜的生态条件下，配以科学、合理的栽培管理技术，才能充分发挥该品种的优良特性，使其潜在质量在葡萄浆果质量中得以体现，最终体现在葡萄酒的品质上。全球有数以千计的葡萄酒产区，有超过 6000 种可以酿酒的葡萄品种，像赤霞珠、西拉、黑比诺、马瑟兰、霞多丽、雷司令、长相思、龙眼等等这些都是我们常见的酿酒葡萄品种，了解各种葡萄品种的风格是认识葡萄酒重要的课题之一，特别是许多葡萄酒都是依据葡萄品种名称来命名的，所以，葡萄品种也成了选择葡萄酒时的一个重要指标。总之，葡萄品种是影响葡萄酒风格、质量的主要因素，但并不是决定葡萄酒品质的唯一因素。

葡萄的生长很大程度上要依赖于四季的变化和气候条件，而日复一日的天气变化则能决定整个年份的好坏。

葡萄树能否结出好的果实，酿出好酒，要受到非常多的气候因素影响，其中包括日照、气温、降水、湿度还有风。一年中不同的天气都会扮演不同的角色。冬季，葡萄藤处于休眠状态，而极端低温下葡萄藤可能遭受严重的伤害，因此过冬时气温不宜过低，才能保证它平安度过冬眠期并储存养分。通常情况下当气温降到 -15℃时，葡萄藤就有被冻死的可能，造成严重的经济损失，所以冬季有些时候还必须采取相应的保护措施。有时我们会经常听到"terroir"这个词，其实指的就是风土，它涵盖了土壤的物理结构和化学成分，以及跟当地、区域性的大气候、特定葡萄园所在的中气候以及某株葡萄树所在的微气候之间的交互关系。我们所处的秦皇岛碣石山产区，四季分明，日照充足，以碣石山为腹地，东临渤海，北依燕山，西南挟滦河，独特的山、海、河造就了这里独特的气候，地形主要以山前丘陵为主，土壤为混合不同比例棕褐色沙壤土和砾石土，地形地貌丰富，小气候类型多样，使葡萄果实能得到良好的成熟和风味物质的积累，结合科学的栽培管理、水肥控制、先进的酿造设备、精湛的酿造工艺，盛产芳香馥郁的葡萄美酒。

品酒是一个专业的领域，同时也是一门艺术。葡萄酒和人一样，也是有生命的，也会有幼儿期、少年期、成熟期、衰老期，最后走向死亡。葡萄酒并不是越老越好，不同的葡萄酒都会有自己的生命周期，就跟不同人他的寿命不同一样。葡萄酒到底能放多久取决于它的葡萄品种、质量和类型，还有最重要的一点：储存条件。一瓶储存条件好的可能会比一瓶储存条件不好的葡萄酒寿命多出两倍甚至更多倍。无论葡萄酒的品质有多么好，如果没有储藏得当，很容易就会衰老甚至变质。凉爽、恒温、通风性较好、光线较暗且无异味的地方是储藏葡萄酒最理想的环境。另外，在储藏软木塞封瓶的葡萄酒时，尽量将葡萄酒向下倾斜45°放置或者卧放，这样可以确保软木塞与葡萄酒充分接触，防止软木塞变干而导致空气进入瓶中，加速葡萄酒氧化。

　　品尝葡萄酒是一件非常愉悦的事情，它基本上动用了我们身上所有的感官，包括视觉、嗅觉、味觉、触觉还有听觉。一般公认的品鉴步骤是三部曲，也就是一看二闻三品。首先，请仔细观察酒杯中的葡萄酒，包括它是否澄清、有光泽，它的流动性是怎么样的，一般对于干白葡萄酒而言，其流动性是最高的，干红葡萄酒的流动性会比干白葡萄酒稍差，也就是说在杯内晃动后的流动会有明显的滞后感。相比而言，甜型葡萄酒，特别是冰酒、贵腐酒等糖度较高的葡萄酒的黏度更高。还可以观察到它是否有气泡，如果有，气泡的大小、产生的快慢、持久性是什么样的？将酒杯倾斜或摇动酒杯，使葡萄酒均匀分布在酒杯内壁上，静止后就可观察到在酒杯内壁上形成的无色酒柱，这就是挂杯现象，也称之为酒泪或酒脚。挂杯的形成，首先是由于水和酒精的表面张力，其次是由于葡萄酒的黏滞性。甘油、酒精、还原糖等含量越高，酒柱就越多，其下降速度越慢。衬托着白色的背景将酒杯向自己反方向倾斜45°，这样就可以很好地观察到葡萄酒的颜色和色调，然后从正上方往下看杯中的葡萄酒，分析一下颜色的深度或者强度。尽管葡萄酒专家可以花上几个小时来讨论他们是如何将不同颜色的色调和细微差别与不同的葡萄酒联系起来的，但在实践中，这个"看酒"的过程其实通常只需要花上几秒钟的时间。

　　葡萄酒分为很多类型，按照糖度，可以分为干型、半干型、半甜型、甜型，按照颜色来分又可以分为白葡萄酒、红葡萄酒和桃红葡萄酒。一般而言，白葡萄酒呈柠檬黄、禾杆黄色、黄色、金黄色、琥珀色等色调，有些新鲜型白葡萄酒有时候也会略带浅绿色色调；而红葡萄酒的颜色一般呈现紫红色、黑红色、宝石红色、血红色、砖红色等；桃红葡萄酒呈现粉色、玫瑰红、珊瑚、三文鱼色等等。对于同一葡萄品种，一般来说红葡萄酒的酒龄越高，色泽会越浅，颜色的变化从浅龄时的紫色色调，逐步地演变成宝石红、棕红、红褐色、橙色、砖色，乃至于染有红色线晕之琥珀色，呈现出红葡萄酒成熟和陈年的色泽。白葡萄酒随着酒龄的增长，颜色逐步加深，从浅龄时带有微泛绿的黄色或淡黄，慢慢地转成稻草色、金黄、金色、琥珀色，乃至于褐色或者是棕色。当我们垂直向下看葡萄酒时会发现葡萄酒的酒眼或酒窝，对于同一葡萄品种，普遍来说，但非绝对，颜色深的葡萄酒产自纬度靠近赤道的葡萄产区，或日照时数较长且热的年份，可令人预测到在舌间有着强烈、劲道的口感印象。颜色较浅的葡萄酒，酒质可能比较细致优雅，通常来自离赤道较远的葡萄产区，或较寒冷的产区，或欠缺阳光照射的年份。

　　第二步闻香。你可以简单地将酒杯举到自己的鼻孔前，集中注意力，然后用力吸气，最后将葡萄酒在杯中打漩儿一下，它会散发出更强烈的气味。这些构成气味的挥发性成分都是从葡萄酒的表面散发出来的，所以打漩儿可以增大葡萄酒和空气接触的面积，而且它会和酒杯发生摩擦从而进一步促使有挥发性的香气成分离开葡萄酒，并且聚集在葡萄酒上方。品尝葡萄酒的绝大部分乐趣都来自闻香，嗅觉是一个比较特殊的感官，它不同于视觉和听觉，比如我们看到一个物体时，可以形容出它的大小、形状、颜色等等，我们听到一段声音，可以辨别它的旋律，但我们闻一杯葡萄酒时，却很难去表达它是什么味道，只能用大脑记忆里一些储存的词汇去比喻它，所以就有标签上我们看到的，草莓、樱桃、牛奶、巧克力等等描绘葡萄酒香气的词语，虽然里面并没有加这些东西，但我们的的确确闻到了，这正是葡萄酒里的酯类、醇类等物质发出的香气。同时它又是和我们情感记忆连接最深的一个感官，嗅觉中枢会将信息直接发送到大脑的杏仁核和海马体，而杏仁核和海马体又是主导我们情感和记忆的部位，这就是为什么气味总是能够那么不可思议地引起人的回忆，也是为什么品酒是一件那么有趣的事情。我们归纳总结，葡萄酒的香气大致可以分为三种。第一种是一类香气，也叫果香或品种香，它来源于葡萄品种本身，最常见的就是果香与花香，譬如红色水果（草莓、樱桃和蔓越莓）、黑色水果（黑醋栗、黑莓和黑李子）、柑橘类水果（西柚、酸橙和柠檬）、紫罗兰、玫瑰和橙花等。在年轻的葡萄酒中，一类香气会比较明显。第二种是二类香气，也叫酒香或发酵香，是指葡萄酒酿制过程中产生的香气，它包括一类香气与酵母或其他细菌接触后产生的香气。在发酵中，酵母会将葡萄汁中的糖分分解，形成酒精和二氧化碳，同时也会产生一些气味。而经过苹果酸－乳酸发酵的葡萄酒会有黄油或者奶油味，酒泥接触则会带来面包和饼干等的香气。这些都是酿造工艺带来的二类香气。第三种是三类香气，也叫陈酿香气，是指葡萄酒在陈酿过程中所发展出来的香气。当葡萄酒被长时间保存在橡木桶中时，陈酿过程的氧化作用会给葡萄酒增加如咖啡、太妃糖、焦糖等的香气。而当葡萄酒被长时间保存在酒瓶中时，会发展出如汽油、蜂蜜、蘑菇等的第三类香气。在这个过程中，葡萄酒中的一、二类香气会与微量的氧气接触发生氧化反应，散发出如动物皮革、烟草和森林等气息。这些香气是一些老年份葡萄酒带给我们的美好享受。

　　第三步品尝。通过葡萄酒在舌头上和口腔内部的感觉，你可以通过鼻后嗅觉通道所传上来的气味进一步确定酒的香气。你需要喝一大口酒，这样才能保证你的口腔能够充分地接触到葡萄酒。虽然葡萄酒的闻香，占品酒很大的比重，然而却无法取代真正的喝酒。事实上，葡萄酒喝入口内，口中的温暖状态，可使葡萄酒的气味有所升华。我们舌头上的味蕾通常只能感受到酸甜苦咸四种基本味觉，它们在舌头上的敏感区域是不一样的，舌尖是感知甜的位置，舌的两侧是感知酸和咸的位置，舌根是感知苦的位置，所以我们刚喝进去的时候会感觉到甜，慢慢地，其他味道开始出现，最后酸味与苦味占据了整个味觉。在把酒喝下去或吐出来之前，需要将葡萄酒在嘴里含一会儿，当你口腔中还含有一些酒的时候，微微张开嘴，并同时吸入一些空气，这样可以促使葡萄酒的挥发性成分更快汽化，并通过鼻后嗅觉通道传到嗅觉中枢上。只有这样，才能使葡萄酒带给你感官上的印象最大化。除了四种基本味觉，与舌头相关的范畴还有触感，这些包括收敛性、酒体和质地。收敛性是一种拉扯力，可以想象一下吃柿子时的那种涩感，这是葡萄酒中所含的单宁，它会夺去口腔里的唾液，引起唾液不足，使光滑感和润滑度消失，所以你会感觉到涩。酒体，是比较不容易解释的概念，如果用人来比喻，就比较容易理解，体重轻的就比较轻盈柔顺，体重重的就会比较饱满强壮。质地表示葡萄酒的整体感受，这对于葡萄酒的质量而言是一个重要的因素。最后，当吞下或吐出葡萄酒那一刻开始，综合你所看到的、闻到的、尝到的所有的感觉，对这款酒作出一个整体评价，确认葡萄酒的质量等级、产品风格，最重要的是你喜不喜欢这款葡萄酒，来完成一款酒的品评。

然而，品酒终究是一件非常主观的事情，明白这个道理至关重要。葡萄酒的风格千变万化，人们喜爱的也是各有不同，有人喜欢新鲜易饮的，有人喜欢经过岁月沉淀的，没有孰对孰错，只有哪种更适合罢了。希望我的分享可以帮你打开通往葡萄酒世界的大门，从此爱上葡萄酒，享受美好的人生。

林军科

中共党员，高级工程师，现任中铁山桥集团有限公司党委书记、董事长。

他深入挖掘百年山桥红色资源和历史文化，提炼打造出"兴企报国 兴业为民"的初心使命、"领路先行 尽善尽美"的红桥精神和"传承民族工业血脉 打造中国制造品牌"的企业责任以及"好道岔 山桥造"等一系列红桥企业文化品牌和企业发展理念，"红桥"品牌入选国资委品牌建设百家典型案例。中铁山桥曾荣获河北省质量管理40年功勋企业、中央企业先进集体、全国五一劳动奖状等荣誉。

山海雄关　红桥印记

——党的一大代表王尽美与百年山桥

一、千年雄关与百年山桥

1. 千年雄关——山海关的历史由来

山海关位于河北省秦皇岛市区东北 15 公里处，古称榆关，也作渝关，又名临闾关，是连接华北与东北的咽喉要道。明洪武十四年（1381 年），明初开国大将军徐达在此扼辽蓟之咽喉，依山阻海建关设卫，留下了长城线上这座军事重镇、历史文化名城，因其北倚燕山，南临渤海，地理位置在山与海之间，故得名山海关。

山海关历史悠久，远在新石器时期，我们的祖先就在此繁衍生息。由于其地处要隘，形势险峻，自古就是兵家必争之地，素有"两京锁钥无双地，万里长城第一关"的美誉，与嘉峪关、居庸关并称为"三大名关"。明末以后，山海关更是成为封建王权的力争之地，战事频发。明朝大将袁崇焕曾在此大败清军，使得奄奄一息的明王朝得以勉强维持。公元 1644 年，吴三桂的关宁铁骑与多尔衮率领的满洲八旗骑兵联手，打开了山海关的城门，最终导致八旗军马踏平原，进入紫禁城，开启了清王朝的统治。清末以后，山海关还多次见证了重大的历史事件，比如八国联军从山海关进入，民国时直、奉军阀大战等。还有大批中原百姓，因受自然灾害或生活所迫，不得已离乡背井闯关东，就是指跨过山海关去东北地区垦荒和定居。山海之间，山海关——这座千年雄关，也成为中华民族苦难史的记录者。

2. 中国民族工业先行者——百年山桥的创立

从 19 世纪 60 年代开始，为挽救统治危机，清朝政府推行了以富国强兵为目标的洋务运动，洋务派积极引进西方军事装备、机器生产和科学技术，兴办军事工业和民用企业。1876 年，李鸿章发起开办开平煤矿，为了便于煤炭运输，1881 年修建了唐胥铁路，随后铁路不断向东、西展筑。

1891 年，清政府在山海关设立北洋官铁路局，主持修建唐山至山海关铁路。铁路跨滦河的大桥起初交由英国人修建，但因不熟悉滦河地质状况和施工方法不当，致使桥墩屡建屡塌。之后又先后交由日本、德国人修建，但依然无法筑墩架桥，万般无奈之下，最后交由我国工程师詹天佑修建。詹天佑仔细考察了滦河地质状况，查阅了水文历史资料，采用"气压沉箱法"修筑桥墩，一举攻克了桥墩奠基难关。滦河大桥于 1894 年 2 月竣工，这是中国人自己修建的第一座钢桥，大桥的顺利建成，大长了中国人的志气。

为了铁路修建事务，北洋官铁路局在山海关城南董庄北侧设立了锻制铁路工务用品和生产桥梁配件产品的工厂。滦河大桥建成后，北洋官铁路局将修建大桥的 300 余名技工并入设立在山海关的工厂。1894 年 4 月，在时任北洋大臣、关东铁路督办李鸿章的建议下，清政府拨白银 48 万两，正式组建北洋官铁路局山海关造桥厂（中铁山桥集团有限公司的前身）——我国第一家制造钢桥和铁路配件的企业，被誉为中国"钢桥的摇篮，道岔的故乡"。从此，中铁山桥承担起了我国制造钢桥和道岔的使命，开始了我国桥梁和铁路事业前行的跋涉之路。

二、"红船"精神与"红桥"精神

1. "红船"精神和党的一大代表王尽美

1921年7月，中国共产党第一次全国代表大会在上海召开，王尽美作为济南代表参加了中共一大。

王尽美，原名王瑞俊，中国共产党创始人之一。

王尽美于1898年出生在山东诸城大北杏村一个佃农家里。家庭的清贫，让王尽美儿时的求学之路充满了艰辛。七岁那年，村里一个地主为了给儿子启蒙，想找个年龄相仿的孩子陪读。王尽美的母亲刘氏听到消息后，托人说情并带王尽美登门相求。见王尽美机灵懂事，地主就答应下来了。王尽美耳聪目明，私塾先生也是十分喜爱他，为他起了个名字叫王瑞俊。然而，先后两家地主幼子的夭折，让王尽美几度失学，但天资聪颖、勤奋好学的王尽美，还是从断断续续的学习与思索中领悟了许多人生哲理。

1918年春，20岁的王尽美怀揣着一颗救国救民的初心，告别家乡到省城济南求学，并顺利考入山东省立第一师范学校。

1919年，轰轰烈烈的五四运动爆发，王尽美积极投身其中，作为学生代表，领导同学们集会、游行，愤怒声讨帝国主义侵略中国和北洋军阀政府的卖国罪行。

1921年春，王尽美、邓恩铭等人，成立了济南共产党早期组织。同年7月王尽美作为山东代表参加中国共产党第一次代表大会。此次参会，让王尽美受益匪浅。他与湖南代表毛泽东同志同住博文女校，休会期间，二人时有交流。28 岁的毛泽东沉稳有度，远见卓识，23 岁的王尽美热情洋溢，抨击时弊。新中国成立后，毛主席忆起王尽美，还印象深刻，说他"耳朵大，长方脸，细高条，说话沉着大方，很有口才，大伙都亲热地叫他'王大耳'"。

中国共产党的创立，给灾难深重的中华民族带来了光明和希望，让一直探索救国救民道路的王尽美，坚定了走马克思主义道路的决心。会后，他写下《肇在造化——赠友人》一诗，以诗言志："贫富阶级见疆场，尽善尽美唯解放。潍水泥沙统入海，乔有麓下看沧桑。""尽善尽美"是他的远大抱负，"唯有解放"是他的奋斗目标。为了时刻警醒自己，他把自己的名字改为尽美。从此以后，他牢记誓言，以全新姿态投入更加紧张的斗争中。

为了更好地开展工人运动，唤醒北方工人群众，1922 年 8 月，受李大钊指示，王尽美作为中国劳动组合书记部的代表来到古城山海关，领导山海关地区的工人斗争。直到 1923 年 2 月中旬，按照党组织指示，王尽美在工人们的掩护下离开山海关返回北京。

1924 年 1 月，王尽美作为山东代表之一出席国民党第一次全国代表大会。

王尽美在领导工人运动时就患上了肺结核病，但他仍以带病之身，奔走于济南、青岛、北京、上海、广州等地，宣传马克思主义，组织发动工人罢工。

1925 年 4 月，王尽美再次来到青岛，领导工人运动，由于长期患病，他倒在了工人队伍中。在生命的最后时刻，他的心中想的全是党的事业，弥留之际，他在病床上口述遗嘱："希望全体同志好好工作，为无产阶级和全人类的解放和共产主义的彻底实现而奋斗到底！"

1925 年 8 月 19 日，王尽美病逝，终年 27 岁。

2. 注入红色基因"红桥"起航

山海关，北依燕山，南临渤海，天下第一关巍峨耸立，犹如一把大锁，紧紧锁住了华北、东北之间的咽喉。同时，它也是北方铁路工人聚集的重要地区之一。

1922 年的山海关铁工厂，有着 1000 多名深受英国资本家和中国封建把头双重压迫的工人，在国内工人运动第一次高潮的影响下，反抗情绪空前高涨。因此，这里成了开展工人运动、宣传马克思主义、唤醒劳苦大众的最佳场所。王尽美抓住有利时机，因势利导，促使秦皇岛地区工人运动首先在山海关铁工厂掀起。

王尽美秘密赴山海关后就与杨宝昆取得了联系。杨宝昆原是北京长辛店铁路机车厂的铁匠，1921 年加入中国共产党。同年 10 月以铁匠身份到山海关铁工厂开展革命工作，成立了山海关京奉铁路工友俱乐部。两人碰头后就如何按照党的指示深入开展工人运动进行了认真的分析和研究，制订了全面的工作计划。

为了掩护身份，王尽美化名为刘瑞俊，以学徒工身份进入工厂。白天他和工人兄弟一起劳动，夜晚在工人俱乐部以教工人学习文化为名，进行革命宣传。他用通俗易懂的语言、生动的事例，深入浅出地讲解马克思主义，介绍苏俄工人阶级当家作主的巨大变化，把革命火种播撒到工人中间。

当时山海关铁工厂和全国其他地方一样，封建帮派林立。各帮之间相互猜疑，隔阂很大，王尽美意识到这个问题不解决，工人就很难团结起来去争取斗争的胜利。于是他在工人夜校里，利用给工人上课的机会，进行耐心的说服教育，逐步启发工人的觉悟。他问大家："资本家剥削哪个帮？"工人们说："哪个帮都剥削！"他又问："我们反对哪个资本家？"工人们说："资本家都是一个味儿，都要反！"王尽美就对大家讲："天下的劳苦大众都是受资本家压迫的无产阶级，只有整个阶级的团结，才能战胜实力雄厚的资本家阶级。"他还用本厂的实例教育大家。王尽美娓娓道来，说到了工人心坎儿上，工人们觉得很亲切，慢慢地，大家接受了王尽美的宣传，帮派思想逐渐淡化。

铁工厂的工人收入微薄，不仅受到英国总管的剥削，还时常遭受封建把头盘剥，当时，厂里有个大把头赵璧，对英国总管马首是瞻，对待工人却极其狠辣。工人们对他恨之入骨，但迫于他的权势，只能选择默默忍受。王尽美看在眼里，恨在心上。他决定开展斗争。

8月下旬，王尽美带领工人开展了反赵璧的斗争。首先工人崔玉书当众揭露了赵璧营私舞弊、大吃空额的丑闻，接着让俱乐部副委员长景树庭将10余名工人联名要求开除赵璧的状子连夜送到天津京奉铁路局。当时正值长辛店工人罢工取得胜利、工潮四起之际，京奉铁路局迫不得已答应了工人要求，但斗争并未结束，铁工厂的英国总管包孟、工程师陈宏经对赵璧深为器重，多方包庇。开除赵璧的批文下来后，厂方严密封锁，拒不执行，反而开除了景树庭。

王尽美和杨宝昆一边鼓舞工人士气，一边让景树庭和佟惠亭二次到天津上书，强烈要求铁路局派人督办。9月14日，厂方才被迫将赵璧开除，斗争取得胜利。工人们在王尽美的亲自领导下，旗开得胜，一下挺起腰杆子来了。他们都觉得王尽美真正是在为工人办事，在斗争中又有办法，对王尽美更加尊重和敬仰。

王尽美深知，要开展大规模的罢工斗争，必须有坚固的工人组织，反赵璧斗争胜利后，王尽美着手整顿工人组织，在工人中普遍成立"十人团"。铁工厂的工人组织经过整顿，集体力量得到了迅速增强，真正成了坚强的工会组织，为展开大规模的斗争做了组织上的准备。

1922年9月下旬，看似是一个寻常的夜晚，但对山海关铁工厂乃至整个秦皇岛地区，都有着非凡的意义。佟惠亭、刘武两名追求真理脚步的一线工人，成了中铁山桥党史上首批党员，杨宝昆成了中铁山桥党史上第一个党小组组长。山海关铁工厂党组织的成立，不仅填补了秦皇岛地区的空白，更开启了中铁山桥波澜壮阔的百年红色之旅。从那时起，鲜艳的党旗红就成了中铁山桥最鲜明的标志，"红桥"由此诞生。

"红桥"刚一诞生，便爆发出巨大的能量。一场史无前例的工人运动风暴，即将触发！

在王尽美的领导下，声势浩大的示威游行，第一次出现在古城山海关街头。觉醒后的工人阶级发出了第一声怒吼！它如同一声激昂的号角，吹响京奉铁路工人大罢工的序曲。

经过艰苦卓绝的谈判、露天大会的组织发动、卧轨截车的英勇斗争，在势不可当的罢工斗争压力下，京奉铁路局在10月12日被迫答应了工人的要求，历时9天的大罢工取得全面胜利，对京奉铁路全线各地的斗争起到了很大的鼓舞作用，在中国铁路工人运动史上写下了光辉的一页。

这次大罢工，是山海关铁工厂年轻的党组织带领工人们向反动势力发出的第一声怒吼，也是刚刚觉醒的工人们开展的第一次有目的的斗争。在罢工斗争中，新生的党组织始终站在战斗的第一线，无论是面对面地与外国资本家、反动势力斗争，还是卧轨截车时面对迎面而来的火车，站在最前面的都是共产党员。这次大罢工，极大地提高了党在工人中的威信和影响力。从此，中国共产党成了山海关铁工厂工人阶级的领导核心，把工人阶级紧紧地团结在了党的周围。

王尽美在山海关、在山桥厂虽然只有半年的时间，但他坚定的革命理想信念，全心全意为民众的崇高品德，对劳动人民深厚的阶级感情和鞠躬尽瘁、一往无前的大无畏革命精神，一直鼓舞着一代代山桥人前赴后继、矢志奋斗。

三、百年传承与守正创新

百年山桥，中国民族工业的先行者，中国最早的工人运动从这里发祥，秦皇岛地区第一个党组织在这里诞生。

1. 红色基因百年赓续传承

"红桥"是历史赋予中铁山桥的宝贵财富，是中国共产党与中铁山桥在特殊的历史节点，为完成共同的时代使命两相融合而成的特殊产物。自 1922 年党组织成立之后，红色便始终贯穿于中铁山桥的生命中，经过百年风雨，"红桥"形成了显著的特征：红桥的源是红色基因，红桥的根是工人阶级，红桥的魂是党的领导，红桥的初心是报国，红桥的使命是为民，红桥的精神是担当，红桥的品质是奉献。

王尽美在中铁山桥建立的第一个党组织是党小组，党小组在工人运动风暴中充分展示了它的威力。党小组是最基层的党组织，是党组织与职工群众联系的纽带，它的根系深深扎在职工群众中。在"红桥"党建工作中，我们把党小组建设作为"红桥"党建工作的基点，将充分释放和发挥党小组的作用作为根本要求，使党小组真正成为向职工群众传达党的方针政策和及时向党组织反馈职工群众意见的"工作站"。同时党的威信来自每一名党员行为的展示，党小组直接教育、规范和监督党员行为。强化党小组建设就是通过锤炼每一名职工群众身边的党员，让群众充分感受到党组织的凝聚力和战斗力，以及每名党员扎实的工作作风和先锋模范作用。

跨越一个世纪，中铁山桥历经沧桑依然巍然屹立；走过两个甲子，经过千锤百炼的"红桥"精神更加熠熠生辉。从王尽美带领工人罢工时不畏强暴、不怕牺牲的斗争精神，到新中国成立之初，勇担建造"万里长江第一桥"——武汉长江大桥重任、独立自主建造"争气桥"——南京长江大桥时攻坚克难、为国争光的担当精神；从海河桥破冰、润扬桥夺魁时奋起直追、奋勇超越的拼搏精神，到结束中国"万国道岔"历史，统一行业标准，率先研制中国铁路六次大提速道岔时引领行业、带头先行的领路精神；从坚守钢桥、道岔两个产业百年不动摇，专心致志提升行业制造水平时持之以恒、精益求精的专注精神，到昂船洲桥、韦拉扎诺桥走在前列、勇立潮头的弄潮精神；从研制世界最大号码、最高时速62号高速道岔，建造港珠澳大桥时勇于跨越、追求卓越的创新精神，到共建"一带一路"重点工程帕德玛大桥——孟加拉国人民的梦想之桥时合作共赢、共同发展的共享精神……进入新时代，"红桥"精神必将随着社会和企业的发展而不断丰富，增添新的内涵。

在传播"红桥"文化工作中，我们把"红桥"文化紧紧与企业价值观相融合，把"红桥"文化建设放在企业现代化、国际化的大背景中，既有融通四海、海纳百川的气度，又有勇于跨越、追求卓越的豪迈；既有担当创新、独领风骚的勇气，又有匠作于细、善作善成的秀慧。在"红桥"文化中彰显企业理念，在企业发展中丰富"红桥"文化。经过对历史文化积淀的提炼，结合时代精神的要求，逐渐形成了以"忠诚、担当、创新、实干、奉献"为鲜明特征的"红桥"文化，在潜移默化中引导职工与企业的价值观达成共识，成为提升企业竞争力的重要力量。

百年峥嵘、与党同行，进入新时代，"红桥"将更加坚定"根"和"魂"的核心，坚守报国初心、勇担为民使命，不断丰富"红桥"内涵，让"红桥"绽放出更加绚丽的风采。

2. 秉承初心使命守正创新

中铁山桥"因桥而生，由红而兴"。1894年，她在中国人自主修建的第一座钢桥的铆钉枪声中宣告诞生；1922年，她在王尽美带领工人向帝国主义、反动军阀和封建势力发出的怒吼声中找到了前行的路；由于红色基因，她开始与国家、民族同呼吸、共命运，在黑暗势力的剥削压迫下顽强抗争，把智慧和汗水融进在中华大地上坚韧前行的铁路线中；当新中国成立的礼炮响起，她伴随着春风壮大。从成渝铁路、开路先锋，建成新中国第一条铁路，到抗美援朝、保家卫国，支援前线保障生命线；从自力更生、艰苦奋斗，实施第一个五年计划，到武汉大桥、宝成铁路，打通新中国交通大动脉；从三线建设、西部开发，为国家发展贡献智慧力量，到"八纵八横"，穿山越海，中铁山桥不断刷新中国速度和跨度的新纪录，并在改革开放的大潮中创出辉煌。迄今，中铁山桥已制造钢桥3200余座、道岔数十万组，足迹遍布世界五大洲，一项又一项"中国第一"和"世界第一"引领着技术进步和行业发展，为国家培育出一大批桥梁专家和铁路人才，为中国和世界的交通事业作出了突出贡献，把自己的名字镌刻在共和国不断前行的里程碑上。

传承血脉，赓续百年，"领路先行"决定了中铁山桥在报国为民的使命征程中披荆斩棘、勇往直前；"尽善尽美"铸就了山桥人在宏伟事业的远大理想中追求卓越、至善致远。

回首我们党的百年奋斗史，回望中铁山桥的百年不凡路，我们深深地悟出了一个道理：只有在党的领导下，中铁山桥工人才能够翻身当家做主人，才能够践行自己"兴业报国、兴企为民"的初心和使命，才能够把自己的智慧和力量融汇到建设伟大祖国的事业中，才能够创造出彪炳史册的辉煌业绩！

新时代的山桥人将赓续红色血脉，奏响"红桥"最强音，积极践行"三个转变"，努力推动企业实现更高质量发展，在全面建设社会主义现代化国家的新征程中再立新功、再建伟业！

张立克

汉族，辽宁复县人，南开大学古典文学博士。现为东北大学秦皇岛分校副教授、硕士生导师，启文书院联合创始人、校长。

魏武挥鞭：一世之雄曹孟德

曹操是一位众说纷纭的历史人物，喜欢他的人说他是不世之英雄，不喜欢他的人说他是乱世之奸雄，甚至奸贼，总体而言，宋朝以后对曹操的"差评"逐渐占据主流，比如，北宋苏轼说他是"鬼蜮之雄"，南宋的朱熹直斥之为"篡盗"。易中天老师在百家讲坛上说他是中国历史上最为多样、复杂的人物形象：聪明透顶，又愚不可及；狡猾奸诈，又坦率真诚；豁达大度，又疑神疑鬼；宽宏大量，又心胸狭窄。可以说是"大家风范，小人嘴脸，英雄气派，儿女情怀，阎王脾气，菩萨心肠"，最后总结为"可爱的奸雄"。那么，如何看待这样一个复杂的历史人物？这样一个"可爱的奸雄"是如何炼成的呢？我们认为，曹操这样杰出人物的诞生，绝非偶然，他是那个动荡时代的产物，又亲身参与了塑造他的时代，所谓时势造英雄，英雄亦造时势。

时势造英雄

曹操曾于建安十五年（210 年）对外发布一篇令文，叫《让县自明本志令》，又叫《述志令》，写作这篇令文时，他五十六岁，两年前的建安十三年（208 年）曹操在赤壁之战中吃了大败仗，未能完成一统天下的心愿。但此时北方已然一统，天下群雄之中，曹操"挟天子以令诸侯"，兵强马壮，权侔人主。他的政敌们便不断质疑他的动机，攻击他"托名汉相，实为汉贼"，将有"不逊之志"，必会"废汉自立"。于是曹操借皇帝封赏的机会，发表了这篇令文，以明心志。文章分两部分，第一部分回顾历史，讲述自己的成长经历与心路历程，第二部分表明自己忠于汉室，并无"不逊之志"的心迹。

从令文第一部分中，可以看出曹操一步一步走向权力的巅峰，并非早有预谋，而是时势使然。

孤始举孝廉，年少，自以本非岩穴知名之士，恐为海内人之所见凡愚。欲为一郡守，好作政教以建立名誉，使世士明知之。故在济南，始除残去秽，平心选举，违迕诸常侍。以为强豪所忿，恐致家祸，故以病还。

去官之后，年纪尚少，顾视同岁中，年有五十，未名为老，内自图之：从此却去二十年，待天下清，乃与同岁中始举者等耳。故以四时归乡里，于谯东五十里筑精舍，欲秋夏读书，冬春射猎，求底下之地，欲以泥水自蔽，绝宾客往来之望，然不能得如意。

后征为都尉，迁典军校尉，意遂更欲为国家讨贼立功，欲望封侯作征西将军，然后题墓道言"汉故征西将军曹侯之墓"，此其志也。而遭值董卓之难，兴举义兵。是时合兵能多得耳，然常自损，不欲多之。所以然者，多兵意盛，与强敌争，倘更为祸始。故汴水之战数千，后还到扬州更募，亦复不过三千人。此其本志有限也。

后领兖州，破降黄巾三十万众。又袁术僭号于九江，下皆称臣，名门曰建号门，衣被皆为天子之制，两妇预争为皇后。志计已定，人有劝术使遂即帝位，露布天下，答言："曹公尚在，未可也。"后孤讨禽其四将，获其人众，遂使术穷亡解沮，发病而死。及至袁绍据河北，兵势强盛，孤自度势，实不敌之。但计投死为国，以义灭身，足垂于后。幸而破绍，枭其二子。又刘表自以为宗室，包藏奸心，乍前乍却，以观世事，据有当州，孤复定之，遂平天下。身为宰相，人臣之贵已极，意望已过矣。

——曹操《述志令》

据曹操自述可知，无论是从政还是从军，其"本志"都非常"有限"，从政时，他只希望自己"为一郡守，好作政教，以建立名誉"；从军，只希望能够为国讨贼后，"封侯作征西将军"，死后墓道题曰"汉故征西将军曹侯之墓"，志向仅此而已。而现实中，他的雄心壮志是一点一点被时势所撑大的，后来"身为宰相，人臣之贵已极"了，早已超过他当初的愿望，所谓"意望已过矣"。

当然，《述志令》是曹操的"夫子自道"，未可全信，但结合相关史料，我们发现，曹操的崛起确实离不开时势的造就。

一、建功立业与建立名誉

青年时代的曹操，就渴望成就令名，建功立业，无奈天不遂人愿，和同时代的弄潮儿相比，他的条件太一般了。这要从汉代选官制度说起，汉代官僚系统选拔人才还不是我们熟悉的科举考试制度，而是察举制与征辟制。察是考察，举是推举，察举制也就是由丞相、列侯、刺史、守相等考察并推举人才，经过考核合格即任以官职的制度。征辟是指朝廷二千石以上官员有自行征辟贤能到自己府上工作的权力。无论是察举还是征辟，都是自上而下选拔人才。所以，那个时代一个人要想被人征召入仕，个人和家族的名誉就异常重要。汉代的理想人格当然是儒家式的，当时最有影响的察举科目叫孝廉，既是孝子，又是廉吏。然而，曹操在时人眼中却是典型的浪荡公子哥儿。据史料记载，曹操从小就是一个问题少年。《三国志·武帝纪》说他："任侠放荡，不治行业，故世人未之奇也。"《三国志》注引《曹瞒传》记载了一个小故事，说明曹操从小就放荡不羁，好权谋、狡诈，毫无节操可言 ①。类似的记载还有很多。

此外，曹操的出身更是令人不齿。操父曹嵩是大宦官曹腾的养子，曹操虽然家族显赫，但是却富而不贵。因为在东汉中后期，宦官群体在国家政治生活中扮演了十分不光彩的角色，他们把持朝政，垄断皇权，卖官鬻爵，残害忠良。尤其在桓、灵之世，由宦官主导的两次党锢之祸，更让朝野上下无不恨之入骨。史料记载，曹操的养祖父曹腾虽非恶名昭彰，甚至还有举贤任能的美名，然而身为宦官群体中的一名要员 ②，曹氏家族无可避免地带着宦官群体的"原罪"。曹操一生中最大的负资产莫过于此，当年曹操与袁绍争雄，建安七子之一的陈琳在官渡之战前夕为袁绍撰写的讨伐曹操的檄文中就曾大揭曹操家世之丑："司空曹操祖父中常侍腾，与左悺、徐璜并作妖孽，饕餮放横，伤化虐人。" ③ 痛诋曹操为"赘阉遗丑"，此事对曹操刺激极大。

东汉末期，流行人物品评之风，其中尤其以汝南许劭、许靖兄弟，

---

① 《三国志》注引《曹瞒传》记载曹操：少飞鹰走狗，游荡无度。其叔父数言之于嵩，操患之。后逢叔父于路，乃阳败面㖞口。叔父怪而问其故，太祖曰："卒中恶风。"叔父以告嵩。嵩惊愕呼操，操口貌如故。嵩曰："叔父言汝中风，已差乎？"操曰："初不中风，但失爱于叔父，故见罔耳。"嵩乃疑焉。后叔父有所告，嵩终不复信。操于是益得肆意。

② 史料记载：曹腾与长乐太仆州辅等七人以定策迎立汉桓帝有功封侯，曹腾被封为费亭侯，迁大长秋，加位特进。

③ 《后汉书·袁绍列传》，中华书局，1965 年版，第 2393 页。

开创的"月旦评"为代表。兄弟二人主持活动，对当代人物或诗文字画等品评、褒贬，因常在每月初一发表，故称"月旦评"或者"月旦品"。无论是谁，一经品题，获得好评，便会身价百倍，世俗流传，以为美谈，因而，盛极一时。曹操就曾试图与这些名士结交，获得名誉，可惜始终受到冷遇。《后汉书·许劭列传》记载：曹操微时，常卑辞厚礼，求为己目。劭鄙其人而不肯对，操乃伺隙胁劭，劭不得已，曰："君清平之奸贼，乱世之英雄。"操大悦而去。① 类似的记载所在多有②。

曹操的名声确实难入清流，但是，曹操的宦官家庭背景，也给他带来了一定程度的便利。汉桓帝熹平三年（174 年）曹操二十岁，被举孝廉，为郎官，又被京兆尹司马防（司马懿之父）举荐做了洛阳北部尉③，掌京城洛阳及北部郊区的治安。得到机会的曹操，上任之后便雷厉风行，急于表现。《三国志》注引《曹瞒传》记载："太祖初入尉廨，缮治四门。造五色棒，县门左右各十余枚，有犯禁者，不避豪强，皆棒杀之。后数月，灵帝爱幸小黄门蹇硕叔父夜行，即杀之。"曹操的执法风暴使他一举成名，也让"京师敛迹，莫敢犯者"。④

二、乱世出英雄

曹操初入职场，便通过冒进甚至是冒险的方式，建立了社会名

---

① 《后汉书·许劭列传》，中华书局，1965 年版，第 2234 页。
② 比如《世说新语·方正》记载："南阳宗世林，魏武同时，而甚薄其为人，不与之交。及魏武作司空，总朝政，从容问宗曰：'可以交未？'答曰：'松柏之志犹存。'"
③ 究竟是谁举荐的曹操还有不同说法，参见林久贵等编著《曹操全集》附录曹操年表，崇文书局，2020 年版，第 296 页。
④ 《三国志·魏书·武帝纪》，中华书局，2009 年版，第 2 页。

气。这只是他的第一步，真正让曹操迅速崛起的是接下来那个更加动荡的社会，所谓乱世出英雄。曹操出生于桓帝永寿元年（155 年），经历了桓帝、灵帝、少帝、献帝四世。桓、灵之世历来就是政治黑暗腐化的代名词，两次大的社会动乱，加速了东汉王朝败亡的脚步，而这一切却为曹操打开了巨大的机会窗口，成就了他的一番伟业。

第一次大的社会动荡，就是汉灵帝末年（184 年）爆发的黄巾农民大起义。起义军们头裹黄巾，高呼着"苍天已死，黄天当立，岁在甲子，天下大吉"的口号，山呼海啸般汹涌而至。一时之间天下响应，州郡失守，官吏多有逃亡。汉朝廷惶惧，以国舅何进为大将军，率领禁军镇守京师，设函谷等八关都尉。灵帝还大赦天下党人，分派大军镇压各地起义。刺史曹操在议郎（秩比六百石）位上，被拜为骑都尉（秩比二千石），与皇甫嵩、朱俊共同进攻颍川黄巾军，因立有战功，随后升迁为济南相（秩二千石），这一年曹操大概三十岁，已经成为一方政要。在济南相位上，曹操又是大刀阔斧整肃权贵，一时郡界肃然。但是，也因此得罪了很多实权人物。过了几年，曹操被征为东郡太守，据《三国志·魏书·武帝纪》和《述志令》记载，曹操担心自己得罪权贵，"恐为家祸"，于是称疾而不就，回到沛国谯县筑精舍，"欲春夏读书，秋冬射猎"，等待时机。

然而，此时天下已然动荡，一切都再也回不去了。黄巾起义后，朝廷没有能力应对，于是授予刺史以州牧之实权，刺史开始的时候只是监察官，只有监察权，没有处置权，变成州牧之后，就留在地方，拥有了军权、财权、行政权等等所有的地方管理权，但是此举却是饮鸩止渴，消灭一个乱源的同时，却引发了更大的乱源——地方军阀割据。

　　黄巾起义给了像曹操一样有理想、有抱负的人一个实现人生价值的机会和舞台，而促使他进一步崛起的则是更大的乱源——董卓之乱，以及董卓之乱引发的连锁反应。

　　董卓是西北军阀，凉州陇西人，凉州地处汉羌杂居之地，民风彪悍，"羌乱"一直是东汉朝廷的心腹大患，董卓就是靠镇压羌乱崛起的地方军阀，他的西凉兵骁勇善战，也野蛮成性。朝廷早就想削除他的兵权，所以封董卓做并州刺史，想要借此让董卓放下凉州的兵权。可是董卓却既要了并州刺史的官职，又没有放弃兵权，朝廷也无可奈何。正在此时，董卓收到一封来自京城的书信，信是当今皇帝的亲舅舅、何太后的亲哥哥——大将军何进写来的，唤他带兵进京一起诛杀宦官。董卓收到信的一刹那，立即集结兵马，不等大部队聚齐，便匆匆赶往洛阳，因为他敏锐地察觉到，这是一个千载难逢的机会。让何进始料未及的是，本想借助外力诛杀宦官，自己却很快死于宦官之手，让何进更加想不到的是，召唤董卓入京，如同打开了"潘多拉的魔盒"，从此人间变成地狱。

　　董卓趁着京城动乱之际，率领西凉兵迅速接管首都，联合吕布杀死执金吾丁原，纵兵为患，最后竟然做出废立皇帝的事情：让陈留王刘协代替了汉少帝刘辩，给了地方军阀染指最高权力的借口和机会，逃出京城的曹操和袁绍等人，首倡义兵，号召天下群雄，一起讨伐董卓，而各路诸侯除了曹操和长沙太守孙坚，都各怀鬼胎，互相猜忌，直至内讧，引发诸侯混战。曹操有诗为证："关东有义士，兴兵讨群凶。初期会盟津，乃心在咸阳。军合力不齐，踌躇而雁行。势利使人争，嗣还自相戕。淮南弟称号，刻玺于北方……"（《蒿里行》）

　　为了应对诸侯联军的威胁，董卓一把火烧掉洛阳，强行迁徙百姓，西向长安，与关东诸侯继续周旋。后被司徒王允联合吕布杀死，不料，董卓之死却触发了更大规模的军阀混战，大军阀死了，小军阀更难缠，李傕、郭汜等部将纷纷各立山头，从此，天下进入毫无秩序可言的丛林状态，而这为曹操的崛起提供了更大的舞台和机遇。

英雄造时势

董卓之乱后，中原板荡，人口锐减，十不存一，曹操有诗为证："铠甲生虮虱，万姓以死亡。白骨露于野，千里无鸡鸣。生民百遗一，念之断人肠。"（《蒿里行》）面对如此残破的局面，天下豪杰又如何应对呢？

一、非常之人行非常之事

天下群雄，当时以袁绍声望最高，实力最强，谋士、战将如云，兵强马壮，控有冀州、并州、青州、幽州等战略要地，妄图"南据黄河之险，北有燕、代之地，并征服北方少数民族为己所用"，再南下以争天下。天下贤能之士多有投奔袁绍者。然而，袁绍用人，水平却极其有限，同时代的人纷纷抱怨："能聚人而不能用"（荀彧语），"未知用人之机。多端寡要，好谋无决"（郭嘉语）。

袁绍出身汉末名门"汝南袁氏"，自高祖父袁安起，四代有五人位居三公之位。这样的贵胄之家，养成了袁绍一身贵公子的习气，待人"繁礼多仪"，"因累世之资，高议揖让以收名誉，士之好言饰外者多归之"，身边吸引了一大批浮华之辈。而袁绍性格之中又有领袖人物用人之大忌，"外宽内忌，用人而疑之，所任唯亲戚子弟"。又因为政宽松，不能令行禁止，"多谋少决，失在后事"①，这是袁绍后来败亡的主要原因。而曹操的用人方式则与袁绍有云泥之别。

曹操知人善任，比如用清正之士崔琰、毛玠掌管选举，故"其所举用，皆清正之士，虽于时有盛名而行不由本者，终莫得进。务以俭率人，由是天下之士莫不以廉节自励，虽贵宠之臣，舆服不敢过度"②。他不重虚誉，"唯才是举"，甚至突破道德约束，即使"盗嫂受金"私德有亏之人，只要有真才实学，也是他招揽的对象。他治军、治国严守法度，令行禁止。

曹操的人才库聚集了当时最豪华的阵容，以汝颍谋士集团和谯沛武将集团最为重要。谯沛集团多为曹操同族或姻亲中人，自然深得信任，掌握武备。汝颍集团则是豫州的两个郡，汝南郡、颍川郡，二郡靠近首都洛阳，经济发达，教育也发达，世代相沿出了很多世家大族和智谋之士，当时便有"汝、颍固多奇士"之说，其中以颍川荀家最为著名。

而荀彧即是荀家的佼佼者。荀彧本来先投奔袁绍，因不被重用，也料定袁绍并非明主，便跑来襄助曹操，曹操见到荀彧，兴奋地说：你就是我的张良的啊（吾之子房），受到特殊的礼遇。后被荀彧举荐，加入曹操阵营的谋士越来越多，比如荀攸、钟繇、郭嘉、陈群、杜袭、司马懿、戏志才等等，个个都是了不起的智能之士。这些人为曹操日后的崛起，作出了巨大的贡献。

当然，只有曹操方能聚拢并驾驭这些精英，也只有曹操才能审

---

① 《三国志注》引《傅子》中郭嘉语，《三国志》，中华书局，2009 年版，431 页。
② 《三国志·毛玠列传》，中华书局，2009 年版，375 页。

时度势，根据谋士们的建议，作出最关键性的战略决断，比如"挟天子以令诸侯"。最早打天子的主意的并非曹操集团，而是袁绍的谋士。董卓之乱后，皇帝被董卓掳掠至关中长安，后董卓被杀，董卓旧部纷纷自立，互相攻伐，胁迫献帝，历史记载：

> 是时，长安城空四十余日，强者四散，羸者相食，二三年间，关中无复人迹。沮授说袁绍曰："将军累叶台辅，世济忠义。今朝廷播越，宗庙残毁，观诸州郡虽外托义兵，内实相图，未有忧存社稷恤民之意。今州域粗定，兵强士附，西迎大驾，即宫邺都，挟天子而令诸侯，畜士马以讨不庭，谁能御之！"颍川郭图、淳于琼曰："汉室陵迟，为日久矣，今欲兴之，不亦难乎？且英雄并起，各据州郡，连徒聚众，动有万计，所谓秦失其鹿，先得者王。今迎天子自近，动辄表闻，从之则权轻，违之则拒命，非计之善者也。"授曰："今迎朝廷，于义为得，于时为宜，若不早定，必有先之者矣。"绍不从。

——司马光主编《资治通鉴》

袁绍在犹疑之间，拒绝了沮授的建议，从此一步错步步错，历史的机遇这才摆到了曹操面前。建安元年（196 年），汉献帝自河东还洛阳，而此时洛阳早已残破不堪，曹操与众臣议欲奉迎献帝至许县建都。众人纷纷表示不可，理由是现在"山东未平，韩暹、杨奉新将天子到洛阳，北连张杨，未可卒制"。是荀彧、程昱的支持，陈以利害，晓以大义 [1]，让曹操下定决心，迎接献帝，实现了政治上的合法性。

在解决了人才问题和政治合法性问题后，经济问题是制约其发展的关键问题，《晋书·食货志》记载："汉自董卓之乱，百姓流离，谷石至五十余万，人多相食。魏武既破黄巾，欲经略四方，而苦军食不

---

[1]《后汉书·荀彧列传》，中华书局，1965 年版，第 2284 页。

足……"于是曹操便创建了屯田制度。屯田不是想象中那么简单的事情，需要作非常充分的准备，还要有合适的人来推行才能真正落地。当时缺少军粮的并非只有曹操集团，《晋书·食货志》记载："于时袁绍军人皆资椹枣，袁术战士取给赢蒲。"而最终只有曹操集团采取并落实了屯田制度。根据史料记载，屯田制度是由羽林监颍川人枣祗提出的建议，随即曹操集团内部就出现了很多反对的声音，这令曹操也一度犹疑不定，与荀彧商量，还是不能决断，幸得枣祗详细筹划，坚持己见，才令曹操坚定了信心，强力推行试点，结果是"其时岁则大收"，于是曹操下令推广。"后遂因此大田，丰足军用，摧灭群逆，克定天下，以隆王室。祗兴其功……"[①] 以后曹操在荡平群雄过程中，军粮供应充足，屯田之功也。

综上可见，只有非常之人方能成就非常之事，曹操能够成就霸业，既是历史的风云际会，更是曹操本人雄才大略的结果。

二、老骥伏枥

曹操是一个生命力极其旺健的人，一生戎马，壮怀激烈，老而弥坚。有诗为证："神龟虽寿，犹有竟时。腾蛇乘雾，终为土灰。老骥伏枥，志在千里。烈士暮年，壮心不已。"（《步出夏门行·龟虽寿》）在完成了上述组织完善与升级后，曹操开启了他的一生霸业。

汉献帝建安五年（200年），曹操四十六岁正当壮年，他与袁绍进行了惊心动魄的官渡之战。此一役，曹操军与袁绍军相持于官渡（今河南中牟东北），在此展开战略决战。曹操采取谋士许攸等人意见，

---

① 《三国志·魏书·任峻传》注引《魏武故事》，中华书局，2009年版。

奇袭袁军在乌巢的粮仓（今河南延津县僧固），继而击溃袁军主力。此战奠定了曹操统一中国北方的基础，是中国历史上著名的以少胜多的战役之一。

建安十三年（208年），曹操五十四岁，他借破荆州之余威，率领二十万大军顺江而下，与孙权、刘备联军在长江赤壁（今湖北省赤壁市西北）一带展开对峙，这就是历史上著名的赤壁之战，此一战，孙权、刘备在曹操进逼关头，结盟对抗，扬水战之长，巧用火攻，大败曹军，使得曹操一统天下的愿望落为泡影，从而形成三国鼎立的天下格局。

赤壁之败，并未让曹操停止奋斗的脚步，退回北方后，曹操及其军队休养生息，两年后再次出征，于建安十六年（211年）率部西征马超、韩遂，此时曹操五十七岁。西征是为了解决攻打刘备和孙权的后顾之忧，结果大胜而归，韩遂身死，马超南走汉中，后归附刘备。

建安十七年（212年）十月，再次讨伐孙权，此时曹操五十八岁，次年正月，曹军进至濡须口（今安徽巢县东南），攻破孙权设在江北的营寨，生擒其将公孙阳。孙权亲率军七万，前至濡须口抵御曹军。两军相持月余，曹操的水军作战失利。由于春雨瓢泼、江水上涨，曹操见难以取胜，遂撤军北还。

建安二十年（215年）三月，讨伐汉中张鲁，此时曹操六十一岁，张鲁听说阳平关失守，逃往巴中。曹操进军南郑，尽得张鲁府库珍宝。十一月，张鲁出降曹操，汉中遂为曹操所有。待曹操主力撤出汉中后，已占据益州的刘备向汉中发动进攻，曹军失利。经过反复争夺，曹操亲率大军来夺汉中，但是刘备坚壁不出，曹军与刘备军相距数月，无利，遂放弃汉中。

一个有趣的现象是，上述征战，曹操是败多胜少，却屡败屡升。打赤壁之战前，他自任丞相，已位极人臣；征讨马超、韩遂后皇帝赐予曹操上朝如萧何故事的待遇：赞拜不名，入朝不趋，剑履上殿。"赞拜不名"是指上朝的时候赞礼官不直呼其名，表示尊重；"入朝不趋"是指上朝的时候可以不必小步快走；"剑履上殿"是指上朝的时候可以带剑可以穿鞋。征孙权失利后曹操却被封为魏公，征张鲁回来后封魏王。至此，已经封无可封了，再进一步会如何？自然就是称帝了。

然而，曹操并未往下走这一步。老对手孙权遣使入贡，向曹操称臣，并劝曹操取代汉帝自称大魏皇帝。曹操将孙权来书遍示内外群臣，说："是儿欲踞吾著炉火上耶！"曹操手下群臣多乘机向曹操劝进。曹操说："若天命在吾，吾为周文王矣。"

建安二十五年（220年）正月，曹操还军洛阳。当月，病逝在洛阳，走完了自己壮怀激烈的一生，终年六十六岁，谥曰武王。十月，魏王曹丕逼迫汉献帝让位，改汉为魏，追尊曹操为武皇帝，庙号太祖。

总　结

曹操的一生是波澜壮阔的，他是承前启后、继往开来的杰出政治家、军事家，他是汉臣，也是大魏的实际开创者，他是能臣，也是奸雄，他是时代的弄潮儿，也是被历史洪流所裹挟的芸芸众生。

王红利

　　河北遵化人，文学硕士，河北大学中国古代文学专业毕业。主要的社会兼职有：秦皇岛市诗词学会副会长、秦皇岛市作协文艺评论部部长。现任《秦皇岛日报》副刊编辑。著有《韩愈》一书。

不降其志，不辱其身

——《史记·伯夷列传》精讲

　　首先介绍《史记》这部伟大的书。《史记》一书作为"二十四史"之首，最初称为《太史公书》或《太史公记》，甚或直称《太史公》，是西汉史学家司马迁所撰写的纪传体史书，是中国历史上第一部纪传体通史。《史记》共记录了上自上古传说中的黄帝时代，下至汉武帝太初四年间共三千多年的历史。太初元年（前 104 年），司马迁开始创作该书，经十四年之久才完成这部不朽的史学巨著。《史记》全书包括十二本纪（记历代帝王政绩）、三十世家（记诸侯国和汉代诸侯、勋贵兴亡）、七十列传（记重要人物的言行事迹，主要叙人臣，其中最后一篇为自序）、十表（大事年表）、八书（记各种典章制度，记礼、乐、音律、历法、天文、封禅、水利、财用）。《史记》共一百三十篇，五十二万六千五百余字。《史记》规模巨大，体系完备，而且对此后的纪传体史书影响很深，历朝正史皆采用这种体裁撰写。《史记》与《汉书》《后汉书》《三国志》合称"前四史"，对后世史学和文学的发展都产生了深远影响。其首创的纪传体编史方法为后世历代官修正史所继承。《史记》还被公认为是一部优秀的文学著作，在中国文学史上占有重要地位，被鲁迅誉为"史家之绝唱，无韵之离骚"（《汉文学史纲要》）。所谓"史家之绝唱"，"绝唱"就是指最好的作品，也就是说《史记》在史书里可以排到第一名；所谓"无韵之离骚"则是强调了《史记》的文学性，《离骚》是屈原创作的带有自传性质的一篇抒情长诗，以《离骚》为代表的屈原的作品是我国古代浪漫主义文学的源头，其文学性是毋庸置疑的。刘向等人认为此书"善序事理，辩而不华，质而不俚"。司马迁自己谈创作《史记》的目的就是要"究天人之际，通古今之变，成一家之言"（《报任安书》）。所谓"究天人之际"，就是他想要研究、探讨天道与人道之间的这种关系；所谓"通古今之变"，指的是他要弄明白古往今来的这种变化以及变化背后所隐藏的规律性的东西；所谓"成一家之言"，指的是他要自己著述，也就是创作《史记》。郑樵在《通志》中称："使百代而下，史官不能易其法，学者不能舍其书。六经之后，唯有此作。""史官不能易其法，学者不能舍其书"指的是后世的史官，不能够改变它的方法，不能忽视《史记》这部书。至于"法"自然就是指的纪传体这种修史方法。我们知道中国古代图书的四个分类，分别是经、史、子、集，能够把史部的《史记》上升到与"六经"齐名，可以看出郑樵对司马迁的《史记》的评价可谓极高。

接下来我们介绍一下究竟什么叫纪传体。我们常常说《史记》是中国历史上第一部纪传体史书，所谓纪传体指的是以人物传记为中心的史书编纂体例，其中的"纪"就是指本纪，"传"就是列传。后世历代所修正史基本上都采用了纪传体这一体例，其影响之深远可想而知。在纪传体史书之前，史书的编纂体例有编年体，如《春秋》以及"春秋三传"（《公羊传》《穀梁传》《左传》），宋代司马光主持编纂的《资治通鉴》也是一部伟大的编年体史书。编年体之外，还有国别体，如《国语》和《战国策》皆为国别体史书。在纪传体诞生之后，到了宋代还产生了一种新的史书编纂体例，叫纪事本末体，始于南宋袁枢的《通鉴纪事本末》。当然，还有一种典章体，限于篇幅，这里就不作介绍了。

我们再来了解一下《史记》的几种重要版本。第一种是日本藏南宋版黄善夫三家注《史记》（简称"黄善夫本"）；第二种是明朝嘉靖、万历年间南北监刻二十一史本（简称"监本"）；第三种是明朝毛氏汲古阁刻十七史本（简称"毛刻本"或"汲古阁本"）；第四种是清朝乾隆年间武英殿刻二十四史本（简称"武英殿本"或"殿本"）；第五种是清朝同治年间张文虎整理、金陵书局刊行的《史记集解索隐正义》合刻本一百三十卷（简称"金陵局本"）；第六种是民国初年张元济编辑、商务印书馆影印百衲本《史记》（简称"百衲本"），以上所列的是几种比较重要的《史记》版本。

当然我们上面所列都是严格的版本学意义上的版本，这里给大家介绍一下坊间常见的几种《史记》。第一种是中华书局小绿皮《史记》，分平装和精装，全十册；第二种是中华书局修订本《史记》，同样也是分为精装和平装两种，全十册；第三种是上海古籍出版社《史记会注考证》，作者是日本汉学家泷川资言，同样也有精装和平装之分，全八册；第四种是中华书局韩兆琦译注《史记》，被列入"中华经典名著全本全注全译"丛书，全九册；第五种是中华书局"中华国学文库"本《史记》，全四册，以上所列都是比较易得、比较常见的。

下面就进入主题，我们逐段分析精讲这篇《史记·伯夷列传》。

夫学者载籍极博，犹考信于六艺，《诗》《书》虽缺，然虞、夏之文可知也。尧将逊位，让于虞、舜。舜、禹之间，岳、牧咸荐，乃试之于位；典职数十年，功用既兴，然后授政；示天下重器，王者大统，传天下若斯之难也。而说者曰："尧让天下于许由，许由不受，耻之，逃隐。及夏之时，有卞随、务光者。"此何以称焉？

"夫"是句首发语词。"载籍"就是册籍，就是图书。学者的图书非常多，但是依然需要"考信于六艺"，也就是说通过六艺去考证学问。"六艺"在这里指的其实就是"六经"，所谓"六经"指的是《诗》《书》《礼》《易》《乐》《春秋》这六部书。《乐》这部书经过秦火早已失传，现在只剩下五经，因此大家可以听到"四书五经"的这种说法。"《诗》《书》虽缺，然虞、夏之文可知也"是说《诗经》和《尚书》这两部书虽然有缺，这里面其实主要指的是《尚书》有缺。按照司马迁的说法，孔子曾经删《诗》，《诗经》作品本来有三千首，孔子将其删定成三百零五篇，所以说《诗》《书》都有缺是连类而及，主要说的是《尚书》有缺。"然虞、夏之文可知也"，这里的"虞"指的是虞舜，"夏"指的是大禹。他们的文章以及关于他们的著作在《尚书》里边是可以看得到的。"尧将逊位，让于虞、舜"，意思是说尧准备将位置让给舜。"舜、禹之间，岳、牧咸荐"，这里的"岳"指的是四岳，是管理四方的长官。牧指的是九州的长官。大禹治水之后，分天下为九州，也就是冀州、兖州、青州、徐州、扬州、荆州、豫州、梁州、雍州。九州的长官叫"牧"。"咸"是都的意思，"荐"是推荐，这句话的意思是说舜、禹的时候，得到了各个地方的长官的推荐，"乃试之于位；典职数十年，功用既兴，然后授政"，这句是说选择他们做接班人的时候，其实是挺费事的一个过程，很艰辛的一个过程，一个是需要得到地方官的推荐，另外一个是需要试用，让他先主持这个官职的工作几十年，在看到他们的治理成效确实显现出来之后，才会真正把位置传给他，"示天下重器"，就是把政权让给他。"王者大统，传天下若斯之难也"，就是说传递管理天下的这种大权是如此之艰难。"而说者曰:'尧让天下于许由,许由不受,耻之,逃隐'",这句是说尧曾经打算把位置传给许由这个人,许由没有接受,而是逃走了。这里有一个很好玩的典故,叫作"巢由洗耳",许由不愿意接受尧把天下大位传给他,在听了尧的话以后,跑到颍水之边去洗耳朵。因为他嫌这话太难听了,所以要把耳朵洗干净。在他的下游有一个人叫巢父,他正在饮自己的小牛,巢父问他:"你干吗呢?"许由回答说:"洗耳朵。"然后许由告诉巢父说:尧要把天下大位传给我。巢父回了他一句说:"你不展露显现自己,尧怎么会把位置传给你?"然后还说:"你在这儿洗耳朵,把水都弄脏了,我的小牛怎么能喝脏水呢?"于是巢父就牵着自己的小牛来到上游饮水。"及夏之时,有卞随、务光者",这句是说在夏朝的时候有两个人,一个叫卞随,一个叫务光,他们也都是不愿意接受王位的人。"此何以称焉",就是说他们这些人为什么会得到后世的称颂。

太史公曰:余登箕山,其上盖有许由冢云。孔子序列古之仁圣贤人,如吴太伯、伯夷之伦详矣。余以所闻,由、光义至高,其文辞不少概见,何哉?

孔子曰:"伯夷、叔齐,不念旧恶,怨是用希。""求仁得仁,又何怨乎?"余悲伯夷之意,睹轶诗可异焉。

"太史公曰"中的太史公是官职名,掌天文图书等。"太史公曰"在《史记》里出现的位置绝大部分都是在篇末,有时也会出现在篇首,有时还会出现在篇中。"太史公曰"是《史记》作者进行评论的提示语。习惯上将位于篇前的"太史公曰"称为序,位于篇中的称为论,位于篇末的称为赞。据《史记》研究专家张大可先生统计,《史记》中共有"太史公曰"一百三十四篇,其中序二十三篇,论五篇,赞一百零六篇。其中本纪中《武帝本纪》乃后补者袭用《封禅书》之赞，世家一篇无赞，列传七篇无赞。学者历来认为"太史公曰"继承了《左传》的"君子曰"的评论形式，并对此后的史传著述模式产生影响。据学者考证，这里的太史公应该指的是司马迁的父亲司马谈，"余登箕山，其上盖有许由冢云"，也就是司马迁在记录他父亲司马谈曾经谈到过的一句话，说他父亲曾经登上箕山，箕山在河南，箕山上面有许由冢，"冢"就是坟墓的意思。"孔子序列古之仁圣贤人，如吴太伯、伯夷之伦详矣"，这句是说孔子曾经在文章里边谈论到古代的这些仁圣贤人，有吴太伯，有伯夷，说得都很详细，很具体，"余以所闻，由、光义至高，其文辞不少概见，何哉"，这句是说司马迁有一个小小的疑惑，以我自己的见闻，我听到许由的故事，我听到卞随、务光他们的故事，他们也都是很有节义的人，可是记录他们的文字却看不到，这是为什么呢？"孔子曰：'伯夷、叔齐，不念旧恶，怨是用希。'"孔子曾经说过，伯夷、叔齐两个人不记念陈仇旧恨，所以他们内心的埋怨、怨恨是很稀少的。"求仁得仁，又何怨乎"，求的就是仁，得到的也是仁，所以他们内心又有什么可以怨恨的呢？"余悲伯夷之意，睹轶诗可异焉"，这句话的意思是说我确实非常同情伯夷、叔齐的遭遇，因为他们晚年采薇而食，饿死在首阳山，所以说伯夷、叔齐死得可怜。可是伯夷、叔齐在饿死之前有一首诗，这首诗因为没有被收录进《诗经》三百零五篇里边，所以叫作"轶诗"，可是读到他们的这首诗，分明可以感觉到他们内心其实是有一些怨恨的，所以这一点令司马迁感到疑惑。

其传曰：伯夷、叔齐，孤竹君之二子也。父欲立叔齐，及父卒，叔齐让伯夷。伯夷曰："父命也。"遂逃去。叔齐亦不肯立而逃之。国人立其中子。于是伯夷、叔齐闻西伯昌善养老，盍往归焉！及至，西伯卒，武王载木主，号为文王，东伐纣。伯夷、叔齐叩马而谏曰："父死不葬，爱及干戈，可谓孝乎？以臣弑君，可谓仁乎？"左右欲兵之。太公曰："此义人也。"扶而去之。武王已平殷乱，天下宗周，而伯夷、叔齐耻之，义不食周粟，隐于首阳山，采薇而食之。及饿且死，作歌，其辞曰："登彼西山兮，采其薇矣。以暴易暴兮，不知其非矣。神农、虞、夏忽焉没兮，我安适归矣？于嗟徂兮，命之衰矣！"遂饿死于首阳山。

由此观之，怨邪非邪？

"其传曰：伯夷、叔齐，孤竹君之二子也。父欲立叔齐。及父卒，叔齐让伯夷"，这句意思是说伯夷、叔齐两个人是孤竹君的两个儿子，父亲想要立叔齐，让叔齐来接班。等到孤竹君死了之后，叔齐想要把位置让给哥哥伯夷，伯夷说这是父亲的遗命，于是逃走。"叔齐亦不肯立而逃之"，意思是说叔齐也不肯做接班人，也逃走了。"国人立其中子"，孤竹国的大臣或者说国民只得立伯夷的弟弟、叔齐的哥哥作为孤竹国的接班人。"于是伯夷、叔齐闻西伯昌善养老，盍往归焉"，伯夷、叔齐都逃走了，他们去哪儿了呢？他们听说西伯昌，也就是姬昌，"善养老"中的这个"养老"后世有不同的解释，一般认为是招纳贤士的意思，"盍往归焉"的"盍"字通"盖"，于是的意思。于是伯夷、叔齐去投奔姬昌。"及至，西伯卒"的意思是等到他们到了的时候，西伯昌已经死了。"武王载木主，号为文王"，这时候周武王准备伐纣，然后拉着木主，木主指的就是木牌位，"号为文王"就是称他的父亲为周文王。"东伐纣"就是向东去讨伐商纣。"伯夷、叔齐叩马而谏曰：父死不葬，爱及干戈，可谓孝乎？以臣弑君，可谓仁乎"，伯夷、叔齐两个人拦住周武王的马头，然后进谏说，你的父亲刚刚死，你不埋葬他，很快就兴起战争，"干戈"在这里代表战争，挑起战争，干戈是武器。"可谓孝乎"的意思是你这样做可以算得上孝吗？"以臣弑君"，商纣王是君，周武王你现在要去讨伐你的君主，可以算得上是仁吗？"左右欲兵之"，这里的"兵"是一个动词，就是说武王左右想要杀他。"太公曰：'此义人也。'扶而去之"，太公就是姜太公，姜太公说这哥俩是义人，即有节义的人，"扶而去之"的意思是说把他们扶到路边，并未杀他们两个。"武王已平殷乱，天下宗周，而伯夷、叔齐耻之，义不食周粟"，这句的意思是说武王已经把商王朝灭了，"天下宗周"的意思就是说天下人都以周天子作为天下共主，叫作"天下宗周"。"而伯夷、叔齐耻之"，伯夷、叔齐则以此为耻，"耻"字在这里也是一个动词，"义不食周粟"是说伯夷、叔齐不愿意吃周的粮食。"不食周粟"，一种说法是说伯夷、叔齐不肯吃周的粮食，还有一种说法是说伯夷、叔齐不肯做周的官，即不食周的俸禄，后面这个解释可能更靠谱一些。"隐于首阳山，采薇而食之"，伯夷、叔齐就跑到首阳山隐居起来，然后采薇而食。"薇"是一种野菜，据文献记载，有一个妇人质疑伯夷、叔齐，既然你们俩不肯吃周的粮食，却吃周的野菜，这样做很没道理。"及饿且死，作歌，其辞曰"，就是说快要饿死的时候呢，这兄弟两个作了一首歌，歌词说"登彼西山兮，采其薇矣。以暴易暴兮，不知其非矣"，这句的意思是说登上西山，采薇而食。用暴力改变暴力，不知道这是错误的。"神农、虞、夏忽焉没兮，我安适归矣？于嗟徂兮，命之衰矣"，就是说不管是神农氏，还是虞舜，还是大禹，他们皆转瞬即逝。"我安适归矣"是说我该归向何方呢？"于嗟徂兮，命之衰矣"，就是说我快要死了。"遂饿死于首阳山。由此观之，怨邪非邪"，通过上面的这段记述，司马迁表达出自己内心的疑惑，孔子曾说伯夷、叔齐"不念旧恶，怨是用希"，那么现在看起来这个伯夷、叔齐内心到底有没有怨恨呢？通过最后这一首诗，分明可以看到伯夷、叔齐还是有一些怨恨的。

　　或曰："天道无亲，常与善人。"若伯夷、叔齐，可谓善人者非邪？积仁洁行如此而饿死。且七十子之徒，仲尼独荐颜渊为好学。然回也屡空，糟糠不厌，而卒蚤夭。天之报施善人，其何如哉？盗跖日杀不辜，肝人之肉，暴戾恣睢，聚党数千人横行天下，竟以寿终。是遵何德哉？此其尤大彰明较著者也。若至近世，操行不轨，专犯忌讳，而终身逸乐，富厚累世不绝。或择地而蹈之，时然后出言，行不由径，非公正不发愤，而遇祸灾者，不可胜数也。余甚惑焉，傥所谓天道，是邪非邪？

　　"或曰：'天道无亲，常与善人。'"意思是说有人说天道不会倾向、偏向于任何一个人，常常会帮助那些善人，就是说上天会帮助那些好人。"若伯夷、叔齐，可谓善人者非邪？积仁洁行如此而饿死"，像伯夷、叔齐兄弟这样的善人一生"积仁洁行"，最后却饿死了。"且七十子之徒，仲尼独荐颜渊为好学"，仲尼就是孔子，孔子名丘，字仲尼，孔仲尼有三千学生，有七十多个贤人，在这里说七十子，是取其整数而言之。他有七十个学生，却唯独认为颜渊是最好学的。"然回也屡空，糟糠不厌，而卒蚤夭"，这句话的意思说那么好学的一个颜回却常常陷入物资缺乏的境地，"糟糠不厌"里的这个"厌"字的意思是满足，就是说连"糟糠"这样的东西都得不到满足。可以想见，颜回的生活是多么糟糕，"而卒蚤夭"，最后早早地就死了。"天之报施善人，其何如哉"，上天就是这样来回报善人的吗？又举"盗跖"作为反面的例子，"盗跖"应该这样理解，这个人的名是跖，盗是他的职业。古人习惯如此称呼一个人，即在名的前面冠以职业，后面才是他的名。如弈秋、庖丁、轮扁、师襄，皆是如此。"日杀不辜"，这里的"辜"是罪的意思，不辜就是没有罪，也就是说盗跖每天会杀没有罪的人，"肝人之肉"这句看不懂，不太好解释，学者一般认为应该是"脍人之肉"，就是把人肉切成丝吃，不管是"脍人之肉"，还是"肝人之肉"，其实就是吃人肉的意思。"暴戾恣睢"是说盗跖是一个很暴力的人，"聚党数千人横行天下，竟以寿终。是遵何德哉"，根据《庄子》的记载，盗跖手下有九千人之多，这句的意思是说盗跖这样的坏人居然寿命很长，而颜回那样的好人却寿命很短。"是遵何德哉"意思是说这遵守的是哪门子道德呀？"此其尤大彰明较著者也"，这句意思是说这还是最明显的例子呢。"若至近世，操行不轨，专犯忌讳，而终身逸乐，富厚累世不绝"，司马迁也不敢说当下，所以他说近世，近世这些操行不轨的人，专犯忌讳的人，却可以终身逸乐，一辈子享受，"富厚累世不绝"，这句话的意思说他们的财富甚至可以一代一代传下去，这是一种情形。"或择地而蹈之，时然后出言，行不由径"，这是另外一种情形，有些人看好地方才敢下脚，"时然后出言"就是说看准时机才敢说话。"行不由径"就是一生从来不走小路，这里用了《论语》中澹台灭明的典故。《论语·雍也篇》："子游为武城宰。子曰：'女得人焉尔乎？'曰：'有澹台灭明者，行不由径，非公事，未尝至于偃之室也。'"杨伯峻先生在《论语译注》中这样翻译：子游做武城县县长。孔子道："你在这儿得到什么人才没有？"他道："有一个叫澹台灭明的人，走路从来不插小道，不是公事，从不到我屋里来。""行不由径"后来成为一个成语，形容一个人从来不走歪门邪道，不走旁门左道，比喻行动正大光明。"非公正不发愤，而遇祸灾者，不可胜数也"，意思是说如果不是遇到不公正的就不会发愤，不会表态。可就是这样的人却会遇到灾祸，这样的事例不胜枚举。"余甚惑焉"的意思是说我很疑惑。"倘所谓天道，是邪非邪"的意思是说这就是天道吗？天道就是如此吗？这到底是什么样的天道？通过这篇文章可以看得出司马迁是一个具有朴素的唯物史观或说唯物主义思想的人，因为他不相信天道，敢于质疑天道。

子曰"道不同不相为谋"，亦各从其志也。故曰"富贵如可求，虽执鞭之士，吾亦为之。如不可求，从吾所好"。"岁寒，然后知松柏之后凋"。举世混浊，清士乃见。岂以其重若彼，其轻若此哉？

"子曰：道不同不相为谋"，这是《论语》里面的记载，"道不同不相为谋"的意思是说如果志向不相同，那我们就没有办法在一起商量事儿，"亦各从其志也"，那我们就各玩各的吧。"故曰富贵如可求，虽执鞭之士，吾亦为之。如不可求，从吾所好"，这句的意思是说富贵如果可以追求，那么即便是"执鞭之士"我也愿意去做，"执鞭之士"在这里显然指代卑贱的工作。但如果富贵不可以追求，那么还不如让我干一点自己喜欢的事情。"岁寒，然后知松柏之后凋"，意思是说只有天冷了，才知道松柏这些植物是最后凋零的。"举世混浊，清士乃见"是说整个世界都是浑浊的，只有在浑浊的世界才可以看到那些清白之士。"岂以其重若彼，其轻若此哉"，这个话其实不是很好理解，历来学者聚讼纷纭。我们把它理解成有些人看重的是财富，有些人看重的是节义。

"君子疾没世而名不称焉。"贾子曰："贪夫徇财，烈士徇名，夸者死权，众庶冯生。""同明相照，同类相求。""云从龙，风从虎，圣人作而万物睹。"伯夷、叔齐虽贤，得夫子而名益彰。颜渊虽笃学，附骥尾而行益显。岩穴之士，趣舍有时若此，类名湮灭而不称，悲夫！闾巷之人，欲砥行立名者，非附青云之士，恶能施于后世哉？

"君子疾没世而名不称焉"，意思是说一个君子以什么为最大的痛苦呢？就是人死了他的名气、名声却没有得到传扬。"贾子曰"中的贾子就是贾谊，也叫贾生。贾谊说，"贪夫徇财，烈士徇名，夸者死权，众庶冯生"，就是说每个人都会死在自己所拼命追求的东西上面。"'同明相照，同类相求。'云从龙，风从虎，圣人作而万物睹"，这句话出自《易经》。"云从龙，风从虎"，意思是说龙出来，会有云；虎出来，会有风。"圣人作而万物睹"意思是说唯有圣人出来，万物的本来面目才能被揭示得清清楚楚。"伯夷、叔齐虽贤，得夫子而名益彰"，这句的意思是说伯夷、叔齐确实是贤人，但是他们是得到了孔子的推扬，名气才得到了彰显。"颜渊虽笃学，附骥尾而行益显"这句的意思是说颜渊虽然很好学，但他正是因为附到了孔子的骥尾，高尚的品德才更加明显。骥就是千里马，蚊子或者蝇子这种小飞虫，它自己飞不了多远，但是如果它附着在千里马的马尾巴上，那么千里马跑多远，蚊蝇就可以飞多远。"附骥尾"现在已经成了一个表谦虚的词。"岩穴之士"指的是那些隐士。"趣舍有时若此，类名湮灭而不称，悲夫"，就是说有些人他们其实也很有才，可是得不到名人的推扬，所以他们的名声得不到传颂。"闾巷之人，欲砥行立名者，非附青云之士，恶能施于后世哉"，"闾巷之人"也指隐士，他们想要砥砺他们的名声，如果找不到一个所谓的"青云之士"，"青云之士"即名人，如果他们没有这些名人的推重，那么名声又怎么能够传到后世呢？

好，到这里，《史记·伯夷列传》我们全部讲完了。

钱锺书先生在《管锥编》中称："此篇记夷、齐行事甚少，感慨议论居其泰半，反论赞之宾，为传记之主。马迁牢愁孤愤，如喉鲠之快于一吐，有欲罢而不能者；纪传之体，自彼作古，本无所谓破例也。"这段话的意思是说这篇《伯夷列传》写伯夷、叔齐兄弟两个人行事很少，而感慨、议论却占了一大半。因此说这篇列传与其他的列传颇不同，抒情意味很重，是很特殊的一篇文章。司马迁将自己一腔孤愤借由此文宣泄了出来，所谓借他人酒杯，浇自己块垒，此之谓也。

后世对伯夷、叔齐兄弟二人的评价极多，在这里撷取一些，与大家共享。孔子在《论语》中称誉伯夷、叔齐："不降其志，不辱其身，伯夷、叔齐与！""伯夷、叔齐不念旧恶，怨是用希。"孟子则说："伯夷，圣之清者也；伊尹，圣之任者也。柳下惠，圣之和者也；孔子，圣之时者也。孔子之谓集大成。集大成也者，金声而玉振之也……""圣人，百世之师也，伯夷、柳下惠是也。"《说苑》："伯夷、叔齐饿死于首阳山而志逾彰，不轻死亡，安能行此！故夫士欲立义行道，毋论难易，而后能行之。"《新语》："虞舜蒸蒸于父母，光耀于天地；伯夷、叔齐饿于首阳，功美垂于万代。"《庄子》："伯夷死名于首阳之下，盗跖死利于东陵之上。二人者，所死不同，其于残生伤性均也。奚必伯夷之是而盗跖之非乎！天下尽殉也。彼其所殉仁义也，则俗谓之君子；其所殉货财也，则俗谓之小人。"《韩非子》："古有伯夷、叔齐者，武王让以天下而弗受，二人饿死首阳之陵。若此臣，不畏重诛，不利重赏，不可以罚禁也，不可以赏使也，此之谓无益之臣也。吾所少而去也，而世主之所多而求也。"韩愈专门写了一篇《伯夷颂》赞扬伯夷"特立独行""信道笃而自知明"的精神，严厉批评当世之士以世俗之是非为是非的处世态度，他在文章中说："余故曰：若伯夷者，特立独行，穷天地，亘万世而不顾者也。虽然，微二子，乱臣贼子接迹于后世矣。"

当然，这样的列举势必挂一漏万，因为历史上对伯夷、叔齐兄弟的评价极多，并且绝大部分是正面评价，这也恰恰证明了伯夷、叔齐兄弟闪亮的人格以及在历史上的巨大影响力。

身向榆关那畔行

——纳兰性德笔下的秦皇岛

纳兰性德，这个听起来就很唯美的名字，不论是在诗人生活的那个时代，还是在当下的网络时代都受到极大的追捧。纳兰性德是清代著名的词人之一，《清史稿》称："性德善诗，尤长倚声。遍涉南唐、北宋诸家，穷极要眇。所著《饮水》《侧帽》二集、清新秀隽，自然超逸。"纳兰性德与曹贞吉、顾贞观合称"京华三绝"，又与项鸿祚、蒋春霖三家鼎立。著名词论家况周颐则推誉其为"国初第一词人"，王国维在《人间词话》中更是给予他"北宋以来，一人而已"的高度评价。纳兰性德的作品甚至远播朝鲜，朝鲜词人徐良崎在读到纳兰的词作后赞叹说"谁料晓风残月后，而今重见柳屯田"。这样的评价不可谓不高，意思是纳兰性德堪与北宋大词人柳永比肩。也许有人不知道，如此优秀的一位大词人，为秦皇岛留下多首吟咏秦皇岛地区风物景致的作品，焉得不令人惊喜？这实在是秦皇岛之幸，让我们一同走近纳兰性德，感受纳兰性德笔下的秦皇岛。

一、家家争唱《饮水词》

纳兰性德，字容若，号楞伽山人，原名成德，出身满洲贵族，隶属满洲正黄旗。纳兰生于权贵之家，其父为康熙朝武英殿大学士纳兰明珠。纳兰明珠乃康熙朝重臣，曾先后担任刑部尚书、都察院左都御史、兵部尚书、吏部尚书、武英殿大学士、太子太傅等职，他官居内阁十三年，"掌仪天下之政"，在议撤三藩、抗御外敌等重大事件中，起到了积极作用。纳兰生长在北京，天资聪颖，长而博通经史，诗文兼工，尤好填词，著述宏富。康熙十五年（1676年）赐进士出身，后授三等侍卫，循进一等，护驾康熙帝左右。纳兰于康熙二十四年（1685年）病故，年仅三十一岁。纳兰性德的词集最初名为《侧帽词》，后又更名为《饮水词》。在纳兰性德卒后的康熙三十年（1691年），徐乾学编其诗文笔记为《通志堂集》二十卷，收录纳兰词作三百首。同年，张纯修刻《饮水诗词集》三卷，收词作三百零三首，前述二书皆由顾贞观阅定。纳兰性德的词作真挚自然，擅用白描，不事雕琢，打破了元明两代的沉寂，并且一扫柔靡之风，为沉寂多年的词坛注入了一股生机和活力。纳兰性德的原配卢氏早亡，因此他写下许多悼亡词，皆执着缠绵，幽艳哀断。纳兰词最大特点是自然真切，哀感顽艳，婉丽凄清，纤尘不染。其艳丽处得明末王次回处颇多，王次回以"喜作艳诗而工"闻名，清代吴雷发在《香天谈薮》中对王次回的评价更是臻于极致："香奁艳体，至王次回《疑雨集》而极，实度越温李。"后世许多诗人都受其沾溉。谢章铤《赌棋山庄词话》云："竹垞以学胜，迦陵以才胜，容若以情胜。"可谓切中肯綮。

纳兰性德作为一代词人，知名度极高，可谓清词中兴的典范人物。王国维在《人间词话》中说："纳兰容若以自然之眼观物，以自然之舌言情。此由初入中原，未染汉人风气，故能真切如此。"梁启超在《渌水亭杂识》的跋中评价纳兰说："容若小词，直追李主。"他的名句流传之多，在同时代词家中也罕有敌手，如"人生若只如初

见，何事秋风悲画扇""一生一代一双人，争教两处销魂""谁念西风
独自凉，萧萧黄叶闭疏窗""我是人间惆怅客，知君何事泪纵横""被
酒莫惊春睡重，赌书消得泼茶香。当时只道是寻常""风也萧萧，雨
也萧萧，瘦尽灯花又一宵""别有根芽，不是人间富贵花"，无不缠绵
悱恻，穷极要妙，婉丽清新。说纳兰性德是清代以来影响最大、读
者最多的词人恐怕也并不为过。纳兰辞世不久，他的好朋友曹寅就有
"家家争唱《饮水词》，纳兰小字几曾知"（《题楝亭夜话图》）的说法。
曹寅是谁？曹寅就是《红楼梦》的作者曹雪芹的祖父。曹寅曾担任江
宁织造，主持刊刻《全唐诗》《佩文韵府》等书，康熙帝先后六次南
巡，其中四次皆住曹寅家。

二、乌头马角终相救

纳兰性德曾义救吴兆骞，此事最为人所称道。这段故事虽然与秦
皇岛无甚关涉，但对于我们理解纳兰的为人十分有帮助。知人论世的
文学批评方法告诉我们要想了解一个作家的作品，势必要了解作家生
平以及其所处的时代背景。

吴兆骞，字汉槎，江苏吴江人，"少颖悟，有隽才"，曾得到著名
诗人吴伟业的赏识，被誉为"江左三凤凰"之一。在"南闱科场案"
中，吴兆骞受到牵连，被发配宁古塔。顺治十六年（1659 年），吴兆
骞出京。值得一提的是，吴兆骞在经停秦皇岛期间也为秦皇岛留下许
多诗作。

康熙十五年（1676 年），吴兆骞的生死至交顾贞观在这一年结识
了纳兰性德，并在其家当幕客。这年冬天，顾贞观寄居在京城的千佛

寺，寒风肆虐，百草摧折，顾贞观不由得想起远戍宁古塔的吴兆骞，于是提笔写下了那两阕脍炙人口的千古绝唱《金缕曲》，词前有小序："寄吴汉槎宁古塔，以词代书，丙辰冬寓京师千佛寺，冰雪中作。"

季子平安否？便归来、平生万事，那堪回首？行路悠悠谁慰藉？母老家贫子幼。记不起、从前杯酒。魑魅搏人应见惯，总输他、覆雨翻云手。冰与雪，周旋久。　　泪痕莫滴牛衣透。数天涯、依然骨肉，几家能彀？比似红颜多命薄，更不如今还有。只绝塞、苦寒难受。廿载包胥承一诺，盼乌头马角终相救。置此札，君怀袖。

我亦飘零久。十年来、深恩负尽，死生师友。宿昔齐名非忝窃，只看杜陵穷瘦，曾不减、夜郎僝僽。薄命长辞知己别，问人生、到此凄凉否？千万恨，为兄剖。　　兄生辛未吾丁丑。共些时、冰霜摧折，早衰蒲柳。词赋从今须少作，留取心魂相守。但愿得、河清人寿。归日急翻行戍稿，把空名、料理传身后。言不尽，观顿首。

这两阕《金缕曲》写得真切动人，感人肺腑，这种忠贞生死之谊，至情至性之作，焉能不令人感动？陈廷焯在《白雨斋词话》中这样评价这两阕《金缕曲》："只如家常说话，而痛快淋漓，宛转反覆，两人心迹，一一如见。虽非正声，亦千秋绝调也。"并说："二词纯以性情结撰而成，悲之深，慰之至。丁宁告戒，无一字不从肺腑流出，可以泣鬼神矣。"这确实是用真情谱写的一曲感天动地的友谊之歌。这两首"赎命词"为后世称颂不已，许多清词选本以及文学史都会特意提到这两首作品，成为清词中的压卷之作。

顾贞观在词后自注云："二词容若见之，为泣下数行，曰：'河梁生别之诗，山阳死友之传，得此而三。此事三千六百日中，弟当以身任之，不俟兄再嘱也。'余曰：'人寿几何？请以五载为期。'恳之太傅，亦蒙见许，而汉槎果以辛酉入关矣。附书志感，兼志痛云。"

纳兰性德读毕此词，感动得流下眼泪，他认为顾贞观的词作足堪与李陵写给苏武的《与苏武》（三首）以及向秀怀念嵇康的《思旧赋》鼎足而三，并且和了一首《金缕曲·赠梁汾》送给顾贞观，以述自己营救吴兆骞之志。

德也狂生耳。偶然间、缁尘京国，乌衣门第。有酒惟浇赵州土，谁会成生此意？不信道、遂成知己。青眼高歌俱未老，向尊前、拭尽英雄泪。君不见，月如水。　共君此夜须沉醉。且由他、娥眉谣诼，古今同忌。身世悠悠何足问，冷笑置之而已！寻思起、从头翻悔。一日心期千劫在，后身缘、恐结他生里。然诺重，君须记。

关于顾贞观为营救吴兆骞求援于明珠父子之事，有很多记载，虽有细节上的不同，然则大同小异，譬如袁枚在《随园诗话》中这样记载：顾贞观为救吴兆骞，去求太傅明珠，明珠正在宴客，于是持巨觥对顾贞观说："你若能满饮此杯，我就答应你。"于是，平素不善饮酒的顾贞观接过酒杯二话不说，一饮而尽，明珠朗声笑道："我不过是开个玩笑，即便你不饮，我难道就不救汉槎了吗？"

况周颐《蕙风词话》记载："梁汾营救汉槎事，词家记载甚详，惟梁溪诗抄小传注：'兆骞既入关，过纳兰成德所，见斋壁大书：顾梁汾为吴汉槎屈膝处，不禁大恸。'"

康熙十九年（1680年），清廷复开新例，"许流人认工赎罪"，在纳兰性德的大力推动下，大学士纳兰明珠出手，徐乾学、徐釚、陈维崧、潘耒、吴树臣等人醵金两千，最终得以将困守极北苦寒之地二十三年之久的吴兆骞赎归。

三、澄海楼高空极目

纳兰的词作大致可以分作爱情词、悼亡词、友情词、边塞词四大类。其中以爱情词和悼亡词成就为最高，时人和后人常用"哀感顽艳""缠绵婉约""婉丽凄清"这样的话语来评价其词，大抵上也是从这两类词出发而作出的评价。纳兰性德与妻子卢氏十分恩爱，曾经有过一段与李清照和赵明诚新婚后一样的潇洒快意生活，如"被酒莫惊春睡重，赌书消得泼茶香"（《浣溪沙》）写尽夫妻二人情投意合、两心相契的旖旎生活。奈何卢氏早亡，纳兰性德怀着深沉的苦痛和悲哀写下一首又一首的悼亡之作。友情词则以《金缕曲·赠梁汾》为代表，徐乾学称纳兰性德"君所交游，皆一时俊异"，与严绳孙、顾贞观、陈维崧、姜宸英、朱彝尊、梁佩兰等人交情深厚，而且纳兰性德交友不计贫富，颇有点王思聪所说"交朋友不在乎他有钱没钱，反正都没我有钱"的感觉。徐乾学在《通议大夫一等侍卫进士纳兰君墓志铭》中说纳兰性德"坎坷失职之士走京师，生馆死殡，于赀财无所计惜"。在《金缕曲·赠梁汾》中，纳兰性德直接引用了李贺《浩歌》中的一句"有酒惟浇赵州土"，而这一句的上一句正是"买丝绣作平原君"，因此我们完全有理由推断纳兰性德内心定然是服膺门下食客数千的平原君的，盖因二人同为翩翩浊世之佳公子也。正因此，纳兰性德的友情词才显得更加情真意切，毫不造作，因为他对待朋友总是那么一腔赤诚、肝胆相照。纳兰性德作为一位伟大作家，其作品固然有"一往情深深几许"的深婉情致，同时也有"塞马一声嘶，残星拂大旗"的壮阔雄健。特别是他的边塞词兼有温婉柔媚的动人韵致与凄清寒苦的独特况味。

康熙十五年（1676年），二十二岁的纳兰性德以二甲第七名的成绩考中进士，康熙帝授予他三等侍卫之职，因为纳兰性德"遇事劳苦，必以身先，不避艰险退缩"（徐乾学《通议大夫一等侍卫进士纳兰君神道碑文》），后被升为一等侍卫。不论是宫禁轮值，还是外出巡查，纳兰性德从来都是尽忠职守，不敢有一丝懈怠。纳兰作为侍卫，曾先后五次随康熙帝出巡，在徐乾学所撰的《通议大夫一等侍卫进士纳兰君墓志铭》中有"上之幸海子、沙河，及西山、汤泉，及畿辅、五台、口外、盛京、乌刺，及登东岳，幸阙里，省江南，未尝不从"的记载。韩菼《通议大夫一等侍卫进士纳兰君神道碑铭》中亦有"君日侍上所，所巡幸，无近远必从，从久不懈，益谨"的记载。

纳兰出生于钟鸣鼎食之家，堪称一朵人间富贵花，可是他并不开心，他对侍卫生涯充满厌倦，了无兴趣，如他自己曾说"仆亦本狂士，富贵鸿毛轻"（《野鹤吟赠友》），韩菼也说他"身在高门广厦，常有山泽鱼鸟之思"（《通议大夫一等侍卫进士纳兰君神道碑铭》）。可谓伤心人别有怀抱，只是他的痛苦无处言说，故发而为词。严迪昌先生在《清词史》中指出："纳兰塞外行吟词既不同于遣戍关外的流人凄楚哀苦的呻吟，又不是卫边士卒万里怀乡之浩叹，他是以御驾新卫的贵介公子身份扈从边地而厌弃仕宦生涯。"虽然纳兰志不在此，但恰是这些随侍巡幸的经历使他得以走出遍地繁华的京城，走向辽远广阔的边塞之地，亲身体验到了边塞生活的艰苦。衰草黄沙、胡雁悲笳，烽烟夕照，这些边塞景致或萧瑟苍凉，或雄奇壮观，不仅极大地开阔了纳兰的视野和胸襟，同时也为他提供了丰富的创作素材。纳兰在他短暂的一生中创作边塞词达六十余首，数量可谓惊人。

纳兰性德在扈从康熙圣驾的过程中，两次来到秦皇岛，为秦皇岛留下了许多诗词作品，诸如《临江仙·卢龙大树》《临江仙·永平道中》《浣溪沙·姜女祠》《长相思》《浪淘沙·望海》《山海关》等，虽然数量不多，但是质量极高。特别是词作《长相思》入选部编版小学语文教材，不仅让孩子们牢牢记住了纳兰性德这个名字，更令榆关（即山海关）名扬四海，深入人心。

纳兰曾两度出山海关入东北地区，第一次是在康熙二十一年（1682年）二月。康熙因云南平定，海宇荡平，躬诣关外三陵（永陵、福陵、昭陵）告祭，经过山海关、大凌河，至盛京谒陵后，巡行乌喇地方，诣松花江岸，望秩长白山，泛松花江，直到五月初才回到北京。纳兰传世名作《长相思》即作于此次出山海关。

山一程，水一程，身向榆关那畔行，夜深千帐灯。

风一更，雪一更，聒碎乡心梦不成，故园无此声。

王国维《人间词话》中有这样一条："'明月照积雪''大江流日夜''澄江静如练''山气日夕佳''落日照大旗''中天悬明月''大漠孤烟直，长河落日圆'，此种境界可谓千古壮语。求之于词，则纳兰容若塞上之作，如《长相思》之'夜深千帐灯'，《如梦令》之'万帐穹庐人醉，星影摇摇欲坠'差近之。"王国维在叔本华优美与崇高理论影响下提出美有优美与壮美之别，依照王国维的理论，以上所列景物描写显然皆系气魄绝大、意境恢宏的壮美之景，在审美形态上也呈现出一种宏阔崇高之美。王国维此番评论是将纳兰性德的边塞词创作提到了与唐代边塞诗同一个高度上来了。纳兰的边塞词创作确实取得了极高的艺术成就，蔡嵩云在《柯亭词论》中评价纳兰词时道："尤工写塞外荒寒之景，殆扈从时所身历，故言之亲切如此。"

通读全词，可以看出纳兰的边塞词并不是以穷形尽相地刻画边塞景物为目的，边塞景物只是作为背景，换言之，只是手段，纳兰的写作目的是抒发离别相思以及个人的愁苦和哀怨，因此他笔下的边塞景物无不蕴含着一种兴亡之感和个人的羁旅愁怀，读来满纸苍凉，不胜悲怆。

此次康熙东巡，高士奇亦以文学侍从的身份扈从。高士奇是清代康熙年间诗文家、书画家、收藏家、鉴赏家，深得康熙赏识和重用，官至礼部侍郎兼翰林院学士。他将沿途见闻悉数记录下来，于康熙二十三年（1684 年）撰成《扈从东巡日录》。《扈从东巡日录》中有这样的记载："二月丙申（十八日），驻跸丰润县城西。是夜云黑无月，周庐幕火，望若繁星也。"恰可与纳兰《长相思》"夜深千帐灯"的描述相互佐证。

康熙二十一年（1682 年）八月至十二月，纳兰性德奉命随郎谈赴梭龙侦察，这是他第二次来到秦皇岛。由于没有护驾任务，显得相对轻松，纳兰此行写下《临江仙·永平道中》《临江仙·卢龙大树》等作品。《临江仙·永平道中》中有"械书欲寄又还休，个侬憔悴，禁得更添愁"的句子，因此当是怀人之作。《临江仙·卢龙大树》中有"雨打风吹都似此，将军一去谁怜"的句子，通行笺注本（如张草纫的《纳兰词笺注》，赵秀亭、冯统一的《饮水词笺校》）都认为是用"大树将军"冯异之典，复旦大学古籍整理研究所郑凌峰先生认为这里更有可能用的东晋桓温北伐慨叹"木有如此，人何以堪"的典故，因此这是一首咏物词。据《世说新语·言语》所记载："桓公北征，经金城，见前为琅邪时种柳，皆已十围，慨然曰：'木犹如此，人何以堪！'攀枝执条，泫然流泪。"由此可知，桓温所叹之木为柳树。卢龙八景有一景名曰"万柳含烟"，城北门二里许处有一村庄，名叫万柳庄，明代曾经担任布政使的李充浊别业即在庄内，朝鲜使臣柳梦寅曾到过万柳庄并赋诗赞美这里的景色，其中有"翳日凉阴藏小店，拂天高柳满平坰"的诗句。综上，纳兰所咏之"卢龙大树"很可能是柳树。此外，李白《广陵赠别》有"系马垂杨下，衔杯大道间"的诗句，王维《少年行》有"相逢意气为君饮，系马高楼垂柳边"的诗句，晏几道有"户外绿杨春系马，床前红烛夜呼卢"的诗句，亦可为证。

纳兰来到山海关，不能不观海，因此有《山海关》《浪淘沙·望海》等作品，特别是《山海关》一诗写得气势恢宏壮阔，一改令词清丽娴雅之风。

山海关

雄关阻塞戴灵鳌，控制卢龙胜百牢。

山界万重横翠黛，海当三面涌银涛。

哀笳带月传声切，早雁迎秋度影高。

旧是六师开险处，待陪巡幸扈星旄。

首联点明山海关的地理位置之险要，内拱神京，外捍夷虏，不逊于百牢关，明末孙承宗称山海关"关门系天下安危"，虽然清军入关，山海关的战略地位下降，但依然是"两京之锁钥"，扼华北与东北之要冲。颔联描写山海关周边的地貌特征，山横翠黛，海涌银涛，而这正是山海关名字的由来。颈联宕开一笔，从听觉和视觉两个角度写哀笳与早雁，哀笳的背后是那些守边的将士，这夜月哀笳，恰是军旅孤寂的生动写照。目送归鸿，牵动客心，令人顿生思乡之情。尾联将视线拉回，以"旧是六师开险处，待陪巡幸扈星旄"两句收束全篇。山海关曾是清军入关之处，崇祯十七年（1644 年），甲申之变，明末镇守山海关的将领吴三桂与清摄政王多尔衮合作，在山海关前击溃了前来征讨的李自成军，并带领清军大举入关，由此导致了李自成大顺政权和南明政权的覆亡。清军遂入主中原，建立清朝。《浪淘沙·望海》则以寥寥数笔写出了大海的瑰丽和辽阔，囊括宇宙古今，虽多处用典，却毫无獭祭鱼之嫌，可谓语约而意丰。通过"沐日光华还浴月，我欲乘桴""钓得六鳌无？竿拂珊瑚"等词句，分明可以感受到纳兰心底那种想要摆脱世间俗务束缚的深层渴望。然而，人生就是如此，给了你世间人人都渴望的荣华富贵，却夺走你的自由。这世间又有多少人虽然可以自由奔走，任意东西，却似乎无路可走，为了那碎银几两犹如迷途羔羊，栖栖遑遑，慌慌张张。

纳兰第二次到秦皇岛还曾游览姜女祠，留有词作《浣溪沙·姜女祠》。

浣溪沙·姜女祠

海色残阳影断霓，寒涛日夜女郎祠。翠钿尘网上蛛丝。

澄海楼高空极目，望夫石在且留题。六王如梦祖龙非。

这阕词上片写姜女祠的凄凉冷落，孟姜女的故事源自《左传·襄公二十三年》中所记载的杞梁之妻拒不郊吊的故事，后世以此为母题不断接受和丰富它，甚至故事的重心也发生了偏移，至唐代孟姜女哭长城的故事最终得到基本定型，孟姜女生前与丈夫生离死别，千里寻夫，发现丈夫已经化为白骨，孟姜女大恸，号哭之声感天动地，乃至于城倒山崩。孟姜女生前固然凄苦已极，身后依然寂寞，纳兰眼前所见不过海色残阳，尘网蛛丝。下片则借眼前景致抒发了浓重的兴亡之感，伤悼之情，末句"六王如梦祖龙非"乃点睛之笔，可惜为纳兰词作笺注的张草纫先生却并未能深刻把握这阕词的主旨。撮其大略而言之，张草纫先生认为这首诗是作者第二次过山海关而作，因为第一次过山海关"作者随侍帝侧，而作词曰'六王如梦祖龙非'，恐怕没有这样大胆"，窃以为，这样的表达并非大胆之语，更没有随侍帝侧则不敢作、未随侍帝侧则敢作的道理。因为"六王毕，四海一"，嬴政横扫六合，一统九州，最终天下归秦，这是统一，清军入关也是统一之举。祖龙即秦始皇，所谓"祖龙非"，乃筑长城之非，并非纳兰信口褒贬帝王。古北口一带边墙倾塌甚多，总兵官蔡元上疏请求修筑，康熙这样答复："帝王治天下自有本原，不专恃险阻，秦筑长城以来，汉唐宋亦常修理，其实岂无边患，明末，清太祖统大兵长驱直入，明兵诸路瓦解，皆莫敢当，可见守国之道，惟在修德安民。民心悦服则邦本得而边境自固，所谓众志成城者是也。"虽然这话是在纳兰创作这首词之后所说，却也足以代表康熙对长城的态度。康熙还写诗说："万里经营到海涯，纷纷调发逐浮夸。当时用尽生民力，天下何曾属尔家。"可见，康熙对长城的态度是一以贯之的。虽然清朝初年局部地区有过修复长城的举动，但清朝政府从未大规模修筑长城，这是不争的事实。满族入主中原，长城内外结为一体，再修长城就是自外于中国。因此，长城自从吴三桂打开山海关城门那一天起，就彻底丧失了其原有的防御功能。那么纳兰说"祖龙非"这话就并非大不敬，而是正合帝王之意。

孟凡永

历史教育硕士，秦皇岛市十五届人大代表。中共秦皇岛市委宣传部"国学六进"讲师团成员，中国孤竹文化研究中心常务理事，秦皇岛市国学研究会常务理事。

主要从事历史教育教学、传统文化教育、地方史研究和党员干部培训工作，参与中央党校"领导干部学国学全国行"活动，曾在燕山大学、河北农业大学、河北科技师范学院等高校和党政机关作交流讲座。

金戈铁马话平州

大家对平州或许有些陌生，自唐以后平州长时间作为今天冀东辽西地区的军事政治中心之一。平州治所在今天的卢龙县，其范围大致包括今秦皇岛市的抚宁、昌黎、卢龙三地及唐山市的绝大部分地区。

什么时候有了平州这一地名呢？《辽史·地理志》记载："元魏为郡治，兼立平州"，这说明在北魏时期设立了平州，时间是407年。最初平州设置在肥如县（今卢龙县北部），后迁至今卢龙县城。

考察历史，平州由于军事战略地位重要，从唐末开始成为各方政权争夺的一个焦点地区，所谓兵家必争之地。此地东傍渤海，北倚燕山，锁控辽西走廊，地连东北平原与华北平原，自古以来就是中原地区与北方民族地区交通往来的咽喉要道，在历史上有着十分重要的战略地位。

清代学者顾祖禹在其所著《读史方舆纪要》中有很好的总结。他在永平府条中征引了多位学者的议论，分析了平州（明清的永平府）所在地理位置的重要性。

府西接蓟门，东达渝关，负山阻海，四塞险固……中外咽喉……失营州，渝关之险犹可恃，失平州，则幽州以东，无复藩篱之限矣。

显然，在顾祖禹看来，五代诸军事集团和政权之所以示弱于辽，是丧失平州的结果。北宋的灭亡也与平州归金人有关。失去平州，幽州以东就"无复藩篱之限"了。自北魏起，历经东魏、北齐、隋唐，平州都承担着扼守辽西走廊的角色。

唐末平州为幽州卢龙军节度使掌控。我们看第一个问题，平州归属契丹，也就是后来的辽国。

一、平州归契丹（辽）

1．契丹夺占平州

唐末，契丹族在北方兴起。早在耶律阿保机建国之前，契丹向南拓展，不断接近平州，图谋平州的野心也不断膨胀。对于致力于向南发展的契丹统治者而言，平州不仅控扼辽西走廊陆上最近便的傍海道，属于海防前线，又是辽军南进的根据地。

当时刘仁恭称幽州卢龙军节度使。刘仁恭早期往往能有效遏制契丹军南进，他曾用计有力地打击了契丹军。到刘仁恭晚年，刘氏父子、兄弟发生内斗。刘仁恭和其子刘守光有共同爱好，都喜欢美女，因为争夺美女产生矛盾。后来刘守光因其父刘仁恭而取代其位，做了幽州卢龙军节度使。不久刘守光称帝，建立燕国。刘仁恭的另一个儿子刘守文征讨刘守光，兄弟又打了内战，最终刘守光处死哥哥。刘守光的弟弟刘守奇担任平州刺史，一方面哥哥刘守光对他不信任，另一方面北部的契丹虎视眈眈地想得到平州，所以为了自保，刘守奇有一天突然率领其众数千人降附契丹。

刘仁恭子囚其父，自称幽州卢龙军节度使，秋七月乙酉，其兄平州刺史率其众数千人来降。

但是之后史书又记载契丹多次掳掠平州。

辽太祖五年（911 年）八月甲子，"契丹陷平州，燕人惊扰"。

辽太祖六年（912 年）七月，辽太祖"命弟剌葛分兵攻平州"，十月戊寅，"剌葛破平州"。

这些记载说明契丹这两次攻陷平州与之前的契丹军向南攻伐一样，旨在掠夺人口、粮食。所以，顾祖禹认为"未据其地"，契丹又从平州撤回去了。

契丹人真正占领控制平州是在 917 年。晋王寿州刺史卢文进在契丹引诱下，"契丹以卢文进为幽州留后，其后又以他为卢龙节度使，文进常居平州"。平州被契丹占领后，卢文进做了卢龙节度使。

但是后唐打败卢文进，夺占平州，平州又归属中原王朝控制。"正月丙申，大元帅尧骨克平州，获刺史赵思温、裨将张崇。二月，如平州。甲子，以平州为卢龙军，置节度使。"

这说明 923 年，契丹又攻破平州。此次契丹攻克平州与之前有所不同，辽太祖亲临其地，重新设置了节度使，设置了卢龙军。

太祖天赞二年取之，以定州俘户错置其地。统州二、县三。

辽代平州直辖的二州是滦州和营州，三县是指卢龙、安喜、望都三县。自辽太祖五年（911 年）至辽太宗天显三年（928 年），辽朝先后与燕地刘氏集团、晋王李氏势力和后唐军队进行了多次战争，平州最终归入辽朝（契丹后来改称辽）的版图。

2. 辽政权对平州的管理

辽政权怎么管理平州？平州只是一个节度州，统辖的区域也不太大，其下辖的二州、三县是以汉族移民为基本人口陆续建置的。史载：安喜县，"太祖以定州安喜县俘户置"，望都县，"太祖以定州望都县俘户置"。可见平州人口多是幽燕之民，或是战俘，或是避乱自愿迁徙而来的。辽朝对这个节度州格外重视，我想是为了向平州汉民学习先进技术，因而高看一眼。例如在行政方面，平州是一个极为特殊的区域，以三州之地，成为军政、民政事务直隶中央的区域，尽管地方小，仍为一个独立行政区。同时辽廷也先后选任一些有政绩、有能力的汉臣或契丹贵族为平州的军政长官，即辽兴军节度使。比如，辽太祖佐命功臣之一的韩延徽的儿子韩德枢任职平州，他整肃平州社会秩序、安抚灾民颇有成效。还有大名鼎鼎的韩德让也曾做过平州节度使。在军事方面，辽政权在平州设辽兴军，"平州自入契丹别为一军"。此处所谓'军'，是指节度使辖区。同时辽代为管理宫卫骑军，设提辖司。《辽史·兵卫志》记载平州共设有九提辖司。平州也是军事集结地，《辽史·兵卫志》概述辽朝南下用兵时也提道："其南伐点兵，多在幽州北千里鸳鸯泊。及行，并取居庸关、曹王峪、白马口、古北口、安达马口、松亭关、榆关等路。将至平州、幽州境，又遣使分道催发，不得久驻，恐践禾稼。"

由此可见，辽朝一代平州的军事地位非常重要。

二、宋金争夺平州

但是到了辽朝末年，辽政权腐败，辽压榨下的女真族崛起。女真族在领导人完颜阿骨打的率领下，开始反抗辽国的统治，不久建立金国。金国快速占领辽的大量土地，辽国的末代皇帝天祚皇帝逃到了松漠。金国的势力开始发展到中原地区，也力图控制平州，这样就开启了宋金关于平州的斗争。

宋金关系还要从"宋金联手灭辽"说起。先前，宋辽为了争夺"燕云十六州"发生了长达二十五年的宋辽战争。战争结果是，双方握手言和，订立了"澶渊之盟"，结为兄弟之邦。金国崛起，开始灭辽，正所谓敌人的敌人就是朋友，宋金都想除掉辽国而后快，这样宋金就走在一起，欲联合灭辽。

北宋宣和二年（1120年），宋廷派使节自山东登（今蓬莱）、莱（今掖县）渡海赴金国洽谈。双方一拍即合，签订了携手灭辽复燕的军事盟约，史称"海上之盟"。根据盟约，金攻辽中京（今内蒙古宁城）、西京（今大同）；宋攻辽燕京（今北京）。事成之后，"燕云十六州"归宋，宋将原给辽的岁币转给金国，辽的其余土亦归金。

"海上之盟"计划实施后，跟预想并不一样。宋宣和四年（1122年）大宦官童贯两次出兵均无功而返，宋朝攻打燕京失败。相反金国对辽的作战异常顺利，几乎荡平了辽国。1122年底，金兵由居庸关而入，宋朝攻不下燕京，就请求金国帮忙，金国快速攻占了燕京。

金人打下燕京，宋朝就失去了收复"燕云十六州"的主动权。但是宋朝还想要得到燕京，最后金国为了维持盟约，只把长城以南的燕京及所属六州交给宋，还得到了六州赋税一百万贯以及原给辽的四十万贯岁币，之后金国从燕京撤兵，这样关于燕京的归属问题基本解决了。

问题是燕京其东就是平州，怎么解决平州归属？"海上之盟"中对于平州地区，双方争夺激烈，互不相让，盟约对此地归属问题悬而未决。辽的燕京被攻陷后，宋廷派使臣赵良嗣等赴金谈判，商谈交割燕京事宜。宋朝在谈判中极力扩大燕京所属范围，试图将平州地区纳入燕京路，一同归宋。金人极力反对，认为平州路不属燕京范围，不在讨论之内。但是金太祖经过反复斟酌，为了继续与宋保持联盟关系，进一步灭辽，同时为了承诺"海上之盟"，如前所述把燕京及一些空城留给了赵宋，对于平州却丝毫不让，宋对于平州不能收复自然"耿耿于怀"。

宋朝的想法是：要抵抗北方少数民族的侵扰不管是金还是辽，都需要平州这一区域作为缓冲，正因为如此，从宋太祖赵匡胤起，就极力争取幽云十六州和平州地区。幽云十六州和平州大致是今天的山西北部、京、津及河北北部和东部地区。宋统治者清醒地认识到，北方政权控制了这一宽阔地带，使本地区原有的长城及重要关隘失去作用，北方统治者剑锋直指华北平原，所以夺取幽云十六州和平州地区对宋来说极其重要，宋统治者一直想在"适当"时机收回该地区。

宋金双方都在盘算着平州。这时平州什么情况呢？

平州还算是独立地区，主掌平州的长官是辽兴军节度副使张觉。

张觉，又作张毂、张珏、张仓。平州义丰即今河北滦州人，辽国进士，仕辽于平州节度副使。他从小读辽国的书，当辽国的官。辽的中京被占领后，当时平州节度使萧得底里有意降金，结果平州民怨沸腾，驻军哗变，在民众的拥戴下，张觉杀死萧得底里，代理平州事。他招募了五万勇士组建了一支势力，盘踞在平州。

（张毂）预知辽国必亡，尽籍管内丁壮充军，得五万人，马千匹，选将练兵聚粮。毂招延士大夫有才者参与谋议，潜为一方之备。

此时平州已成孤地，面临着十几万的金国铁蹄，张觉必须对金明确态度。

这时候一个辽国旧臣李石向金太祖建议："平州自古形胜之区，地方数百里，带甲十余万，觉文武全才，若为我用，必能屏翰王室。苟为不然，彼西迎天祚，北通萧干，将为吾肘腋患矣。"

这说明燕京失陷后，金政权充分认识到张觉的力量，因此金太祖派使者辽旧臣康公弼去劝说张觉。张觉经过权衡后，认为只有暂且降金，才能保住身家性命，因此重贿使臣，表示归金。

没有动用一兵一卒平州归降，金太祖大喜。

遂不兴兵，改平州为南京，加张毂试中书门下平章事，判留守事……

金太祖升平州为南京，张觉任南京陪都的留守，仍领旧部，且加封张觉为同中书门下平章事。平州城就成了金朝的南京城。

金太祖刚刚在形式上获得平州，就把它升格为南京，这是什么原因？

其一，以平州作为陪都建制南京是由当时该地区的特殊战略地位决定的。平州重要的战略地位在金、辽、宋三国纷争局面下更加凸显。平州与当时的燕京路成为北方民族与大宋接壤的两个行政区域。燕京路已经交给了宋朝，因而金人必须牢牢控制平州这一战略要地，欲凭借此区域作为攻宋的前沿阵地，金国人也是野心勃勃。

金国把平州看作是南下中原的门户，是进一步扩大势力的门槛。平州路内榆关（今山海关）是辽东通往中原的锁匙咽喉，辽朝中都附近还有残余势力，平州北部的紫荆关、居庸关、松亭关等要塞已归大宋，南面与东面靠海，所以对于金人而言，平州的战略地位极其重要。为牢牢控制住这一辽西走廊的战略要地，自然提升其政治地位，升平州为南京。

其二，出于对张觉的拉拢。张觉曾任辽兴军节度副使，随着辽国江河日下，平州"乡民变乱"，张觉力平"乡民之变"后被推举为平州军政长官。还未得到辽政府的承认，张觉就暗中招兵买马，扩大军事力量，企图在辽、金、宋角逐中，据地自守，沿袭唐以来的藩镇割据局面。燕京陷落，辽国大势已去，张觉采取观望态度，摇摆不定，等待时机。此时的西辽政权也试图保住平州一地，派太子少保时立爱接管平州，张觉曾以效忠天祚帝为由，不愿接纳，平州军政权力完全操纵于张觉之手。从金国方面看，在攻陷燕京后，辽军西撤，但仍有残余势力活动于燕京附近，北宋的童贯也率十万大军开进燕京南，张觉拥兵据守平州隘道，如果金军孤军深入，可能遭遇张觉与西辽或是与宋的联合进攻，或是在金军强大压势下张觉奔宋，这是金统治者不得不考虑的问题。因为金人对于张觉倒向哪一方并不能预料，不敢贸然征讨张觉。于是金太祖采取了安抚张觉的策略，把他占据的平州升格为陪都南京，张觉的政治地位自然升高。

但是不久，张觉就搞了"平州之变"。

首先是反金复辽。金国从燕京撤兵的同时，下令将燕京地区的百姓和辽国降兵全部迁往上京。由辽国旧臣左企弓等人组织燕京百姓北迁，恰好要途经张觉的留守地平州。这些迁徙的人将张觉视为辽朝的忠臣与依靠。

燕民入平州境，私有号诉于张毅者，具言："……今相公临巨镇，拥强兵，尽忠于辽国，必使我复归乡土，而人心亦望于公也。"

这些被迁徙的人中有人通过其他辽国旧臣跑到张觉那儿诉苦：我们遭此劫难，能让我们摆脱痛苦的，除了你还有谁呢？

人心的归附，为张觉叛金以及割据平州奠定了民众基础。同时他看见了金人挟六州之男女老弱北迁的凄惨场景，因而人心惶惶，同样为了避免被金人罚做奴隶而迁徙的命运，反叛之心油然而生。

张觉遂开会商议："（张毅）招诸官员、将领会议，皆曰："闻天祚兵势复振，见出没于松漠之南，若明公勤王唱义，奉迎天祚，以图兴复，先责宰相左企弓等叛降之罪而杀之，放燕人归国，大宋无不接纳燕人，则平州遂为藩镇矣。假如金人后来加兵，内用平州之军，外得大宋之援，又何惧焉？"

开会的这些将领们认为有几个有利条件：听说（辽）天祚皇帝又在松漠振兴。张觉若能仗大义，迎故主来谋求复兴，这样就得到天祚皇帝的支持。责罚左企弓等的罪过，杀了他们，放纵燕人归燕，宋朝肯定愿意接纳。倘若金人从西面来，我们内用营、平二州的兵马，外靠南朝的支援，有什么可怕的？

张觉又向翰林学士李石咨询，李石也完全认同。在这种情况下张觉决定叛金，打出辽国的旗号。当然张觉拥护天祚帝的根本目的是利用势力复振的天祚帝，以及宋朝的支援，使平州成为藩镇以割据一方。

所以，张觉的平州势力并不能简单地被认为是拥辽势力，他拥辽根本上是为了实现割据平州，但这还是为其赢得了部分人心。

我们看此时张觉头脑发热，人在关键时候，尤其是重要抉择的时候一定要保持头脑清醒，要对信息摸得准确。

当时，张觉犯了两点错误：一是并不能判断宋朝能不能来救援，就是来支援，宋朝军队的战斗力情况了解不了解？二是西辽的天祚帝，有多大的实力？多大的决心想恢复燕京？这些消息都没有搞清楚，张觉就认为大事可成。

所以张觉开始行动了，首先是解救这些迁移的燕民。他派五百军校到滦河西岸会见负责押送燕民的四个辽国旧官僚，包括原辽国宰相左企弓、参知政事康公弼等人，当即列举他们的十大罪状，之后把他们杀死在栗林下。随后他把这些迁徙的民众遣散回各地，这些人非常欢喜，也有人留在平州归附了张觉。这样张觉正式叛变金国，重启辽国年号，称保大三年（1123 年）。

> 毁取天祚像挂之听事，呼（营、平）二州父老，喻之曰："女真，吾仇也，岂可从？"又指其像曰："此非乃主乎，安可妄背？当相约以死焉。

张觉在厅堂挂（辽）天祚帝像，每件事都先向天祚帝像报告后才执行。张觉还召集来百姓说：女真（金）是我们的仇敌，怎能跟从？指着天祚帝像说：这不是我们的国主吗，怎能背叛？应该相约同生死。

然而，看热闹的不嫌事儿大。深得张觉信任的李石（后改名安弼）同辽从前的三司使高党建议张觉还是归顺宋朝，因为归顺宋朝，才会得到宋的真心支持，以抵御金人。这两个人还到燕山府游说宋朝燕山路宣抚使王安中，劝他与张觉取得联系。王安中深以为然，决定把这些事情上奏朝廷，同时让安弼、高党去北宋的京城汇报。

北宋虽然有意招纳张觉，却也不得不谨慎、秘密行事。徽宗命詹度招纳张觉的同时，特意强调事"不可泄"。之所以要谨慎、秘密招纳张觉，是因为宋金为同盟，北宋担心招纳张觉会影响宋金关系。但是大学士詹度自作主张，并没有低调行事，而是明目张胆派人联络张觉。当时的一个宋臣，叫赵良嗣，他曾经出使金朝，对金军的强大战斗力有着清醒的认识，故而极力反对朝廷招纳张觉。然而，赵良嗣等人的反对意见，均不能阻挡北宋招纳张觉的决心。

在大学士詹度的联络下，张觉经过反复考量，认为降宋为上策。宋宣和五年（1123 年）六月，张觉和北宋燕山府宣抚使王安中联络，叛入北宋。张觉献出了平州、营州、滦州三地，正式反叛金国，从此被辽统治二百年之久的今卢龙、昌黎和滦州归了宋朝。

金太祖听闻十分震惊，马上讨伐张觉。张觉早有准备，带兵屯于润州，润州就是今天的秦皇岛海港区。金太祖派大将阇母从锦州带三千军队讨伐张觉，双方一交战，张觉大败，逃到了榆关。这时候金太祖派人带书信给张觉，希望张觉能够悬崖勒马，痛改前非，但是张觉断然拒绝，因而战争又起。

六月初一，金军追击张觉到了营州。因为这个时候是夏天，天气非常热，还下大雨，道路泥泞，不便行军，阇母考虑到这些因素，认为：这仗没法打，天凉快了再来吧！就退回东北去了。

但是张觉却向宋朝谎报军情，邀功请赏，说我打败了金国。宋徽宗大悦，给张觉加官进爵。

建平州为泰宁军，以觉为节度使。

将平州军队改为泰宁军，升任张觉为泰宁军节度使。张觉瞬间成了宋王朝这个中原大国的封疆大吏。安弼、高党以及张觉部下张钧、张敦固都被任命为徽猷阁待制。宣抚司决定用数万银绢犒赏张觉。我们客观来看，宋徽宗志大才疏，偏听了张觉的战功，相信了张觉的能力，最终招致自己的灭顶之灾。

宣和五年（1123年）八月，金太祖完颜阿骨打在返回上京的路上病逝，完颜晟即位，即金太宗。张觉在平州反叛搞得"有声有色"，激怒了刚刚即位的金太宗。于是，金朝重新派出大兵讨伐张觉。

九月，又派出阇母讨伐张觉，先战于抚宁芦峰口村，张觉又大败。

十月，金人追张觉到兔耳山。兔耳山就是今天抚宁区城西的一座大山。张觉与金人正面交战之际，张觉秘密从营州引精兵万人，偷袭金人的侧翼，导致金兵大败。这次在兔耳山张觉迎战金军，终于取得一次胜利。

十一月，金太宗派完颜宗望为都统讨伐张觉。

恰恰这时宋徽宗派人带着御笔亲书的诏书和犒赏的钱粮布帛来犒赏张觉，张觉率队出平州城迎接封赏。此时，金朝十万讨伐大军悄然抵达平州。张觉远迎封赏的消息被间谍探知，返回时张觉在平州城东遭到金将完颜宗望举兵迎头截击，宋朝赏赐的东西都被金人掠走。

张觉大败，归城不得，只好跟弟弟张钧和一些随从带着皇帝的诏书逃到燕山府。张觉的母亲和妻子住在营州，被金人俘虏。张觉的弟弟张钧听说后，立即返回平州救母亲，就投降了金人，并献出书信。这样宋朝接收张觉的事情就暴露了。

张觉逃到燕京，常胜军将领郭药师把他藏在军中，改名字叫赵秀才，后来因为风声太紧，又把他藏在装武器的仓库中。

完颜宗望率领金军追到燕京，向王安中索要张觉。开始时王安中不肯交出张觉，杀了一个与张觉长相相似的人搪塞金人。完颜宗望看出破绽，威胁发兵去攻燕山府。王安中只得请宋徽宗决定是不是交出张觉，宋徽宗也无可奈何，最终默认。这样王安中杀了张觉及张觉的两个儿子。在杀之前，王安中先数落张觉的过失，说："你是叛将，你背叛宋朝就害了宋朝。"张觉临刑前破口大骂王安中、大骂宋徽宗不仁不义。

宋朝杀了张觉，献了首级，还是落了个"不守信用"的口实。金太宗天会三年（1125 年）八月，完颜宗望以"平州之变"为由奏请攻宋。十月，金国出兵伐宋，最终导致了"靖康之耻"。"平州之变"让宋、金由盟国变成了敌国，加速了北宋灭亡。

三、平州军民的抗金斗争

张觉被杀后,他的属下和平州人民继续抗金。金人以十万之众进攻平州地区,先占领营州,又攻打滦州,守将张忠嗣、张敦固献滦州出降,金人遣使与张敦固入平州劝降。金国使臣进入平州城后,平州军民突然关闭城门,群情悲愤杀死金国使臣,复立张敦固为都统,继续抗金。金人集中力量围困平州,平州军民群情激昂,同仇敌忾。

(金人)凡攻击数月,州民数千溃围走,莫肯降。

反抗斗争中,广大的民众无疑是决定性力量,起了主要的作用。

金人围平州,日夕攻击,平州因奉毂之从弟及侄……平州既不降,斡离不以十万大兵时攻时守,逾半年,率我馈饷。平州食既尽,但遗数千人,因溃围而走,终不降金人。

由于平州城小而且粮食用尽,最终平州陷落。但即便陷落,还有数千民众突围而走,他们和迁、润、来、险四州不愿做奴隶的人民一起上山结寨,继续进行抗金斗争。平州军民反抗民族压迫的斗争在历史上留下了光辉的一页。

平州反抗虽然失败了,但它的重要意义在于挫败了女真奴隶主贵族统治集团在汉人地区推行落后的奴隶制的企图,使得金统治者不得不调整统治政策。从阿骨打时起,就把辽境内的汉人编入女真的猛安谋克内,以三百户为一谋克,十谋克为一猛安,这是一种军政合一的社会组织,其实质是奴隶制统治方式,被掠夺的劳动人民与女真统治者存在着紧密的人身依附关系。金人占领平州后,亦决定在此地采取猛安谋克制度。但是遭到平州民众的激烈反抗,猛安谋克制未能在平州推行,并且由此开始逐步废除该制度。

至天会二年，平州既平，宗望恐风俗揉杂，民情弗便，乃罢是制（猛安谋克）。诸部降人但置长吏，以下从汉官之号。

汉官之制，自平州人不乐为猛安谋克之官，始置长吏以下。天辅七年，以左企弓行枢密院于广宁，尚踵辽南院之旧。

史料记载，平州反抗后，金人开始在汉区废除猛安谋克制，而直到金熙宗皇统年间，才终于废除了辽东地区汉人和渤海人的猛安谋克制度。

总之，平州反抗打击了金朝在汉人地区推行落后的奴隶制的企图，在一定程度上维护了当时相对先进的封建生产方式，同时推动女真族的封建化以及民族交融。我想这是"平州之变"客观上起到的历史作用。

"京东第一府"

"京东第一府"是指明清时期的永平府，治所在今天的卢龙县。永平府为朱明王朝东北重镇，初期防御北方蒙古游牧民族，后期为明与后金争夺之区。清军入关后，则为两京孔道，乘舆东巡，往来驰驱，尤为至重。辖域相当于今秦皇岛市全境以及唐山市迁安、迁西、乐亭、滦州、滦南之辖境。

永平府建制为府是在元朝前后，公元 1215 年蒙古军队到达金国统辖的平州（卢龙县城）城下，平州归属蒙古，后把金朝的平州改为兴平府。后又改为平滦路。洪武四年（1371 年）改为永平府，清代仍旧称为永平府。

明清时期的永平府作为府一级单位，在历史上存在了五百多年。五百多年时间里围绕永平府发生了许多重大历史事件，许多事件可圈可点，可歌可泣。今天就讲一讲关于永平府的一些故事。

一、为什么称为"京东第一府"

明代永乐皇帝朱棣时期，把北京作为京师，称顺天府，京师以东的第一个府就是永平府。永平府被称为"京东第一府"，不是说它是北京东的第一个府，这样就没有多大意义。我想之所以称为"京东第一府"，至少有两点理由。

第一，战略位置重要。

永平府是扼守东北和华北两大平原的交通咽喉，南临渤海，北靠燕山，形胜险要，控扼辽东，历代以来为兵家必争之地。

顾祖禹先生在《读史方舆纪要》中提到：失营州，渝关之险犹可恃，失平州，则幽州以东，无复藩篱之限矣。国家都燕，永平尤为门庭重地。

也就是说自古以来，永平府地理位置极端重要，直接与燕京相连，关系到燕京的安全。

第二，是拱卫京师的军事重镇。

永平府距离北京五百五十里，明代开始不断加强永平府的军事力量。永平府军事力量加强的目的在于拱卫京师。

首先是永平府设立七个卫，卫下设立若干所。七个卫分别是永平卫、山海卫、东胜左卫、开平中屯卫、兴州右屯卫、抚宁卫、卢龙卫。卫下辖户所，一般五到八个千户所，常规情况一卫领有士兵五千六百人，较大的卫近万人。其中三个卫设置在永平府城附近（卢龙县境内）。

其次，明朝中期又在永平府境内设立了七营路，即山海路、石门路、台头路、燕河路、太平路、喜峰路、松棚路。营路体制是一套区别于卫所制度的军事防御体制，设置的军事主官为参将、守备、提调等，他们驻守在永平府边境长城的主要关口。可见永平府是防卫边塞的重要军镇，是保卫京师的重要屏障，成为明清时期的京畿重地。

总之，"东表碣石，西界滦河，大海在其南，群山限其北"，"实东北之藩篱，华夷之界限。其所系尤非系故"，"为首天下之阻，所以分别内外，负山带河，为形胜之地"，所以，称永平府为"京东第一府"。

二、永平府城的修筑

根据史书记载，至少在北魏时期，今天的卢龙县就有了城池（当时为新昌县城）。隋朝时正式改置卢龙县。有明确记载的是辽太宗时期，在原城墙基础上修筑卢龙县新城（当时平州与卢龙县同治），城墙向南扩展，大致形成新旧两个城，两城相连，形状似月牙，又称月牙城。

到明代洪武四年（1371年）由指挥使费愚主持重修永平府城。

为什么这个时候加强修筑城墙呢？这与当时的形势有关。

1368年，明军攻陷大都，元顺帝北逃大漠，但是时刻梦想恢复在中原的统治。洪武二年（1369年）蒙古大将趁明军不备，率骑兵突袭了永平府境内，劫掠各个州县，破坏达三个月之久，后被明将常遇春驱逐。

这时明政府认识到一定要加强燕山一带的驻防。因而朱元璋派信国公徐达镇守北边。第二年春，命大将军徐达等备边，自永平以西二千余里关隘皆置戍守。

徐达接受这个任务后，首先重修长城，加强关口驻防。徐达曾经把办公衙署设置在永平府，主持修筑长城。同时徐达上奏朝廷，认为永平府一带由于战争导致人烟稀少，要抵抗蒙古残部等外族势力，需要加强军事布防，要迁移人口充塞边塞。

明朝廷这时候在长城沿边地区采取屯田布防和移民守边两项政策，就是迁徙人口到长城沿线，因而包括永平府在内的地区也要接受大量移民。史书记载，迁移北平军马百姓到永平府地区，"计有万户"。一万户人家安置在永平府一带的州县。

在修筑长城的同时徐达也加强了永平府城的军事布防，重修城墙。因为永平府是府治所在地，是地区政治中心，又是军事重镇，人口较多，是蒙古人军事进攻的重要目标。在这种背景下，洪武四年（1371 年），由指挥使费愚主持重修府城。

万历二十七年（1599 年）《永平府志》记载："府城高三丈有奇，厚二丈，雉堞九里十三步。重门曲而尽制。旧惟土城，洪武四年奏准，指挥费愚等廓其东而大之，易土以砖。城四门各有楼。旧制颓敝……"

新建的永平府城是在原有城墙的基础上扩建的。墙周长九里十三步，高三丈六尺，底宽三丈，顶宽两丈。城设四门和水门，门上设城楼。后来永平府城也重修过几次，但都是在费愚重修府城的基础上完善加固的。今天我们看到的卢龙县城墙就是在这次修筑基础上的留存。

史书对当时的四个城门的名字没有记载。弘治年间的《永平府志》记载：西门望京，南门观海。东门通辽，北门威胡。到康熙年间北边改成镇平，乾隆年间将东门改成迎旭。

永平府城的布局还有个特点叫"三山不显""四门不对"。

"三山不显"是指：

明代所建的永平府城，城内有三座小山。三山分别为平山、永丰山、阻山。三座山山势平缓，峰顶略高于城墙，且与城内建筑物混为一体，故有"三山不显"之说。

"四门不对"是指：

古城从魏、齐、隋、唐、辽、金到明代几经修建，城郭不断改动，城门也不断改迁，最终形成四门之间并无相对的布局，西门紧靠南门，故有"四门不对"之说。

而且永平府城的四座城门都有着美丽神奇的传说。四个传说是东门金鸡叫，北门铁棒槌，西门龙虎斗，南门推车换伞。

东门金鸡叫：东门外东南部原是一片洼地，形成"莲花池"，四季不干。东门洞较高较长，用利器敲击门洞的城砖，会很快与"莲花池"形成共振，并产生"叽儿，叽儿"的回音，如同小鸡的叫声。

北门铁棒槌：北门铁棒槌是怎么回事？相传明朝初年，有一次蒙古兵入侵，永平府官兵在城北一土丘与蒙古兵厮杀。眼看蒙古兵就要攻占北门，正在危急时刻，突然天空大放白光，萧声乍起，天上的陨石带着串串火光落地，战场顿时大乱，入侵的蒙古兵将被砸死大半，残兵败将狼狈逃窜。当时永平府的官兵认为这是一个吉兆，是有天神相助，从这之后蒙古兵就很长时间不敢入侵永平府。今天看来是陨石降落，并不是天神相助。后来在维修城门时，就从北门外搬起一块最大的陨石，放在北门的瓮城内，借用陨石的神威来威慑蒙古兵。这个陨石当时记载三尺多长，一头粗，一头细，外形像棒槌，颜色黝黑，像生铁一样，所以称为铁棒锤。我想陨石砸死大量蒙古兵可能性不大，可能是当地老百姓的一种愿望，附会出这一个故事。由于经常受到蒙古兵侵扰，祈愿棒槌威慑蒙古兵。

西门龙虎斗：西门紧靠青龙河，水量较大，是为"龙"。城南三公里有"虎头石"，乃当年李广所射之石虎，是为"虎"也。滦河和青龙河在卢龙县城南三公里交汇，如果遇到大雨，水面上涨，有时水倒灌入永平府城内。有一次大雨，青龙河由于河水上涨，咆哮如雷，惊天动地，城内的居民听得清清楚楚。人们传说这是龙与虎在相斗。石头虎显灵了，和龙打起来了。后来，人们用一块巨石雕刻了一个龙虎相斗的浮雕，铺在西门洞的路上，祈求风调雨顺和社稷安宁。

南门推车换伞：南门"推车换伞"的传说更为神奇。一天，一位神仙推着小车，一位神仙手持雨伞在南门外相遇。车仙说："此地久旱无雨，你拿伞何用？"伞仙说："我的伞一打开，会立刻下雨。"伞仙又问车仙："城内道路崎岖，无法推车，你推车干什么？"车仙说："我的车轮一转，路立刻变平。"二仙都不信对方之言，于是推动车，打开伞。果然，立刻大雨倾盆，道路也变得平展了。从此，卢龙一带风调雨顺，路也十分好走。我想这也是永平府老百姓美好愿望的反映。

三、靖难之役中的永平府保卫战

靖难之役，又称靖难之变，是建文元年（1399 年）到建文四年（1402 年）明朝统治阶级内部争夺帝位的战争。明太祖朱元璋在位时把儿孙分封到各地做藩王，藩王势力日益膨胀。朱元璋死后，皇太孙朱允炆继位，是为建文帝。建文帝与亲信大臣采取一系列削藩措施，引起各地藩王的不满和反抗。燕王朱棣于建文元年（1399 年）起兵，随后挥师南下。经几次大战消灭南军主力，最后乘胜进军，攻下帝都应天（今南京）。

在朱棣起兵后，曾经和中央军队反复争夺永平府。这是怎么回事呢？

燕王朱棣打着靖难旗号反叛，先是打败了耿炳文，接着很快南方主帅李景龙带领浩浩荡荡五十万大军讨伐北平，要与朱棣决一死战。朝廷计划以优势兵力进击北平，想把朱棣围歼于北平，因为北平是朱棣的大本营。

但是朱棣很有战略眼光，迅速出兵夺取北平附近的重要城镇关隘，扩大控制区域，很快就占领居庸关、密云、蓟州，包括永平府。

当时永平府的主要军事力量就是永平卫，结果燕军打到永平府境内，永平卫将领投降了。永平卫守将自知抵抗不过燕军，"永平卫指挥赵彝、千户郭亮，百户吴买驴降燕"，朱棣镇守北平几十年，驰骋疆场，富有谋略，永平府被朱棣顺利地控制了。

南京的建文帝很着急，急命辽东军迅速进关，夺回永平府。在建文帝看来，控制了永平府就牵制了燕军的后方，就是支援南部明军的行动，这给朱棣制造了不小压力。

当时朱棣在镇定交战，辽东军趁机率兵攻打永平府，并焚烧了西门。此时永平守将是刚刚归降朱棣的永平卫千户郭亮，此人忠于朱棣，坚守孤城，多次击退辽东军的攻势。

朱棣经过冷静分析，觉得中央军将领李景龙外表很凶，其实内心比较优柔寡断，所以首先集中兵力守住永平府，因而朱棣从镇定亲自率兵救援永平府。

进攻永平府的两个辽东军将领是吴高、杨文。朱棣悄悄率军队到达永平府，扎营于城东，利用夜色突袭辽东兵，同时永平府城内军队也杀出，内外夹击，吴高、杨文带着军队仓皇逃窜，丢下大量辎重，朱棣带着军队追杀，斩首千余人。"既而辽东镇将江阴侯吴高、都督杨文等围永平，亮拒守甚固。援师至，内外合击，高退走。"

当然永平府的问题没有得到根本解决，因为吴高手下还有数万军队，这次取胜只是让他吃了一点苦头而已。果不其然，吴高、杨文带军队连日攻城。辽东兵的进攻着实让朱棣忧虑，用什么办法对抗呢？朱棣就分析这两个将领，他认为吴高、杨文这两个人不同，杨文胸无谋略，根本不足为虑，朱棣的目标是除去吴高。

吴高虽怯而行事差密，杨文粗而无谋，高去则文不足虑矣。

怎么办才能除掉吴高呢？朱棣思来想去，最后决定实施离间计。因为建文帝生性好疑，利用这个性格弱点使用反间计，让他们内部产生矛盾。

朱棣就写了两封信分别给吴高、杨文，一封称赞吴高，一封贬低杨文，专门让人故意送错。吴高、杨文拿到信之后，都感到疑惑不已。

吴高看这信，心中必然疑惑：朱棣怎么称赞我呢？这么佩服我，和我套近乎，这是什么意思？

杨文看信，当然很生气，朱棣在信中表扬吴高，说吴高是有谋略的统帅，贬低杨文，说杨文不配做统帅。一方面心里怨恨朱棣，另一方面也很疑惑。

所以两人都把信的事情向建文帝报告，建文帝看了两封信后，果然起了疑心，认为朱棣和吴高关系不错，有密切的交往，甚至有什么私下交易，他害怕吴高被拉拢而投靠朱棣。最后下旨把吴高调离前线。"朝廷闻之，削吴高爵，徙之广西，独命杨文守辽东"。

刚才说了杨文没什么军事才能，从此辽东兵"兵无纪律，人怀疑贰"，战斗力大为削弱。杨文代吴高继续率辽东兵进攻燕军控制的永平府，以数万人多次发动攻城，都以失败而告终。史书记载，从建文二年（1400 年）到建文四年（1402 年），杨文率军围攻永平府，发生的几次大的战役如下：

二年秋七月又败之于部落岭，克兔耳山寨。

建文二年（1400 年）夏七月，永平府守军主动出击，在卢龙东部落岭打败辽东军，攻克辽东军的军寨。

三年夏五月，辽东兵围永平，指挥吴兴旺、谷祥昼夜对敌凡八十日；燕王遣指挥刘江救之，大破辽东兵于昌黎，斩首数千级。

指挥王雄等七十一人皆被执。

建文三年（1401 年），杨文再攻永平府，围攻八十余日，久攻不下。朱棣派指挥使刘江援救永平，双方战于昌黎，杨文又败，俘获或是斩杀指挥使等七十余人。

为了从心理上瓦解辽东兵的士气，也为了争取杨文的归附。朱棣将被俘的广宁卫指挥王雄等人释放，并让他回去告诉杨文，说自己起兵是为了"诛奸臣，救祸难，保全骨肉，以安天下"，朱棣企图王雄等回到辽东能对杨文有所掣肘，减缓辽东军的进攻。

结果王雄被放回后，确实没有起好作用，因为王雄看不起这个无能的统帅杨文，处处给杨文出难题，掣肘杨文。杨文的军事战斗力更差了。

四年夏五月，辽东兵至永平。都指挥佥事谷祥引军过小河至十八里铺，拒却之。

建文四年（1402 年），杨文再次兵临永平府城，燕将谷祥从乐亭出击，迅速渡过漆水（今青龙河），杀到永平府。从乐亭到永平府城一百多里路，由于谷祥快速行军，半日就到，在城东十八里铺与杨文激战，杨文大败。

建文四年（1402 年）五月，朱棣率领燕军主力已经渡过黄河，情急之下建文皇帝命令杨文放弃围攻永平府，快速进入济南，断绝燕军后路，这样杨文带辽东军撤离了永平府。至此，历经三年多的永平府战事结束，也可以说永平府保卫战取得了胜利。

后来杨文到了直沽（今天津）这个地方，被燕军截获，他也在交战中被俘。

永平府保卫战的胜利，缓解了北平府的军事压力，因为北平是燕王的大本营，燕王只有大本营巩固了，没有后顾之忧，才能顺利南下，直取南京，所以永平府保卫战的胜利，是朱棣南下进军的重要保证。

永平府的种种战事见证了古城的烽火岁月和历史沧桑。今天大家到卢龙县城游览，仍然感受到古城往昔的风云变幻。

王雪婷

　　毕业于天津师范大学播音与主
持艺术专业，现为东北石油大学附
属小学教师。曾获得"都市风采"
京、津、沪、渝四直辖市主持人大
赛金奖，天津市第五届主持大赛电
视节目成人组一等奖，希望用属于
新一代小岛人的方式，传播秦皇岛
文化，推介家乡之美。

小岛的美丽传说

作为新一代的小岛人，你对家乡的了解有多少呢？

是媒体的官方宣传，还是讲得出几处风景名胜，抑或是大手一挥，干脆不清楚。

秦皇岛作为历史名城，时间不停地增加着它的厚重。

诗云"大雨落幽燕，白浪滔天"，那艘满载而归的打鱼船即将回归的港湾，就是我们美丽的家乡。

提到这个不是"岛"的秦皇岛，不管是不是土生土长的"岛民"，第一反应都会是大海和长城。毕竟这是小岛的"名片"。

不过，我们要讲的故事，可不寻常。抛开大海的辽阔和长城的伟岸，我们今天到《史记》中转转。

翻阅《史记》，我们找到了要讲的第一个故事：

在很久很久以前，"五帝"中的第三位喾带着他的两个妃子一起去河边玩水。这时飞过来一只玄鸟，也就是泛着霞光的黑鸟。三个人正在河边嬉戏打闹，看见这只鸟飞过来，觉得它有趣，就撩起水花去逗它。谁知玄鸟受到了突如其来的惊吓，居然生了个蛋。蛋落在了岸上，又不偏不倚地滚到了一个妃子的脚边。这个妃子是喾的次妃，名字叫简狄。她很好奇，就捡起这个鸟蛋托在手掌心，凑到近处，对着太阳仔细观察。这一看不要紧，着实把她吓了一跳。怎么回事呢？在阳光的透视下，她看见这个鸟蛋的里面不是蛋清不是蛋黄，分明是一个小孩！简狄想喊喾过来看看。可是刚一张开嘴，这个蛋就像活了一样，飞起来直接进了简狄的嘴里。

回去过了不久，喾发现简狄怀孕了。起初他并没有在意，只觉得这是件喜事。可是有一天，也许是碰巧，简狄突然想起了之前吞了鸟蛋的事。这才把鸟蛋里看见小孩，又是怎么把蛋吃了的事跟喾一五一十地说清楚。

喾仔细想了想，觉得：或许这就是天命吧。

喜事终究是喜事，就这样简狄把孩子生了下来，喾给他取了个名字叫契。

契可是个了不起的孩子，从小就聪慧过人。长大以后又得到大禹青睐，跟着大禹去治理洪水。大禹治水大家都知道，治了十年。契也就离开家十年。

十年，说长不长，说短也不那么短。再看十年后的契，已经相当成熟稳重了。而且喾的权力也已经传到了舜的手里。

这天舜来到他的老前辈喾家里请教一些治国安邦的对策，轻叩门环，来开门的正好是契。舜看见他，一眼便觉得是个人才，连忙进屋向喾要人。

于是，契又跟着舜走了。

回到皇宫，舜问契："你都会些什么呀？"

契说："我会治水。"

"那治理天下你会不会？"

契说："可能跟治水也差不多吧，主要在于怎么引导。"

舜又说："孩子你看，现在我们的人民都不相爱。父子、君臣、夫妇、长幼还有朋友之间的关系不顺。我想让你担任司徒，对他们认真地引导教育，而且要本着仁爱宽厚的原则。你能做到吗？"

"我能！"

从这天开始，契正式踏上了他的仕途。

后来，契因为治理有功，被封在了商地，从此开始繁衍生息。再后来，商朝建立了。人们尊契为商朝始祖。又因为简狄是吃了玄鸟的蛋才生了契，后世又尊称契为玄王。

第一个故事讲到这里也就结束了。

实际上，《史记·殷本纪》原文中关于这个故事的记载是非常简洁的，只有一百来字：殷契，母曰简狄，有娀氏之女，为帝喾次妃。三人行浴，见玄鸟堕其卵，简狄取吞之，因孕生契。契长而佐禹治水有功。帝舜乃命契曰："百姓不亲，五品不训，汝为司徒而敬敷五教，五教在宽。"封于商，赐姓子氏。契兴于唐、虞、大禹之际，功业著于百姓，百姓以平。

这里的"玄鸟"，就是燕子。这段故事也就是后世传说的"玄鸟生商"。

不过，到此为止，这个故事好像还不属于秦皇岛。人物和故事的起因、经过、结果都已经交代得十分充分了，那么事情的关键就在时间和那条河上。

拿着《史记》往前翻，翻到《十表·三代世表》，又出现这样一段：契母与姊妹浴于玄丘水。

这下地点也清楚了，那条河是玄丘水。契母当然就是简狄，而玄丘水又是哪里？

《卢龙县志》里赫然写着：卢者，黑也，龙者，水也，北人谓黑水为卢龙。但是这条"黑水"我们今天叫它"青龙河"。玄就是黑，玄水，就是黑水。那么推导过来玄丘水也就是青龙河。

可青龙河明明是一条清澈的大河啊！别忘了，还有故事发生的时间。五帝传说的时代，也就约等于上古时代。根据卢龙一带考古发掘出的象骨、鹿角等化石的验证，青龙河流域在那个时代曾经植被葱郁，高树遮天。河水穿过这里，在昏暗的光线之下，自然也就被树荫"染"成了黑色。

今天青龙河清澈见底，一方面是因为地貌和气候的变化，曾经的植被已然消逝；另一方面更重要的是它作为当下"引青济秦"工程的源头，作为岛民的母亲河，被治理得十分清澈。

同样是玄水，同样是《史记》，还有一个故事。

既然如此，那么就着这本"无韵之离骚"，索性就再聊一个关于秦皇岛的故事。

翻开第六十一卷，写的是《伯夷列传》，也就是伯夷和叔齐的合传。

自从玄鸟生商以后，商族就开始逐渐强大起来。其实根据史料以及考古发现的证实，分封制从商代开始就已经出现了。一听到分封，脑子里想到的就是诸侯，什么春秋五霸、战国七雄之类的。

那么什么是分封制呢？说白了就是有人作为宗主，把自己的地盘和地盘上的人分给自己看得上、信得过的手下，让他们去自行管理。但是宗主有需要，手下人作为附属还得定期过来汇报汇报工作。

这套制度对于那些受封的人来说，就非常合适——不光自由，地位还能传代。

在商朝疆土的北边，玄水的南岸，就有一个诸侯国，叫孤竹国。一种说法是：这里是北方，竹子很稀少，不像南方那样，所以才叫

"孤竹"。另一种说法是：孤和竹是分开的，指的都是器物。

　　孤竹国在当时是一个非常重要的诸侯国。根据记载，孤竹国大约存在了一千年。前一半是商的诸侯，后一半是周的诸侯。伯夷叔齐的故事就发生在商周更迭的时候。

　　伯夷和叔齐本来是孤竹国君的两个儿子，品行十分端正。孤竹国君在去世之前，想让叔齐继位。可是等到他真去世了，叔齐又改主意了，想把王位让给他哥哥伯夷。作为兄弟，伯夷是很了解叔齐的，他知道只要他在，叔齐就绝不肯当这个国君。所以在一个月黑风高的夜晚，伯夷跑出了城。

　　第二天早上，叔齐发现伯夷不见了，急得是顿足捶胸。于是他也跟着追出城。

　　其实伯夷没跑多远就被叔齐赶上了，二人一商量，你不愿意我也不愿意，那干脆就都一走了之吧。就这样两兄弟一起离开了孤竹国。

　　去哪里呢？二人听说西伯侯姬昌特别敬重贤能的人，于是就打算去投奔。可是到了才发现特别不巧，姬昌也已经去世了。现在是他的儿子——后来的周武王姬发在统治。姬发正用车拉着文王姬昌的牌位向东进发。

　　这段历史正是武王伐纣。也就是伯夷叔齐所在的那个商已经是纣王在统治了。

　　兄弟二人投奔不成，武王姬发灭掉纣王之后，天下都改朝换代归了周，他们依然决定忠于商，坚决不当周的官，更不吃周的粮食。

　　那么这种有家难奔、有国难投的境遇下，两个人又该怎么办呢？他们的选择是：到首阳山上隐居起来。住在简陋的茅草棚里，每天摘点野菜充饥。

结果这天，山上来个老太太，听了二人的事迹之后，说："你们忠于商，不吃周的粮食，我能理解。可是你们想过没有，天下都是周的了，这首阳山上的一草一木难道就不是吗？你们吃的野菜也是周的粮食呀。"

这一番话让两兄弟更加羞愧，竟然直接绝食了。

临饿死之前，两个人还不忘作辞来明志："登上首阳山，采薇来就餐，残暴代残暴，不知错无边？神农虞夏死，我欲归附难！可叹死期近，生命已衰残。"

根据现有的考古资料，1972 年，河北省考古研究所在卢龙县城西南 25 里阚各庄村的滦河沿岸阶地发现一处商王朝晚期的文化遗址，其中出土了许多陶器、青铜器、骨角器和石器。陶器从形制和纹饰风格看，带有明显中原商文化和北方夏家店下层文化的特征；而青铜器中，一件名为"父丁孤竹罍"的器物更是直接证明了秦皇岛卢龙县这里就是当年的孤竹国遗址。

说过了青龙和卢龙，三县还差昌黎。

故事是从毛主席的诗句"大雨落幽燕"说起的，最后一个故事以这首词来结尾。说的是："往事越千年，魏武挥鞭，东临碣石有遗篇。"

大家知道了，这是要说昌黎的碣石山了。接下来就是第三个故事——碣石山的传说。

这个故事要先从东汉说起。大家知道东汉末年，曹操和袁绍在河南的官渡打了一场仗。曹操以弱胜强，趁机消灭了袁绍的势力。但是袁绍作为北方的霸主，当然和北方的游牧民族关系非常友好，尤其是乌桓。袁绍被消灭之后，他的残余势力就投奔了乌桓，并且伙同乌桓一起对北方的平民百姓进行劫掠。

曹操一来为了剿灭袁绍的残余势力，二来为了平定北方，于是在建安十二年，也就是公元 207 年，在谋士郭嘉的支持下，北上讨伐乌桓。

历史上所记载的是，在这一年的夏季，曹操趁着积水泛滥，听从田畴的计策从小路绕道，直接攻破了乌桓的老巢，最终大获全胜。

得胜归来的时候，曹操经过了一座山。他登上那座山，看着面前一望无际的大海，胸中无比舒畅。于是，提笔写下了那首千古流传的"遗篇"——《观沧海》。

说到这里，就是大家非常熟悉的曹操与碣石山的故事了。

其实碣石山出名，还真不是从曹操开始的。

晋代伏琛的《三齐略记》写了这样一段故事：秦始皇于海中作石桥，海神为之竖柱。始皇求与相见。神曰："我形丑，莫图我形，当与帝相见。"乃入海四十里，见海神，左右莫动手，工人潜以脚画其状。神怒曰："帝负约，速去。"始皇转马还，前脚犹立，后脚随崩，仅得登岸。画者溺死于海，众山之石皆倾注，今犹岌岌东趣，疑即是也。

传说秦始皇在派了徐福出海求仙之后，这天，自己也亲自登上了海边的碣石山吸收灵气。正当他虔诚叩拜的时候，一抬头，突然看见海上出现了一座精美的楼阁。时隐时现，缥缥缈缈。

始皇非常惊讶，于是他为了一探究竟，就下令搭建一座通往海上的石桥。

在大海上别说搭桥，就是桥墩都立不住。可是他要搭的这座石桥，桥墩还就一个接一个地稳稳立住了。

始皇正暗自庆幸，突然听见海浪中出现了一个空灵的声音，说：

"如果你不是为了窥探我的样貌，那我就答应和你见面。"

始皇答道："我只是为了求长生不老。"说着骑马带人沿石桥一路向海中走去。

大约走了四十多里，终于见到了海神本尊。

刚一见面，一行人就愣住了——这是他们第一次看见真神。手下看皇帝都没说话，也没敢轻举妄动。只有一个胆大工匠，假装掉在地上一套纸笔，想用脚把海神的长相偷偷地画下来。

海神见状当即降下雷霆之怒，驱赶所有人马上离开。

始皇吓得调转马头就跑。马前脚跑一步，桥后脚就塌一截。最后只有他一个骑马的跑得快，上岸得救了。剩下的人都被大海带走了。

秦始皇的这一番遭遇，碣石山能看见神仙的传说就算火了。

从古至今，无论是皇帝还是游侠，几乎所有到碣石山的人，都为的是像秦始皇一样沾沾仙气。唯独一个人不同，那就是咱们前文所讲的那位观沧海的曹操。其实仔细分析《观沧海》这首诗，从沧海礁石写到花草树木，从秋风波涛写到日月繁星，都是人间的景象，里面没表达一点向往成仙的意思，反而是更想留在人间建立伟业。

曹操的与众不同还是源自他小时候听到的一个传说：

这一年大禹为了治水，一路来到了渤海边上。那个时候整个华夏大地都在发洪水，碣石山还不叫碣石山，还是淹没在洪水里的一座孤岛。大禹想靠近探查地形，于是就驾着船向岛边上靠。即将靠岸的时候突然天气大变，电闪雷鸣，风雨交加。大禹带着船上的人，一边抵御狂风巨浪，一边寻找能上岸的地方。可就是怎么也找不到。

正在绝望之际，大禹猛然之间看见前面不远处有一根石柱。于是他拼尽全力把船划了过去，并且牢牢拴在那上面。

等一行人上了岸，天气逐渐放晴。大家终于长出了一口气，边吃饭边休息。

大禹带人爬上山顶，放眼望去，面前就是茫茫无际的大海。他心想：到了这里也就到了大地的尽头。如果把洪水都疏导过来，让水流进海里，大地上的水患也就解决了。只不过这工程量过于庞大，不是一朝一夕能完工的，还是先在这里做个记号吧。

手下的人看出了他的心思，提议道："要不要在这里种些树？"

大禹一摆手，说："用不着如此麻烦。你看这山顶，像不像一根大石柱？刚才咱们拴船的地方，像不像一根小石柱？就拿这两处当作记号吧。"

于是从这天开始，大家都知道了大禹治水的终点有一大一小两根石柱子。碣石的"碣"本来就是石柱子的意思，所以时间过得久了，这里也就被叫成了碣石山。

曹操可能是年幼的时候从《山海经》或者《禹贡》里看见了这个故事，因此在当初，他的心里就埋下了和大禹一样在人间建功立业的种子。所以当他登上碣石山的时候，心中满是理想，却丝毫不在乎那些虚无缥缈的神仙。

人各有志，所想不同，所见定然不相同。

不管是老辈人口口相传的故事，还是书本中描述的风雨飘摇。到今天都会以各种各样的形式，再次出现在生活中，成为一张张新的名片，彰显秦皇岛的文化。

作为年轻的小岛人，我们也以自己的方式去记忆和传播这些故事。

了解家乡，才能热爱家乡。

崔琳

　　教授，硕士研究生导师，河北科技师范学院冀东文化研究中心主任（河北省人文社科重点研究基地　正处级）。从事冀东演艺类非遗保护传承研究15年，主持在研1项国家社科基金艺术学项目（京津冀演艺类非遗与旅游融合研究），出版1部专著《遗存于冀东的非物质文化遗产研究》。全国社会科学评审或鉴定、国家艺术基金评审专家数据库评委，秦皇岛市非遗审批专家。

长城沿线非物质文化遗产的传承与传播
（秦皇岛篇）

非物质文化遗产简称"非遗"，我将从非遗的概念、特征及分类，非遗保护的价值与意义，秦皇岛市长城沿线非遗的保护现状，秦皇岛市长城沿线非遗保护存在的问题，秦皇岛市长城沿线非遗传承与保护的建议以及秦皇岛市长城沿线非遗的典型案例解析六部分一起和大家交流。

一、非遗的概念、特征及分类

非遗作为一个明确的学术概念，是进入新世纪以后才被确立的，它是在比如文化、遗产、文化遗产、非物质等许多相关概念基础上形成的新概念。

那么，非遗概念究竟是怎样提出来的，又经历了哪些流变呢？现在学术界比较公认的非遗的概念，是受日本"无形文化财"概念启发而提出来的，这是在第二次世界大战结束后的第五年（1950 年）通过了一部法律——《文化财保护法》，旨在保护日本的文化财（即文化遗产）。这部法规把文化遗产分为五种形式：有形文化财、无形文化财、民俗文化财、纪念物、传统建造物群。其中的无形文化财与今天的非物质文化遗产相似，但又不尽相同。日本的"无形文化财"概念在世界上产生了一定的影响，随后韩国也出台了自己的《文化财保护法》，也用到了"无形文化财"的概念。1972 年 10 月 17 日至 11 月 21 日，联合国教科文组织大会在巴黎召开第十七次会议。会上通过了一个具有历史性意义的文件《保护世界文化和自然遗产公约》，简称《世界遗产公约》，对世界遗产作了界定分类，制定了在世界范围内的保护措施。《世界遗产公约》中的世界遗产实质上专指物质性遗产并不包括非遗。在这次会议上，一部分会员国提出应在联合国教科文组织内制定与非遗有关的国际标准文件的建议。但这个建议直到十年后才真正被联合国教科文组织所认可，并逐步付诸实施。1982 年，联合国教科文组织下属世界遗产委员会在墨西哥会议文件中首次运用了"非物质文化遗产"概念，但用"民间文化"来表述。1985 年保护民间文学政府专家第二次委员会文件涉及非遗时仍然沿用这种表述。到了 1989 年 11 月，联合国教科文组织在巴黎召开的第二十五届大会上，通过《关于保护传统文化与民间创作的建议》，则用"传统文化与民间创作"来表述"非物质文化遗产"。其定义是：民间创作（或传统的民间文化）是指来自某一文化社区的全部创作。这些创作以传统为依据，由某一群体或一些个体表达，并被认为是符合社区期望的所谓文化和社会特性的表达形式。民间创作准则和价值通过模仿或其他方式口头相传。它的形式包括语言、文学、音乐、舞蹈、游戏、神话、礼仪、习惯、手工艺、建筑及其他艺术。1998 年，联合国教科文组织在《宣布人类口头与非物质遗产代表作条例》中才开始使用与"非物质文化遗产"相近的术语。相近的术语"非物质遗产"，让其与"口头遗产"共同表述"非物质文化遗产"概念。联合国教科文组织执委会第一百五十四次会议指出，由于"口头遗产"和"非物质遗产"是不可分的，因此在以后的鉴别中，在"口头遗产"的后面加上"非物质遗产"的限定，这种做法在联合国 2001 年《世界文化多样性宣言》《人类口头和非物质遗产代表作名录》以及 2002 年《伊斯坦布尔宣言》等正式文件中一直被沿用。经过五十三年漫长的流变，终于在 2003 年 10 月 17 日，联合国教科文组织在巴黎通过了《保护非物质文化遗产公约》，标志着一个新的概念"非物质文化遗产"正式以国际性法律文件的形式确定了下来。显而易见，"非遗"的概念首先是从个别国家提出来的，然后影响了联合国教科文组织，联合国教科文组织对非遗的概念的认识也经历了一个从无到有、从不完善到完善的发展过程。从"民间文化""传统文化与民间创作""口头和非物质遗产"到"非物质文化遗产"，名称发生了多次变化，内涵也随之发生了相应变化。

非遗，就是指人类社区、群体或个人创造的文化财富以非物质方式被后代所认可与传承。文化财富和载体物质是合二为一、水乳交融的，从这个角度来看与物质文化遗产是相同的。但非遗与物质文化遗产有所不同，第一，非遗中的文化财富是活态的、不断被发展和创新的。而物质文化遗产中的文化财富则是静态的，比如我国的故宫、长城这些物质文化遗产，是不能发展和创新的。第二，非遗的载体是特殊的物质即具有能动性的人，而物质文化遗产的载体是静态的、不具有能动性的物质。第三，非遗的价值主要指向传承人继承和不断创新的文化，而物质文化遗产的价值主要指传承物本身。第四，非遗的传承是通过传承人的口述或口述表演、身体示范或表演、综合示范或表演等方式进行的，传承人既是遗产的接受者又是创造者。而物质文化遗产则是通过物的传递进行。

所以，非遗的概念就是指人类社区、群体或个人所创造并通过自己身口示范或表演传承给后代的活态发展的精神财富。

非遗是人类的特殊遗产，特殊性既表现在其内部的规定性上，又表现在其外部的形态上，既有个性又有共性。与其他文化遗产不一样的是，它具有传承性、实践性、无形性、多元性和活态性等特征。

我国政府对非遗类型的划分，最初与联合国教科文组织大同小异，都是从非遗的概念界定和保护实践需要去认识非遗类型的，只是列举或规定一些非遗形态，以便在实践中判断或保护非遗，还不是一种有意的、科学的类型分析。在我国政府评审与公布第一、二、三批国家级非物质文化遗产代表作名录过程中，代表国家官方意志的非遗十大门类的分类原则就被确定下来，而且这十大门类是建立在传统学科分工基础上的，如：文学与艺术之分，艺术中音乐、舞蹈、美术、戏剧与曲艺之分，杂技、竞技、传统手工艺与民俗之分。

（1）民间文学，如秦皇岛玄鸟生商的历史传说、萧显写匾的故事、秦始皇东渡求仙传说等。

（2）传统音乐（第一批名为"民间音乐"，从第二批改为现名），如抚宁鼓吹乐、昌黎吹歌等。

（3）传统舞蹈（第一批名为"民间舞蹈"，从第二批改为现名），如昌黎地秧歌、抚宁太平鼓、青龙猴打棒、卢龙的伦派地秧歌等。

（4）传统戏剧，如京剧、评剧、河北梆子以及秦皇岛的皮影戏、评剧等。

（5）曲艺，如相声、乐亭大鼓、西河大鼓等。

（6）传统体育、游艺与杂技（第一批名为"杂技与竞技"，从第二批改为现名），如秦皇岛中国少北拳、通背太祖苗刀、打陀螺、海港区吴氏太极拳等。

（7）传统美术（第一批名为"民间美术"，从第二批改为现名），如抚宁剪纸、魏氏烙画等。

（8）传统技艺（第一批名为"传统手工技艺"，从第二批改为现名），如卢龙粉条传统加工技艺、丁记藤艺等。

（9）传统医药，如秦皇岛的孙氏正骨、耿氏中医正骨等。

（10）传统民俗，如秦皇岛传统婚礼花轿习俗、红山文化等。

二、非遗保护的价值与意义

（一）价值

非遗，被联合国教科文组织作为一个重要问题提出来，并通过保护非遗公约要求在世界范围内开展相关保护工作，这是建立在对非遗价值认识和价值诉求的基础之上的。其实，非遗作为一种人类的文化遗产，早在人类蒙昧时期就已经出现并被人类按照追求价值的规律享用和传承。当下，人类对非遗大张旗鼓地宣传和保护，仍然是出于对价值追求的考虑。那么，非物质文化遗产作为一种文化遗产，它究竟对人类有什么价值呢？

"价值"是一个反映客体属性能否满足主体需要的哲学范畴。联合国教科文组织在有关非物质文化遗产的文件中，多次谈到非物质文化遗产的价值。

不同民族国家或地区非物质文化遗产对同一个人或群体而言，其价值是不同的。同样，同一非物质文化遗产，对不同民族、国家或地区的个人或群体而言，其价值也是不同的。这是非物质文化遗产价值的特殊性的表现。但是非遗的价值还具有普遍性。

第一，记忆价值。

一个人一旦丧失了记忆，就会感到恐慌或无所适从，从而不能正确评价和把握自己的现状和未来。同样，一个民族、一个国家若丧失了记忆，没有了历史，也会陷入恐慌和无所适从的境地。所以呢，人类离不开记忆，离不开历史。联合国教科文组织前任总干事马约尔在《文化遗产与合作》的前言中说："保存与传扬这些有历史性的见证，无论是有形文化遗产还是无形文化遗产，目的是唤醒人们的记忆。事实上，我们要继续唤醒人们的记忆，因为没有记忆就没有创造，这也是我们对未来一代所担负的责任。"

民间口述、神话、传说、史诗、民歌等，就性质而言，都属于非物质文化遗产；就价值而言，这都是人类的历史记忆。史诗作为一种非物质文化遗产，在人类文化发展史上占据着重要的位置。希腊史诗、印度史诗、巴比伦史诗、芬兰史诗等都成为一个民族或一个国家文化的象征和文明的丰碑。传说、史诗之外大量存在的非物质文化遗产，如传统音乐、传统戏剧、传统舞蹈、曲艺、杂技和竞技，传统手工技艺、传统美术、传统医药、民俗等，都是人类的记忆，它们共同构成了丰富多样，且多层次的人类记忆宝库。其中，有通过音乐、戏剧、舞蹈、美术、曲艺等形式展示的人类认识美、创造美的历史记忆，有通过杂技与竞技、传统手工技艺、传统艺术等形式，展示着人类技巧记忆、艺术发展的历史记忆，更有通过民间信仰、传统节日、传统仪式等形式展示的人类宗教性、群体性、仪式性、心灵活动的历史记忆。有家族的历史记忆，有群族的历史记忆，有地区的历史记忆，也有国家的历史记忆。

第二，传承价值。

非遗作为人类活的代际文化，不仅保存了人类过去的文化足迹，是人类追忆过去、缅怀历史的载体，而且展示了人类文化发生、发展与演变的历程，是人类继承并发展文化传统的对象与媒介。非物质文化遗产与物质文化遗产最大的不同，就在于非遗是一种代际传承的、正在进行的活的文化实践过程，它是通过重复参与祖先的、饱含某种精神的实践来传递和发展祖先的某种精神。显然，非遗能够更直接、更生动、更有效地传承人类文化。

第三，审美价值。

考古发现证明，人类早在原始时代就有了审美意识和审美活动，许多非物质文化遗产都具有很高的审美价值。非物质文化遗产的审美价值总是和记忆价值、传承价值相联系，甚至依附于二者。非物质文化遗产与物质文化遗产在审美价值上相比具有自己的特点，物质文化遗产的审美对象是物本身，人类通过物来观照凝聚其中的美。审美者不参与美的创造活动，非遗的审美对象是活动过程。人类通过对活动过程的整体（包括其中的人与物）的把握来体验其中的美，审美者参与美的创造活动。

第四，基因价值。

生物的多样性是由生物基因的多样性决定的，每一种生物都有自己特殊的基因，改变生物基因是改变生物品种的重要手段。中国工程院院士袁隆平在 1964 年首先提出培育"不育系、保持系、恢复系"三系法利用水稻杂种优势的设想。1970 年，与其助手李必湖和冯克珊在海南发现一株花粉败育的雄性不育野生稻，成为突破"三系"配套的关键，育成中国第一个大面积推广的强优组合"南优二号"，并研究出整套制种技术，被同行们誉为"杂交水稻之父"。袁隆平的成功与其发现了野生水稻基因密不可分。所以，保持生物多样性是生物可持续发展，也是人类社会可持续发展的条件。为此，人类制定了一系列的法规来保护生物基因的多样性存在。

同样，人类文化也存在可持续性发展的问题，而且这种发展对人类的影响更大。而要促使人类文化的可持续性发展，是不能不在文化基因多样性保护上下功夫。

人类经济的迅猛发展，不断威胁着文化的多样性存在。经济要全球化，那么文化是否也要全球化呢？全球化将对人类文化带来哪些问题？这些问题越来越引起人们的思考和重视。与经济全球化发展过程中遇到的"国家堡垒""地区堡垒"一样，在文化面临全球化冲击的过程中，许多国家和地区纷纷发起"民族文化保护"运动。对这些新问题，理论界并没有作好思想准备，还不能提出一个超前的理论去引导人们。借鉴生物多样性保护的成功经验。人类感觉到了文化多样性保护的重要。在所有人类文化中，既能体现多样性又具有活力的文化，就是非遗。非遗为人类提供了丰富的可持续发展的文化基因。

第五，学术价值。

联合国教科文组织指出，人类非遗代表作应该是在历史、艺术、人种学、人类学、社会学、语言学及文学方面有特殊价值，实际上，这是在强调非遗对相关学科的学术价值。非物质文化遗产的学术价值表现在三个方面：第一，它是诸如历史学、艺术学、人种学、社会学、语言学、文学、民俗学、建筑学、工程学、工艺学、医学、体育学、舞蹈学、音乐学等学科的研究对象；第二，它为各门科学研究提供了丰富的研究材料；第三，它为各门具体科学研究提供了新的方法和思路。

第六，经济价值。

非遗概念的提出，本身是对片面强调物质文化的纠正，是对物质经济价值取向的补充和调节，而且人类物质经济的可持续发展，最终还是依赖于文化的发展。因此，非遗不仅包含了巨大的文化价值，而且潜藏了巨大的经济价值，是非物质经济的重要力量。非物质文化遗产的经济价值主要体现在以下几个方面，一是它的旅游经济，二是品牌广告经济，三是技术、技艺专利经济，四是生态经济。非物质文化遗产经济价值是一种客观的存在，已经被政府、企业和文化学者普遍认可。很多地方已经把非物质文化遗产作为当地文化产业的重要内容来开发。我国的非物质文化遗产生产性保护理论，很大程度上是基于对非物质文化遗产经济价值的认识而提出的。当然，在非物质文化遗产经济价值的认识和开发上，近十多年来也出现了一些值得警惕的问题，一是忽略非物质文化遗产的发展规律，把非物质文化遗产生产性保护简单等同于非物质文化遗产的产业化，二是没有意识到非物质文化遗产的经济价值是多元的和多层次的，把非物质文化遗产的开发简单等同于生产和销售非物质文化遗产的相关产品。而对其中蕴含的品牌、技术、专利和文化创意等经济元素却不够重视，三是没有尊重非物质文化遗产利用中的真实性、整体性原则，为了商业利益随意改变非物质文化遗产的形态和活动环境，造成了非物质文化遗产展示、展演的泛滥现象。

（二）意义

非遗蕴含着丰富的信息，有着多维度的重要价值。基于此，保护这些非遗，无论是对于个人、民族还是国家乃至整个世界，都有着重要的历史意义和现实意义。中国作为一个拥有五千多年文明史的古国，拥有歌谣、神话、音乐、舞蹈、曲艺、皮影、剪纸、生产制作技艺、礼仪、习俗等宝贵的非遗，其形式之多，内容之丰富，世界少有。这是各族人民在生产生活实践中创造出来并逐渐精炼、积累下来的精神财富，不仅是中华民族的宝贵遗产，同时也是人类文明的结晶和文化多样性的具体体现。随着经济全球化趋势的增强、科技的迅猛发展和社会的急剧变迁，我国非遗的生存、保护和发展遇到许多新情况、新问题，面临着严峻形势。在这种情况下，保护非遗也就有了特别的意义。

1. 维护国家和民族的文化身份

人类学家将传统文化分为"大传统"和"小传统"。"大传统"指的是一个社会的主流文化，是人们判断一个民族的文化性质、文化风格、文化价值、文化取向等信息的主要指标；"小传统"即区域性本土文化，主要表现为民族民间文化融合于本民族大众的日常生产与生活之中。如果说"大传统"赋予民族的是精神和思想，是"父亲文化"，那么以非遗为主要内容的"小传统"赋予民族的则是情感和血肉，是"母亲文化"。非物质文化遗产集中体现了劳动人民的智慧，它激活了民族主体文化，并与之一道构成了民族传统。遗产本身及其对历史的追寻，使人们在日趋统一的文明中，找回一种生活和思想上的归属感。

2. 传承和发展民族精神

民族精神是一个民族赖以生存和发展的精神支撑。没有振奋的精神和高尚的品格，不可能自立于世界民族之林。这种精神力量来自它同社会实践发展的协调共进，来源于广大人民对它的认同和把握。民族精神传承与发展的机理就是不断积淀与认同。不断积淀形成了民族精神，民族精神又通过认同不断地传承下去，并在新的个体认同中不断变化与发展。中国文化正在新的水平上为中国社会发展提供着动力，赋予民族精神以新的内涵。建设好传统文化，保护和传承非物质文化遗产是弘扬民族精神、增进民族认同、加强民族团结、维护国家统一、复兴中华民族的必经之路。

3. 促进社会的和谐与稳定

非遗来源于各族人民长期的生产生活实践，体现了中华民族所特有的生活方式、道德观念、审美趣味和艺术风格，表现了中华民族强大的向心力和恢宏的气度。它生长于民间，繁荣于社会，贴近实际、贴近生活、贴近群众，无论是在价值观念上还是在艺术形式上都为广大群众喜闻乐见；它蕴含着深刻的人与自然、人与社会之间、人与人之间和谐相处的理念，以及爱国为民、重诺守信、勤劳勇敢等中华民族优良传统道德因素，因此说，保护非遗对于构建社会主义和谐社会，从而进一步推动社会全面协调可持续发展，具有十分重要的意义。

4. 维护国家文化的安全

文化涉及一个民族全面的生活方式，它包括价值、规则、体制和在一个既定社会中历代人形成的思维模式。人类进入新世纪后，文化对人类社会发展的作用越来越重要。文化对社会、政治、经济的影响越来越大，在综合国力竞争中的地位和作用也越来越突出，国家的文化安全问题逐渐引起人们重视。非遗蕴含了中华民族的思维方式、价值理念，凝聚了民族精神。保护非物质文化遗产，对于保护本国或本民族的文化免受外来消极思想文化的影响，维护主流文化价值体系在社会生活中的主导地位，凝聚民族精神，维护国家文化安全，促进国家和民族发展有着特别重要的意义。

5. 推动经济的发展

当今世界，越是民族的就越是世界的，只有保住民族的文化之根，才能顽强地抵御外来文化的同化，留住民族之魂；只有保持民族文化的独特性，才能以深厚的文化底蕴成为新文化发育成长的土壤。随着我国许多地方为发展经济，积极挖掘特色的传统文化资源，着力打造文化品牌，谋求传统文化资源的财富转化，实现经济快速增长。如民俗被众多旅游企业开发采用，云南丽江将传统文化作为旅游资源进行开发，演艺业年产值可观，东巴象形文和东巴画为主要内容的工艺品摆满古城的大街小巷。这说明，民族民间特色文化只要找准了应有的市场定位，就有可能在市场上形成差异，产生稀缺价值，凭借自身的特色文化内涵打造成独特品牌，从而实现经济的跨越式发展。

6. 提升国家软实力

"软实力"是美国哈佛大学教授约瑟夫·奈在二十世纪末提出的。他认为，一个国家的综合国力，既包括由经济、科技、军事实力等表现出来的"硬实力"，也包括以文化、意识形态吸引力体现出来的"软实力"。总体来讲，文化软实力的要素包括国家形象、民族精神、核心价值观、政治制度、文化创造等。这些要素对内体现为民族凝聚力、创造力和发展力，对外体现为国家的吸引力、感染力和影响力。随着全球化进程的加快和综合国力竞争的日趋加剧，许多国家将软实力作为国家重要战略。

保护非遗就是保护我们的精神家园，保护人类的文明成果，保卫人类现在和将来的发展空间，对于保持民族文化的传承，联结民族情感纽带，增进民族团结，维护国家统一及社会稳定，维护世界文化多样性，促进人类共同发展，具有不可替代的现实意义和长远意义。

三、秦皇岛市长城沿线非遗的保护现状

秦皇岛有着悠久的历史、厚重的文化积淀，蕴藏着丰富多彩的非遗资源。随着政府越来越重视非遗的保护和发展。成立了非物质文化遗产保护工作领导小组和非遗保护中心，非遗工作由此全面展开，非遗申报工作呈现客观局面。

截至目前，秦皇岛市共有国家级非遗项目五项，传承人六名（去世两名）；省级四十项，传承人五十二名；市级一百一十二项，传承人一百五十三名；县区级三百七十三项，传承人四百六十九名。县区级项目中：民间文学三十八项，传统音乐二十四项，传统舞蹈二十一项，传统戏剧七项，曲艺五项，传统美术三十五项，传统技艺一百七十七项，传统体育、游艺与杂技十九项，传统医药十八项，民俗二十九项。涵盖了非遗的十大门类，其中昌黎地秧歌、昌黎民歌、抚宁鼓吹乐、昌黎皮影、昌黎吹歌等为国家级非遗项目。这些非遗资源已作为秦皇岛市长城沿线的非遗被纳入长城国家文化公园建设之中。

我们知道长城国家文化公园从 2019 年 7 月正式部署实施至今已有四年，依据《长城国家文化公园建设实施方案》要求河北率先在全国打造长城国家文化公园样板。长城国家文化公园是以文化发展作为核心战略，对重要文化资源进行保护和开发的顶层设计。河北省委省政府、秦皇岛市委市政府高度重视此项工作，大力推进长城国家文化公园建设。2022 年，河北省为全面落实习近平总书记关

于做好长城文化价值发掘和文物遗产传承保护工作，弘扬民族精神的重要讲话精神，进一步统筹推进长城沿线非遗保护传承弘扬工作，研究制订了《河北省长城沿线非物质文化遗产保护传承弘扬协同机制工作方案》。目前，山海关中国长城文化博物馆等项目进展良好，文物征集数目已达四千余件。长城沿线珍贵的非遗是中华优秀传统文化的宝贵财富，同样也是推进长城国家文化公园建设的重要抓手，就目前来看，尚存在认识和开发不足的问题。所以，加强对其深入研究，有利于推动非遗资源的保护和传承，进一步探索长城文旅融合的新模式，更有助于长城文化精神的深度阐释和广泛传播。

四、秦皇岛市长城沿线非遗保护存在的问题

（一）对长城沿线非遗保护的文化要素认识不足

长城沿线的非物质文化遗产是长城文化遗产资源的重要元素和文化形式，是长城国家文化公园建设不可缺少的支撑。但长期以来，在长城文化旅游收入结构中，门票、餐饮、交通和住宿这四项占比较大，文化要素相对突出的演艺等其他收入长期低迷，欠缺以长城区域的生活方式、传统民俗和历史文化为代表的文化情感体验。

（二）非遗与长城文化主题融合的范围有待扩大，主题融合深度有待加强

秦皇岛长城资源优质、丰富，蕴藏着深厚的文化内涵，但各地只有少部分非遗项目参与到长城文化公园的建设中，还未达到"应融尽融、宜融则融"的原则要求，需要在深入挖掘非遗文化历史脉络的基础上加大融合力度。目前，有些非遗项目虽被纳入长城国家文化公园

的框架内，但彼此相对孤立，融合不够，展示形式以参观为主，流于表面。

（三）缺乏整体性保护

长城国家文化公园是国家战略层面的一项总体规划，受行政区域划分的影响，境内边界地带文化资源的衔接困难，造成一些非遗项目错位、缺位。秦皇岛市长城资源正处于衔接地带，文化交错，需要进一步协调、整合。

五、秦皇岛市长城沿线非物质文化遗产传承与保护的建议

（一）重视长城文化内涵挖掘，实现文化挖掘与旅游开发相结合

对于长城来说，其文化内涵无疑是受到人们喜爱和关注的一个亮点，文化内涵和旅游业的发展是互为表里的。长城旅游文化产业的发展需要其深厚的历史文化作为铺垫，没有文化内涵的长城只是一个空架子，从这个角度来说，要将长城的文化挖掘与旅游开发结合起来统一保护，打造与长城文化相关的非遗旅游商品，推出长城故事之旅、长城探秘之旅等一批具有鲜明长城文化特色的非遗主题旅游线路和研学旅游产品，满足游客欣赏自然、了解历史和民族文化的需求，把长城沿线建设成为既有丰富文化内涵，又是旅游胜地的"活态"文旅融合发展的长城国家文化公园。

（二）全面梳理秦皇岛市长城沿线非遗项目，深入挖掘文旅融合新资源

秦皇岛市长城沿线的非遗项目种类繁多，涵盖民间文化类、传统音乐类、传统舞蹈类、传统戏剧类、曲艺类、传统美术类、传统游艺

和杂技类、传统技艺类、民俗类等。其中既包括与长城建设、长城守护有关的名人轶事、历史传说等，如秦皇岛有孟姜女传说、抚宁长城故事传说、萧显写匾的故事等。包括生活在长城沿线的居民长期以来的生活方式、农耕生活、饮食习俗、民俗节庆等，如山海关的梓楄叶饼制作、满族黏饽饽制作技艺、山海关浑锅、民间社火、秧歌、剪纸等。还包括新创作的长城主题非遗产品，如长城茶砖、长城主题剪纸等。它们共同展示了长城沿线的时代风貌和历史生活，都属于长城文化遗产资源的有机组成部分。因此，根据长城国家文化公园的建设原则，重新进行梳理挖掘，做好项目的分类汇总，借鉴已有文旅融合研究成果，以适合的方式融入其中，能够为进一步合理利用相关资源，为丰富长城国家文化公园内涵建设奠定基础。

（三）加强非遗整体性保护，深入阐释长城精神

长城国家文化公园是一个文化生态系统，其目的是挖掘、保护、传承和弘扬中华传统优秀文化及精神，提升文化自信。众多鲜活的非遗资源反映了长城沿线的地理历史、人文民俗，丰富了人们对长城文化的理解。对非遗文化的深入阐释，加强空间、村落、文创产品的整体性保护，将长城文化与自然生态相结合，多种业态并举，旅游文化产业与生态环境并重，才能达到文化旅游深度融合，实现长城文化资源的产业振兴，有效弘扬长城的丰厚精神内涵。

（四）合理利用非遗资源，构建长城文化立体展示体系

在梳理秦皇岛市非遗资源，深入挖掘非遗内涵的基础上，利用不同非遗资源的特色，将更多的地方文化融入长城国家文化公园建设范畴，形成重点突出、层次多样的立体长城文化公园。线下在博物馆、景区等固定场所，建设非遗展示功能的场馆，增加互动体验区，打造好看、好玩，好学、好购的综合性非遗体验展销场所。线上利用"互联网＋"模式，采用 5G、超高清等新媒体技术开展诸如"阅读长城"之类的非物质文化旅游等活动，丰富文旅立体层次。

（五）抓好整体统筹规划，建立非遗保护合作机制

建设长城国家文化公园是一项跨部门、跨区域的重大工程，建设工作的推进在一定程度上受到了地域的限制和影响。建设长城国家文化公园，需打破部门和地域限制，建立有效的跨区域协调联动机制和跨区域合作联盟，完善信息共享机制，增强长城文化传承、生态保护协同互鉴等方面的经验，共同保护传承长城非遗项目，共同做大、做强长城文化品牌，讲好长城故事。

六、秦皇岛市长城沿线非遗的典型案例解析

（一）昌黎地秧歌

昌黎县地处燕山脚下、渤海之滨，是全国有名的文化大县。昌黎地秧歌是河北省最具代表性的传统舞蹈之一，关于昌黎地秧歌的起源年代众说不一，据考察，至少可追溯到元代，一直流传至今。昌黎地秧歌同昌黎的其他民间艺术一样，是昌黎人民在长期的生产劳作和生活斗争中创造出来的，它是昌黎劳动人民思想、感情、意愿、审美意识等集中和最直接的表现。昌黎地秧歌以在地面上轻快自如、自由灵活地扭动，进行比较细腻、风趣的戏剧性表演见长。昌黎地秧歌有着广泛的群众基础，在昌黎流传着"饭不吃酒不喝，不能不扭大秧歌；米不碾面不磨，不能不看大秧歌"的顺口溜，看秧歌、扭秧歌是昌黎人必不可少的生活调剂。

　　昌黎地秧歌作为一种传统舞蹈，在产生之初是没有明显的行当划分的，主要是一种群歌群舞的自娱活动。昌黎地秧歌在走向戏剧化的过程中，也逐渐与戏曲表演一样，出现了各有表演特色的行当。经过长期的艺术表演、磨合与选择，昌黎地秧歌主要形成了四大行当，即妞、丑、㧟、公子，其中妞和㧟为女性角色行当，丑和公子为男性角色行当。

　　妞是昌黎地秧歌表演中的女性行当。妞在生活中一般泛指女孩子。昌黎地秧歌表演中的妞角，主要表演的是闺门少女或是年轻小媳妇一类的人物。这样的妞角类似古代戏曲表演中的青衣、花旦等，主要表现娇美、温柔、开朗、多情的青年女子娇媚神态。妞的主要表演风格与特点是："步子小，胯要扭，动腰如同风百柳；稳中怯，柔中俏，扇花飞舞周身绕；身稳腰柔步子轻，胯软夹臂要抠胸。"

　　丑是昌黎地秧歌表演中的男性行当，丑是地秧歌中的核心角色，没有"丑"就没有"逗"，"闹秧歌不上丑，就同吃饭没有肉"。由此可知，丑角在昌黎地秧歌表演队伍中的分量最重，表演技艺也要求最高。丑的主要表演风格与特点是："肩要活，腿要变，挺胸收腹胯要端；步子轻，亮相缓，情绪幽默要自然；应变快，招数多，浑身是戏最灵活；跳蹦要轻盈，节奏要鲜明；脚下忙不乱，有蹲又有蹬；亮相多逗人，肩胯活又灵。"

　　㧟又称老㧟，是昌黎地秧歌表演中的女性行当，但扮演的主要是老婆婆和年纪稍大一些的妇女。老㧟是昌黎一带及东北一些地方的方言称呼，主要指的是老伴儿、老婆和老太太，带有一些半老徐娘之意。"㧟"字是由用胳膊㧟着筐、篮的动作演化而来。多年来，昌黎一带的方言土语多称"挎"为"㧟"。㧟比喻动作的形态非常形象。

　　昌黎地秧歌表演中的扽与丑角一样，分为文扽和武扽。文扽在传统的昌黎地秧歌表演中扮演的是身段灵巧、诙谐幽默的老婆婆一类的人物，显得比较稳重风趣。武扽在传统的昌黎地秧歌表演中扮演的是泼辣健壮的婆婆一类的人物，舞蹈动作比文扽大，显得比较泼辣，性情粗犷豪放。

　　第四个角色是公子。公子是昌黎地秧歌表演中的又一主要男性角色，大多表现秀才、书生一类的人物，基本与古代戏剧表演中的小生相同，又称"生"。生为戏曲表演行当的主要类型之一，扮演的主要是男性人物，根据所扮演人物年龄、身份的不同，又划分为老生、小生、武生等，表演上各有特点。而昌黎地秧歌表演中的公子角色，主要饰演的是小生，即扮演的为有点学问和身份的男青年。

　　昌黎地秧歌之所以确立妞、丑、扽、公子这四个表演行当，除了为区分不同的人物角色类型之外，主要是这几个表演行当均有不同的表演特点，而且在角色与角色之间能展开各种各样的戏剧性表演。正是这些行当之间组成纵横交错、此起彼伏、灵活多样的队伍，才使昌黎地秧歌的表演场面能够淋漓尽致地显现出幽默诙谐的艺术情趣和喜剧色彩，既有浓郁的戏剧情趣，又不同于以唱功为主的戏曲表演。

　　跑驴节目《傻柱子接媳妇》是昌黎地秧歌最具代表性的剧目之一，享誉国内外，1952年冬天，周国宝等老前辈们从赞美新社会、新生活入手，大胆改革、推陈出新，把《傻柱子接媳妇》改编成新的跑驴节目《喜回娘家》，使它以崭新的面目出现在人们面前。《喜回娘家》表现的是一个青年翻身农民护送妻子骑驴回娘家的故事。妻子骑着毛驴抱着孩子，丈夫赶驴相送。一路上，他们爬山下坡，跨沟涉溪，谈笑风生，相亲相爱，集中体现了贫苦农民翻身当家做主人以后的喜悦心情和对美好的生活、未来的憧憬。途中遇到一个河沟，小毛驴在通过时不慎陷入泥水之中，难以挣扎出来。恰好河沟附近有一个农夫拿着镐头正在开荒，见状急忙赶来，无私相助。农夫和丈夫齐心协力，想尽办法，终于使小毛驴挣扎出来，驮着媳妇和孩子重新上路。这一典型情节歌颂了团结友爱、互帮互助的新的时代风尚。整个表演充分体现了昌黎地秧歌特有的风趣和幽默，场面红火热烈，情节跌宕起伏，人物形象生动有趣，农村生活气息浓郁，有着强烈的地方色彩和不同凡响的喜剧效果。

群舞《炫舞畲风》以传统的昌黎地秧歌动作为蓝本，使地秧歌中的妞、丑、扎三个表演行当展示得更为充分，展示了民俗艺术的独特魅力，结合适当的故事情节，形象地再现了昌黎人乐观幽默、积极向上的生活态度和精神状态。它在央视三套《我要上春晚》栏目中，连闯三关并进入总决赛。2017年成为国家艺术奖励基金群舞资助项目。

（二）昌黎民歌

昌黎民歌与昌黎地秧歌同时诞生，已有五六百年的历史。昌黎民歌是昌黎人民世代承传的一种地方民间小调。演唱内容分为劳动号子、故事传说、爱情和生活四类。这四类内容的演唱各有技巧，有的见景生情，即兴编词；有的声里传情，通过绣、画来描述人的心理变化，但都强调用土嗓子演唱，突出味儿。早期的昌黎秧歌有扭有唱，人们也称其为唱秧歌。后来随着时代的前进、社会的进步和文化的发展，昌黎地秧歌就舞与唱分离了，秧歌只扭不唱，民歌只唱不扭了。昌黎民歌中的秧歌调就是原来扭秧歌时唱的。

昌黎民歌的演唱形式，分为秧歌调、单口唱和对口篇三类。其中秧歌调在群众扭秧歌时演唱；单口唱仅由一人，用一副竹板，自打自唱；对口篇由二人对唱，表演简单的剧情动作，后来发展为边舞边唱，并加以乐队伴奏，从而成为评剧的雏形。

昌黎民歌作为冀东民歌的主要部分，形成现在的演唱风格及润腔技巧，是千百年来勤劳、勇敢、智慧的昌黎人民文化创造的积淀，也是各民族、各地区文化交流融合的成果。昌黎民歌以现实生活或故事传说为主要内容，有着"上挑下滑"的、凸显"老奤儿"方言的旋法特点，以及婉转细腻且诙谐幽默的演唱风格。

昌黎民歌以当地方言为基础，用土嗓子演唱，这种唱法需要准确掌握卷舌音、嘟噜音、颤喉音、喉鼻音、补字音、滑音、装饰音、重尾音等八个环节的技巧。演唱时一般用二胡、扬琴、笙、琵琶、唢呐、笛子等民族乐器伴奏，如果是在村头院落演唱，只需一副竹板打唱或一把二胡伴奏即可。昌黎民歌的旋律以徵调式居多，其次是羽调式，宫调式较少，角调式最少，转调的曲子也较少，具有清新、优美、朴素的艺术风格。

（三）昌黎皮影

昌黎皮影，俗称为驴皮影、老奤影，因在河北东部，是集昌黎地方的民间美术、音乐、说唱等为一体的综合性的地方传统戏曲表演艺术。

昌黎皮影起源于辽金时期，经元、明两代传承发展，至清朝初期基本定型成熟，遍及永平府各州县，并影响周边地区。乾隆年间进入北京，因京城是全国各路皮影所向往的首善之地，被称为北京本路皮影。随着昌黎人去东北经商、习商者日增，昌黎皮影亦传至东三省经久不衰。

昌黎皮影的行当有别于其他戏曲艺术，称旦为小儿，称小生为生儿，称老生为髯儿，称净为大儿，称丑为花生儿。

昌黎皮影按用途可分为三类：表演类皮影、工艺品类皮影、收藏类皮影。

昌黎皮影影人的创意造型，借鉴庙宇神像，通过扩大头部、眼部，加长上肢，形成昌黎皮影独具昌黎民间美术特色的侧面造型和躯干的夸张结构。制作影人的原材料是净膜驴皮，经刮制、压平、阴干后，即可进行雕刻着色，着油后缝连而成。昌黎影人雕刻细腻，造型优美，既新颖别致，又栩栩如生，观之给人以耳目一新之感，深受世人喜爱。

（四）昌黎吹歌

昌黎吹歌是河北省昌黎县的地方传统鼓吹乐，昌黎三歌（地秧歌、民歌、吹歌）的重要组成部分。昌黎吹歌是人们极为喜闻乐见的一种鼓吹乐艺术，主要以唢呐吹奏乐曲，伴以一个堂鼓和一副小钹，较大场面引进笙、管、笛、胡琴等民族乐器进行烘托。昌黎吹歌有着与其他艺术形式不同的独特风格。它技艺精妙，内容丰富，善于表达喜、怒、哀、乐等思想情感，很多乐曲已被广大人民群众熟悉和喜爱。吹歌演奏的乐曲大体可分为三类，即秧歌曲、汉吹曲和牌子曲。

吹歌又称鼓吹乐、喇叭，是一种古老的传统民间音乐。鼓吹乐在全国源远流长，但流传到昌黎，实际是从清雍正年间广泛传开。在新中国成立以前，主要是婚、丧、嫁、娶和春节扭秧歌，聘请鼓吹乐乐队。新中国成立后，随着人民安居乐业，生活水平不断提高，每逢喜庆和节日开展文艺活动，都要动用鼓吹乐乐队，或者是农业丰收、工业革新，也往往聘请鼓吹乐乐队向领导机关报喜。在县委、县政府的大力支持下，县文化部门先后多次对吹歌进行了大规模的挖掘整理，组织了吹歌研究会，完善了吹歌艺术档案，举办了有影响的吹歌活动，鼓吹乐成为群众娱乐活动的一种主要形式。

昌黎吹歌既是昌黎地秧歌伴奏的主要乐曲，又可自成体系，单独吹奏。二十世纪五十年代，吹歌艺术伴随着昌黎地秧歌节目名扬国内外。这一艺术的发展在当时可称为鼎盛时期。受"文革"影响，吹歌艺术曾一度中断，吹歌艺人更是青黄不接，从而导致吹歌这种传统民间艺术的继承、发展出现了危机。

（五）抚宁吹歌

抚宁吹歌又称抚宁鼓吹乐，是一种源远流长的传统民间音乐形式，至今最少已有四百余年的历史。

民国年间，抚宁鼓吹乐以唢呐为主，加鼓、钹和其他乐器配合的形式，在民间婚丧、年节、迎送和庆典等仪式中演奏。抚宁鼓吹乐，在农村被称为鼓乐，群众把鼓吹乐艺人叫作吹鼓手或喇叭匠。它遍及抚宁农村，为广大群众所喜爱，是抚宁的代表乐种。抚宁鼓吹乐主要用于婚丧嫁娶、年节喜庆、典礼仪式和民间舞蹈（秧歌）的伴奏，有时也为商业服务，在舞台上演出，新中国成立后更加兴旺起来。

抚宁鼓吹乐历史悠久，源远流长，乐器形制极为特殊且种类繁多，乐曲丰富多彩，极具古韵。历史上鼓吹乐名人辈出，他们在冀东和东北三省久负盛名，至今仍被人们传为佳话。可以说，抚宁鼓吹乐对中国传统音乐学、律学、音乐史学、民俗学等，都有着极高的研究价值。

（六）抚宁太平鼓

抚宁太平鼓在整个冀东地区传统舞蹈中占有十分重要的地位。因鼓的形状像葵扇，故又称扇鼓，流传在抚宁区的太平鼓因冠以地名而得名。抚宁太平鼓起源于汉代，成熟于唐宋，兴盛于明清，清代中叶已广为流传，且为妇女所舞。《永平府志》曾记载清道光十四年（1834年）元宵节盛况："元宵花鼓响咚咚，士女欢腾庆年丰。点缀太平春宝贵，满城大树月灯红。"

作为一种传统舞蹈，抚宁太平鼓分为舞蹈表演和太平鼓演奏两大部分，用于年节喜庆等场合，在炕头、屋内、庭院、广场、舞台均可表演。抚宁太平鼓是边舞边击鼓的鼓舞，主要表现了广大人民群众同享太平、庆贺丰收的喜悦心情。其舞蹈形式可分为独舞、对舞、轮舞、群舞等多种；队形变化有夹寨子、串门子、龙摆尾、四季平安、四面斗、八面风等二十余种；舞步有踏步、虚步、碎步、进退步、横挪步、别腿步、交叉步、十字步等三十余种，并利用逗趣、偷看等表演动作使得舞蹈更加活泼、诙谐、朴实。抚宁太平鼓没有其他伴奏乐器和唱腔、唱词，为女性所专用。

太平鼓是抚宁太平鼓舞中的唯一道具，同时它又是唯一的伴奏乐器，由于鼓的形制大小不一、演奏方法和演奏部位不同，既可演出单一的音高和音色，又可演奏出混声的音高和音色。演奏方法有独奏、重奏、对奏等二十余种，鼓点有太平点、弹棉花、嗑瓜子、翻锅盖等四十余个。两人以上的演奏又可奏出多种交替的节奏，技艺高超的艺人还可以演奏出各种复杂的复节奏。

抚宁太平鼓是河北省冀东地区优秀的传统舞蹈，其丰富的内容和古老的历史，在全国其他同类鼓舞中实属罕见，将对丰富和完善我国舞蹈史，弘扬整个河北省乃至全国传统舞蹈产生积极的作用。

（七）卢龙伦派地秧歌

卢龙县地处河北省东部，是一座拥有着三千六百多年历史的文化古城。在这古老文明的土地上，不仅滋养出卢龙仁义淳朴的风俗民情，更是积累了丰富的民间音乐文化传统，经过一代一代民间艺人的传承，这些从乡间田野里生长出来的民间艺术恣意张扬着鲜活灵动的生命力，成为这块土地上不可多得且引以为傲的宝贵财富。久负盛名的伦派地秧歌，就是这些丰富多彩的民间艺术中的一朵奇葩。

"伦派地秧歌"是河北省第五批非物质文化遗产项目，以著名的民间秧歌表演艺术家伦宝善姓氏命名。伦宝善，卢龙县闫大岭甸村人，是享誉关内外的一代秧歌名"丑"。因其表演技巧细腻精湛，集扇花、身段于一身，融表情、韵味于一炉，在冀东一带被同行们誉为"西北派"，并在卢龙、滦县、迁安一带深受欢迎，就此形成了独特的"伦派"风格。

1956年3月，在全国民间文艺会演中伦宝善到怀仁堂为毛泽东、周恩来、朱德等党和国家领导人进行专场演出，荣获个人表演一等奖。周总理称伦宝善的表演小巧玲珑，满堂是戏，鼓励他将秧歌这一民族传统文化传承下来并发扬光大。

伦派地秧歌主要包括妞、丑、扩、公子等行当，尤以扮丑、文扩为最佳。

（八）青龙猴打棒

猴打棒俗称打梆子，流传于青龙满族自治县西南部长城沿线，尤其盛行于三拨子、凉水河、白家店、肖营子、七道河等乡镇，是一种具有独特艺术表演风格的民间舞蹈，分为舞台表演、秧歌走街打场和广场文艺表演等形式。表演者以不同表演形式把民间热烈、欢快、优美的独特舞蹈风格、击棒技巧与唢呐打击乐伴奏浑为一体。猴打棒场面宏大，舞姿舒展，动作灵敏粗犷，节奏明快，给人以美的享受和振奋向上的启迪，深受广大群众的喜爱，是满族民间艺术的一朵奇葩。

据考证猴打棒已有三百多年的历史，相传康熙年间，满族正蓝旗"跑马圈地"于此，以猎为生。满族人民认为孙悟空降妖捉怪、除恶扬善，还认为穿黄布衣、敲花椒木棒能驱魔逐妖，因而扮成戏曲中孙悟空的模样表演猴打棒，由击棒驱兽、降妖避邪的民俗活动演进成现在的民间舞蹈猴打棒。满族人为保人丁平安，平时进山敲击木棒，以震虎狼。夜晚及逢年过节，由两人装扮成神话故事中的"顽猴"，手持双棒，跳跃、呐喊、击棒，模仿降妖驱邪的动作，保佑人丁四季平安，猴打棒由此得名。

猴打棒是青龙满族人民自编自演的民间舞蹈，体现了青龙满族儿女生产生活、风俗习惯、宗教信仰以及对美好生活的憧憬和追求，深受人们喜爱。猴打棒蕴含了丰富和深厚的民族地方文化内涵，是探索研究满族人民生活情景的珍贵文化史料，是民族民间舞蹈表演艺术的一个典范，具有很高的学术价值和艺术价值。同时，它是广大群众普遍喜爱的一项民族民间舞蹈艺术，具有很强的群众性，通过普及猴打棒艺术活动可以愉悦广大群众身心健康，不断提高群众文化生活水平。

小结

非物质文化遗产是人类的宝贵财富，我们要承担起创造、保护、传承和发展非物质文化遗产的历史使命。

一直以来，习近平总书记高度重视文物和文化遗产保护工作，曾在不同场合多次对文物和文化遗产保护工作作出重要指示：文物和文化遗产承载着中华民族的基因和血脉，是不可再生、不可替代的中华优秀文明资源。要让更多的文物和文化遗产活起来，营造传承中华文明的浓厚社会氛围。要敬畏历史、敬畏文化、敬畏生态，全面保护好历史文化遗产，统筹好旅游发展、特色经营、古城保护，筑牢文物安全底线，守护好前人留给我们的宝贵财富。文化自信，是更基础、更广泛、更深厚的自信，是更基本、更深沉、更持久的力量，中国有坚定的道路自信、理论自信、制度自信，其本质是建立在五千多年文明传承基础上的文化自信。

付岗

　　燕山大学经济管理学院旅游系副教授，硕士生导师，毕业于英国埃及希尔大学。中国旅游创业家协会常务理事，秦皇岛市党外智库专家，秦皇岛旅游协会副会长。先后主持和参与国家和省部级科研课题十余项，发表学术论文三十余篇，承担地方政府和企业研究课题三十余项，出版教材十部。

中国旅游业产业链的变迁

我们一起来讨论中国旅游业产业链的变迁。

中国的旅游业现在正在面临着一个巨大变革，这个巨变也将引领全世界旅游业的巨变。有三大宏观动力正在推动着中国旅游业的巨变。

第一个是消费升级。消费升级是指消费者从初级旅游消费逐渐转向中高端旅游消费的一个升级过程。在需求升级的过程当中，消费者的消费规模、消费能力、消费偏好、产品选择都呈现了一个与以往大不相同的变化，这个变化的过程遵循由量变到质变的发展规律。需求升级是中国旅游业正在发生巨变的一个根本性的动力。

第二个是新技术的应用。从移动互联网到大数据这一系列新技术的应用，帮助消费者的产品选择和消费决策更具科学性、实用性，同时也为旅游企业提供更加便捷和多样的产品展示、用户沟通、线上预定和线上支付等方面的技术产品。

第三个是资本的青睐。从产业资本到金融资本，对旅游业都产生了强烈的投资欲望，从方方面面进入旅游产业中，所以给旅游业又提供了诸多的新资源、新产品、新的消费方式。

这三个宏观动力综合在一起，就使中国旅游业正在经历着一个巨变。传统的旅游产业链正在不断地被打破、被补充、被完善。

接下来我们就讲一下传统的旅游产业链的结构。

　　传统的旅游产业链由两个子系统构成，一个是客源地系统，由居民和组团社构成；一个是目的地系统，由地接社、单项产品供应商构成。在这两个系统之间由旅游交通来衔接。所以在传统的旅游产业链当中，我们可以看到主要的企业形式有旅行社、景区、酒店、餐馆、度假区构成。消费方式是由目的地的地接旅行社向单项产品供应商购买单项产品进行组合，形成一个线路产品，地接社在线路产品的基础上加上预期利润，然后把这个产品卖给客源地的组团社，而客源地的组团社基于他自己的利益需求进行加价，把它卖给居民。在这个阶段，所有的居民想外出旅游，只有通过旅行社这一种渠道。旅行社所提供的产品基本上有三大特征：包价、观光和团队。这也是托马斯·库克刚刚创建近现代旅游业时的最初的产品形式。

　　综上，是传统产业链的结构。

　　随着互联网的出现，旅游网站开始大量进入市场。旅游网站为旅游者提供了产品信息和价格信息，还有目的地信息，包括天气、人口、社会、文化、经济等综合性的信息。因此当旅游网站出现了之后，许许多多的消费者可以摆脱传统旅行社这一单一的信息获取渠道，而转向网上、转向旅游网站。随着电子支付这一个功能的普及，人们不但可以在互联网上获得信息，还可以在互联网上预订产品并进行支付。所以当互联网进入旅游业之后，尤其是以携程、艺龙等为代表的旅游电子商务网站出现之后，居民直接来到了互联网上购买单项产品，摆脱了旅行社。这个时候的旅游交通就从衔接目的地系统和客源地系统的功能性作用转化成了一个单项产品。当然这也是在我们的交通票务可以在网上直接预订这样的基础之上形成的。

　　在新兴产业链的发展过程当中，涌现出了各种各样的旅游网站。

有专门以卖机票和客房为主的网站，如携程；有以卖旅游景区门票为主的网站，如早期的驴妈妈；有以卖餐饮产品为主要经营内容的，如美团、大众点评；后来又出现了专门向消费者提供旅游攻略的网站，如马蜂窝等。也就是说，当旅游业和互联网融合到一起之后，我们传统的旅游单项产品开始实现网上销售，这就形成了新的消费模式。居民在网络上可以自由订购单项产品，甚至获取某一个陌生目的地的行程攻略，这就构成了一个全新的产业链形式。

那么传统的产业链和新兴的产业链之间是一种什么样的关系呢？新兴的产业链对传统的产业链不是替代关系，并不是新兴的产业链完全取代了传统的产业链，而是二者并存，相互补充。为什么？因为它们是服务于不同的细分市场。尽管移动互联网给我们的出行、给我们的旅游生活带来了诸多的方便，但是依然会有这样的人群，他们会以团队报价的方式出行。比如说老年人、企业团建等，他们依然会以团队的包价方式出行，因此旅行社的作用依然存在。

据不完全统计，在疫情暴发之前，中国的外出旅游者在互联网上预订产品的比例已经超过85%。因此尽管传统的产业链依然存在，服务于不同的细分市场，但新兴的产业链占据了主导的地位。

接下来我们再谈另外一个问题，由于中国旅游业的快速发展，旅游人群规模和质量的快速发展，吸引了大量的相关产业开始投资旅游业，开始进军旅游业。在这个过程当中，它们不仅把资本投入旅游业，还把产业自己的资源投入旅游业，给旅游消费者带来了全新的旅游产品，我们可以把这一类的产品叫作旅游新产品。除此之外，还有消费方式和企业的经营方式，甚至创造了新的企业形式，我们把这一类叫作新业态，我们将在后面详细讲什么是旅游新业态。

我们来举这样的几个典型的产业，看它们是如何和旅游业进行融合的。

交通运输业，在传统的旅游业发展阶段，交通运输仅仅是通过一般的航空、铁路、公路、航运，为旅游者提供空间的转移，到了现在这个阶段，交通运输业本身就为旅游业提供了产品，为旅游者提供了产品。例如游轮，已不再是仅仅为了转移消费者，更成了一个较为高档的旅游消费产品，游轮本身就是一个旅游目的地，是一个旅游的消费场所。再如观光铁路，近几年我们的很多地方铁路部门开通了观光铁路线路，会把一节车厢变成若干个客房，我们外出旅游无须再住酒店宾馆，移动的铁路列车就是一个酒店。目前比较著名的有新疆的乌鲁木齐号，还有去东北大草原的呼伦贝尔号。还有房车旅行，一辆汽车已经转化成一个住宿产品，它可以带着消费者在房车营地进行驻停，房车营地为我们的车辆提供各种各样的维修保养服务，为我们的游客提供生活服务。这是交通运输业带着自己的资源和资本进入旅游业，提供了诸多新的旅游产品。

工业，也给我们提供了许多资源，例如一个遗弃的厂房，我们可以把它发展成工业遗产旅游地，一个工厂可以给我们提供工业观光体验旅游。

农业，也给我们旅游业带来了许多新的产品，主要形式有农业观光、农事体验、风俗风情、田园休闲度假旅游等。

房地产业，也同样给我们提供了新的资源和产品，旅游景区、旅游酒店、休闲度假区、特色小镇、旅游综合体的建设开发都离不开房地产业，还有古建的建设与修复等。

咨询业，也为旅游业作出了它应有的贡献，包括旅游资源规划、旅游产品规划、IP 设计与运营、企业形象设计等。

体育产业，也给我们提供了旅游产品，包括体育赛事旅游、参与性体育旅游、冒险性体育旅游、健身性体育旅游、康复性体育旅游。

医疗健康产业，也为旅游业提供了新的产品和消费形式，包括康复、养老、休养、医疗护理等。

教育产业，也为旅游业带来了新的资源和新的产品。包括研学营地、游学旅行、文化旅游等。

文创产业，也同样和旅游业产生了融合，为我们的旅游业提供了动漫产品、表演艺术、视觉艺术、传媒广告等，也是为旅游企业提供了新的资源和新的经营消费模式。

那么除了上述这些为旅游业提供产品和资源的产业之外，还有另外两个重要的产业，为旅游业的发展也注入了全新的动力。一个是信息产业，对旅游业的支持作用主要体现在旅游者的信息化、旅游企业的信息化、旅游行业管理的信息化、涉旅游企业的信息化、旅游产品交易的信息化、信息化的社群、旅游大数据等。信息产业为旅游业的发展更多提供的是技术性的支持和保障。另外一个重要的产业是金融产业，金融产业可以为旅游者提供居民消费贷款，也可以为旅游企业提供投融资，具体表现为政府投资、银行贷款、企业上市、众筹等。

因此，传统的旅游产业链，在新兴的旅游产业链以及其他产业共同作用下，形成了一个全新的产业结构，全新的产业链条，将对我们中国旅游业的未来发展起到非常重要的促进和引导作用。

接下来，我们还要引入一个概念，旅游新业态。为什么我们要谈旅游新业态？因为在新的旅游产业链构建的过程当中，所有的新业态都有可能成为未来旅游产业链当中的组成部分。但是现在的新业态还在发展当中，哪些新业态将成为未来产业链当中的重要组成部分，还需要市场的发育，还需要政府的引导。

我们来介绍一下什么是旅游新业态。旅游新业态是指旅游围绕市场的发展和消费需求与其他产业不断融合创造而产生的新的旅游产品及消费运营形式。具体可以分为四大类，第一类是新的旅游组织形式，也可以把它理解为新的企业形式。也就是说在未来的新的旅游产业链当中，企业形式将不仅仅局限于景区、酒店、旅行社、餐馆，可能还会有更多的来自其他产业的企业形式与旅游产业的企业形式融合之后，创新出的新的企业形式。这种新的企业形式将成为未来为旅游者提供旅游产品的主要供应方。

第二类旅游新业态是指新的旅游产品形式。是由消费升级、新技术应用和资本青睐，以及其他产业融入而形成的新的产品。如民宿，就是在外部因素共同作用下所产生的新的住宿产品；再如研学旅行，就是旅游加教育所形成的新的旅游产品；还有康养旅游，是由医疗健康产业和旅游业融合形成的新产品。这样的新产品会越来越多，为旅游者的外出旅行提供更多的消费方式和旅游生活方式。

第三类旅游新业态是指新的旅游经营形式。一个新的产品和新的企业，必然带来新的商业模式，从产品设计、产品推广、品牌塑造，包括支付预定、服务模式、盈利模式等所有在经营过程当中所形成的模式，都可能被纳入新的旅游经营形式当中来。

第四类旅游新业态是新的旅游资源形态。我们过去的旅游资源主要集中在传统的自然资源和人文资源两个方面。随着旅游业的发展，消费者的需求越来越宽泛，越来越深层，于是我们的许多社会层面的、城市建设层面的，甚至包括科技、生产、健康、生活等许许多多非传统资源，将成为新的旅游消费者所喜欢的新的资源形态。例如一个工厂，它的生产过程就可以成为旅游资源，形成一个产品，吸引大量的旅游者去了解企业的生产过程。再如某一项科学技术进步带来的科技产品，只要能给消费者带来一种科技体验，就可以转化成旅游产品。还有城市的街道、建筑、博物馆和各种各样的文艺演出都可以成为新的旅游资源，进而演化成旅游生活方式。

以上我们总结了旅游新业态及其四种类型，那么新业态和新产业链是怎样的一种关系呢？

新业态加传统业态就等于新的产业链。在 2018 年文化旅游合署办公之后，我国旅游业发展进入了文旅发展阶段，也进入了全域旅游、全产业旅游的一个新的发展阶段。我们正处于新的发展阶段的初期，产业链正处在进行探索、形成、发展的过程当中，在这个阶段所有新的业态都要和传统的业态进行融合，进行裂变，丰富到新的产业链当中来。

那么，何时将形成新的旅游产业链呢？相信在政府的政策引导下，在我们旅游业同人的共同努力下，不久的将来我们将看到一个具有中国特色的、全新的、在国际旅游市场当中具有强劲竞争力的新的产业链的出现。那个时候我们的中国旅游业将真正地完成历史性的转变。

秦皇岛在我国旅游业发展过程中的地位与作用

我们一起来回顾我国旅游业的发展历程，以及秦皇岛在我国旅游业发展各个阶段所起到的作用和作出的贡献。

人类的现代旅游业发源于英国，由著名的企业家托马斯·库克创建。随后在欧洲、北美、日本等这些当时工业化的国家里面快速普及，诞生了很多旅游企业，也产生了很多旅游产品。中国到了 1923 年，由爱国银行家陈光甫创建了第一家旅行社，现在我们把它叫作中国旅行社。由此我国的旅游业开始了它漫长而辉煌的发展历程。

时间来到了 1949 年，新中国成立之后，当时的国际环境和国内的经济环境并不允许我们的国民有大量的外出旅行的机会，所以这样的需求也并没有被市场满足。但是这个时期，我们的国家依然要接待大量来自友好国家的国民进行访问、技术交流、文化交流，于是在 1949 年，新中国的旅游业正式开始了。

从 1949 年到 2018 年，我们可以把我国旅游业的发展分为两个大阶段，四个小阶段。

两大阶段是国需阶段和民需阶段。按时间划分即 1949 年到 1997 年为国需阶段，旅游业的发展以满足国家政治和经济需要为主体目标。1998 年到现在为民需阶段，旅游业的发展以满足国民的旅游、文化和生活需要为主体目标。国需阶段以 1979 年为界，又可以分为国家政治需要和国家经济需要两个小阶段。民需阶段以 2018 年为界也可以细分为国民旅游需要和全方位的生活需要两个小的阶段。

接下来，我们将每一个阶段作一定的解读。

我们先来看第一个小阶段 1949 年到 1978 年，这个阶段的特点是国家政治需要。这个时期由于西方各国家对新中国的制裁，同时新中国经济刚刚开始起步，国内政治、文化甚至安全环境都存在一定的不稳定因素。但是为了接待国际友好人士，尤其是海外的华侨华人等这一批回国来投资、生活、进行文化和科技交流的友好人士，我国在 1954 年成立了中国国际旅行社总社。

此时，旅行社是以政治接待为主的事业单位，主要是接待国际友好人士。因此它是因国家政治需要而产生，以外事接待业务为主，实际上代行了政府管理职能，可以不计成本，不求利润，它完全不按照市场规律来进行产品设计、国际营销和企业运营。所以这个时期，我们的旅游业还处于为了政治服务的单一的组织形式、单一产品形式、单一服务形式的阶段。1957 年，成立了华侨旅行服务社总社。1964 年，成立了中国旅行游览事业管理局，直接隶属于国务院，和中国国际旅行社总社合署办公。1974 年，中国旅行社和华侨旅行服务社总社又实现了合署办公。

总而言之，这个时期我们的旅游业发展不是以创汇，不是以经济收入为主要的目标，更多是为了外交，为了国家政治发展的需要。

这个时期我们秦皇岛是一个什么状态？

在新中国成立后，秦皇岛成了国内第一个由国务院批准的休疗基地。当时我们北戴河主要是接待来自全国各地的各个行业的劳动模范、战斗英雄。因此，在这个时期，用现代的观点来看，北戴河是一个高端旅游目的地，是普通百姓可望而不可即的地方，本质上它依然是被国家政治需要的地方。

到了 1979 年，我国进入了改革开放初期。这个时期，国家要大量引进国外的先进技术、先进设备、先进产品。而这个时期我们国内并没有足够的外汇储备来支撑我们在国际市场购买这些产品。于是在当时的产业目录当中去寻找有哪些产业或者企业能够低成本、快速、高效地在国际市场上赚取外汇。于是把目光瞄准了旅游业。

1979 年至 1997 年这个阶段，我国的旅游业发展目标是为了赚取外汇，事业单位逐渐转变成了企业单位，形成了产业初期的某些特征。当时为了发展旅游业，我们派遣了大量的专家学者到欧美去进行考察。按照国际惯例，国家的旅游业发展为三大市场：国内旅游市场、入境旅游市场和出境旅游市场。而 1979 年改革开放时期的社会经济环境并不允许我们自主来开发国内市场和出境市场。于是我们这些专家学者们把国外入境旅游的理论方法、产品、服务以及企业的经营模式引进了国内，我国开始着力发展入境旅游，而暂停了国内旅游和出境旅游。这就使我们在 1979 年形成的旅游产业和国际上基于历史习惯形成的丰富、完善的产业结构相比，简单了很多。我们主要由景区、酒店、旅行社这三类旅游企业构成了当时重点开展入境旅游的产业结构。

在这个时期主要发生了这样几个重大的事件。第一个是 1982 年中国旅行游览事业管理局改名为国家旅游局，随后在全国的各省市相继成立了旅游局。到了 1985 年，旅游业被正式列入国民经济和社会发展计划当中。到了 1992 年，第一次把旅游定位为产业，并纳入"八五"的计划当中来。所以这个阶段，从 1979 年到 1997 年，我们依然是国家需要，但不是政治需要，是国家赚取外汇这样的经济需要。

以上这两个阶段就是我们所说的国需阶段。

时间来到了 1999 年，国务院颁布了新的法定假日安排，于是我国国民可以一年享受五一、十一和春节三个黄金假期。政府关于法定假日的政策调整，意外地引发了 1999 年我国国内旅游的火爆。可以说，从中央政府到地方政府，从旅游企业到旅游目的地，从产品到服务都没有做好准备。这完全是由市场需求自发形成的一个庞大的规模。这样的一个市场爆发，又催发了旅游业内部产品与服务、企业经营管理模式、资源利用方式的变革与升级，更吸引了大量的人员开始到旅游业中就业。

在这个阶段发生了几件标志性事件。

1998 年，旅游业被列为国民经济新的增长点。虽然 1985 年旅游业已经被列入国民经济和社会发展计划当中，但并不意味着国家重视旅游业的发展，因为它对国家经济建设的贡献还没有完全体现出来。到了 1998 年，才把旅游业列为国民经济新的增长点。也就是国家将旅游业的发展定位为扩大居民收入、增加国家 GDP、提升国际服务贸易的重要支柱性地位。

2009 年，国务院颁发了《关于加快发展旅游业的意见》，这是新中国六十年历史中，国务院第一次单独颁布关于旅游业发展的重要文件，极大地促进了旅游业发展。

大概在 2010 年的前后，依然是在各方没有做好准备的情况下，另外一个旅游市场也突然火爆了，那就是出境旅游。那几年，大量的国民走出国门，走向了全球，到东北亚、北美、欧洲，甚至非洲和南极。出境旅游的爆发，标志着我国由入境旅游、出境旅游、国内旅游三大市场构成的完整产业链的形成。

2013 年，移动互联网技术在手机端的应用又催发了我国旅游业的另外一个爆发点。通常业内把 2013 年称为中国移动互联网元年，也就是我们的手机完全可以取代电脑，在网上去查询产品信息，进行预订和支付，这就是我们所说的"O2O（线上到线下）"的模式。移动互联网技术的广泛应用，使我国的在线旅游实现了规模化的突破。

回顾一下，从 1998 年到 2017 年这一段时间里，我们的国内旅游爆发了，出境旅游也爆发了，国家也出台了关于快速发展旅游业的相关意见和政策，在假日制度上，我们也有了相应的制度保障，这些使我国的旅游业开始了真正的市场化。

1979 年到 2017 年这个阶段，在秦皇岛，关于旅游都发生了哪些事情？有哪些事情是值得我们自豪的？

我们已经知道，改革开放之初基于经济需要，即赚取外汇的需要，国家把目光投向了旅游业，首先就关注到了我们的北戴河。1979 年 2 月，党中央、国务院决定把北戴河休养区拨给旅游部门接待外宾使用，这是一个创新的举动。随后，庐山、杭州、济南、大连纷纷效仿。可以说，拉开我国发展现代旅游业序幕的多个场景中，北戴河是其中重要的一个。

1979 年 7 月 1 日，中国国际旅行社北戴河旅游公司正式开业。三个月后，公司共接待了国外游客 2766 人，接待国内游客 2171 人。也就是在我国刚刚开始决定发展入境旅游的时候，北戴河就走在了全国的前面，北戴河的许多做法也被国内的其他城市、其他的休养区所效仿、学习。

同年，又一件关于我国旅游业的重大事件发生了。那就是 1979 年的 9 月，在北戴河召开了全国旅游会议。这是第一次全国旅游会议，制定了新时期旅游发展的规划，进一步明确了大力发展旅游业的方针。这一次会议是北戴河旅游发展史上的一个里程碑，也是我国现代旅游发展史上的一个里程碑。所以，秦皇岛在我国旅游业发展过程当中扮演着非常重要的角色。

1979 年到 1997 年，秦皇岛就开始进入旅游观光阶段。一般来看，按照旅游供给市场、旅游需求市场的发展，我们可以把旅游市场发展分为三个阶段。第一个是观光阶段，其特点是"团队 + 包价"，由导游员带着游客进入景区进行讲解。这是旅游业发展初期最具有代表性的初级产品形态。

第二个阶段是休闲阶段。休闲旅游者已经不满足于看什么、听什么，而是需要一些健身活动、文化活动、游乐活动来使生活质量得到提升。这是旅游业发展过程中最具有代表性的中级产品形态。

第三个阶段是度假阶段。度假阶段是在观光休闲的基础之上，人们会长期居住在某一个环境优美、服务质量比较好的环境当中，相对较少流动地进行休养和娱乐的旅游方式。

秦皇岛在这三个发展阶段中，都有出色的表现，都有重要的贡献。观光旅游阶段，主要的代表是天下第一关、老龙头、孟姜女庙、角山以及北戴河海滨等景区。而天下第一关与老龙头景区在当时，从收入到管理一直处于国内领先的地位。北戴河海滨也是这个阶段游客重点关注的一个景区，在这里可以欣赏大潮坪、鸽子窝、联峰山。总而言之，在观光旅游阶段，秦皇岛的表现不错，对我国的旅游业发展作出了重大的贡献。

休闲旅游阶段，秦皇岛主要代表企业和产品是 1996 年开业的南戴河国际娱乐中心。它不是以观光为主的景区，这里有大量的游乐设施，适合孩子、年轻人、中年人的机械化游乐设施。南戴河国际娱乐中心成为河北省第一个营收过亿的企业，辉煌二十多年，并被诸多企业效仿。

度假旅游阶段，秦皇岛的代表性事件是 2013 年阿那亚社区文创小镇正式营业。阿那亚代表的是度假旅游，它是以旅游地产为基础，把文化、休闲、社区、网络、生活、艺术等许许多多人们生活当中所需要的要素聚集在一起，形成了一个核心产品。阿那亚也是我国度假旅游中一个非常知名的品牌。

从 2002 年到 2017 年，秦皇岛旅游业接待人数呈曲线增长。

从 2018 年开始，我国旅游业就进入了第四阶段，即文旅发展阶段。该阶段的发展目标是满足人民日益增长的对美好生活的需要，提高人民生活水平。而旅游业作为能够满足人民日益增长的对美好生活需要的一个有效手段，成为提高人民生活水平的一个重要产业。这个时期的特点是发展全域旅游，文旅融合，以文促旅，以旅彰文，打造新的旅游产业链。

该阶段的代表性事件是 2018 年国家旅游局和文化部合署办公，组建了文化和旅游部。同年国家颁布了关于促进全域旅游发展的指导意见。2021 年，国务院颁布了"十四五"旅游业发展规划。这些事件的发生，标志着我国的旅游业进入了全域旅游、大众旅游和全产业链旅游发展阶段。

那么，进入文旅发展阶段，秦皇岛的代表产品会是什么？

现在还无法下定论，我们都在期待着秦皇岛有一个全新的产品模式以及全新的企业品牌，能够在文化旅游发展阶段，继续为我们秦皇岛的旅游业，为我们国家的旅游业发展作贡献。

接下来我们来讨论一下不同的旅游业发展阶段，它对资源利用方式的变化。

在观光阶段，我们主要的资源利用方式是建一个传统的景区。传统的景区服务相对单一，是基于资源以满足观光需求的资源利用方式。休闲阶段，对资源的利用方式就是以某种自然资源、文化资源或者工业化产品为主要的吸引物，同时在景区内构建相应的餐饮、住宿以及相关的文化服务。度假阶段，资源的利用方式是综合性地开发，往往是基于一个良好的居住环境，把消费者在环境度假过程当中所需要的各种生活服务和产品聚集在一起，形成一个能够满足消费者观光、休闲、娱乐、生活的综合区域。

进入文旅发展阶段，代表性的产品模式是文旅综合体。它涵盖了前三个阶段的基础功能，观光、休闲和度假。重要的是把大量的文化内容、文化产业业态、文化产业的产品聚集在综合体当中，形成一个综合性的产品形式。综合体根据它自己主要核心资源的不同，又可以进行多样化的主题发展，例如田园综合体、古镇综合体、工业综合体、康养综合体、教育综合体、科技综合体等。这种综合体的发展模式目前在我们国家各个地方大家都在探索试验，虽然尚没有完全成熟，国家也没有对综合体出台相应的产业制度，但是相信在未来的一段时间内，我们的综合体的发展将会是我国旅游业发展的一个全新的产品和服务的模式，将会对我国的旅游业作出更大的引领性的贡献。我们也相信秦皇岛在未来的文旅发展阶段，会有代表我们秦皇岛高水平和地域特点的有竞争力的企业或者品牌出现。

曹凯

男，汉族，祖籍山东，1975年12月生于辽宁营口盖县（现盖州），燕山大学继续教育学院旅游管理专业毕业，曾在海军北海舰队服役。2000年入职北戴河区旅游局，历任股长、主任，现任北戴河文保所副所长，从事北戴河文物保护工作。曾任北戴河诗词协会副主席兼秘书长，对北戴河历史文化有较深研究，北戴河地方学者代表人物之一。

北戴河近代建筑历史分期

　　中国近代建筑发展史划分为四个时期：传入期，鸦片战争到甲午战争（1840—1895）；形成期，甲午战争到五四运动（1895—1919）；繁盛期，五四运动到抗日战争全面爆发（1919—1937）；凋零期，抗日战争全面爆发到中华人民共和国建立（1937—1949）。北戴河近代建筑相关活动始于1893年，真正开始建设始于甲午战争后，1933年日伪势力统治北戴河后停滞。这一时段基本上为中国近代建筑的形成期、繁盛期、凋零期所涵盖。

　　北戴河近代建筑史可分为前公益会时期（形成期：1895—1919）、公益会时期（繁盛期：1919—1933）、后公益会时期（凋零期：1933—1948）。三个时期分界点为1919年公益会成立和1933年日伪势力侵入北戴河，公益会将行政权力移交给北戴河海滨自治区公署。

前公益会时期

　　北戴河的开发始于十九世纪末。直至清末，这里"乃一荒僻乡村，交通往还不便，文人学士罕至其地，是以不甚着闻于世"。1891年，英美传教士来此传教，基督教传入北戴河。光绪十七年（1891年），英国工程师金达测勘津榆铁路路线来到此地，见其风景旖旎，沙软潮平，气候宜人，他以一个西方人的观点，认为北戴河海滨非常适宜避暑休养，便怂恿铁路包工杨季琳等大举购地建房。再加上金达等人在京、津一带极力渲染，各色人等纷纷来此购地筑屋。

"中日战事起，屋毁于兵。光绪二十一年，柯克思、吐纳耳二人复建屋焉。自是而土木日盛，亩地之价，至值银币二千余圆。光绪二十二年，有西人司德涯（J. Stewart）者，购地于泰河口，伦敦美国公理会及监理会，亦于灯塔角之旁近购地，而名之曰石岭（Rocky Point）。英国监理会中人，则购地于锚石湾（Anchor Rock Bay）。侨居外人，沓来纷至。故在光绪二十六年之前，滨海之地，若联峰山麓，若灯塔附近，若东峰（East Cliff）即东联峰山，皆已有地主矣。"

"相传最初卜筑者，为英教士史德华（J. Stewart）。彼形似砦堡，高踞联峰山之东峰者，为英教士甘陵之所居，是为西人卜居海滨之始。"

在金达发现北戴河海滨适宜避暑休养的同时，另一在冀东传教的英国人甘林到达了北戴河，1895年，甘林租下联峰山东峰鸡冠山约四百亩的全部山地，次年盖起了两座别墅，其所居住的山峰也因之被称为"甘林山"。

继甘林在海滨建房后，来此避暑的外国人士逐渐增多，"然购地之权利，教会耳、华人耳。外人之为教士为商贾者，非以教会名义购之，不可。即不然，亦必以外人所延华人之曰买办者，出名承受，而转鬻于外人也。监理会以为不便，乃别组石岭会，以监理会名义购地，转赁之于会友焉"。

据史料记载，1896年，北戴河海滨已建成避暑别墅二十余栋。

在光绪二十四年（1898年）正式辟北戴河海滨为避暑区，并勘定"戴河以东至金山嘴沿海向内三里及往东北至秦皇岛对面为各国人士避暑地，准中外人杂居"，"外人乃得自由购地，投主管领事署注册，而除教会购地之限矣"。

1898 年，外国人援引不平等条约，购买土地，兴建别墅。居住在北戴河海滨中部的美以美会、长老会、灵修会、内地会、基督教会、伦敦会等教会中的首脑人物，成立自治管理组织"石岭会"。石岭会成立后，大肆收购土地，租地建房，制定章程和规定，管理辖区大小事务，喧宾夺主，干涉地方政权。

随着清政府消极对外开放政策的执行，越来越多的中外人士从各地来海滨避暑。据《字林西报》1899 年 7 月 14 日开始连载的《中国避暑地——北戴河》记载：

"目前我们居住在三个地方：1. 斯图尔特地（史德华地）；2. 石岭；3. 东海滩，是我们主要的居住位置。这三个地方名称的来源是西方人的定居地和村庄附近的位置。

"第一个是一名苏格兰人最早在这一地区建造了房子，所以用他的名字"斯图尔特地"命名这一地区。大部分的天津地质工作者在这儿建造房屋。现在的小区拥有三十多套住宅。……

"第二个是……石岭，是距这里两英里以外的地方。它位于刘庄和草厂村之间，是一群专业的传教士的定居地。……总共有四十到五十个住户，大部分是简陋的，摇摇欲坠的房子……

"第三个是……东海滩，它最初由一些传教士作为土地投资，坐落在高高的悬崖上俯瞰浅湾，往东可以看到秦皇岛，而不是南部老的定居点。最近的村庄是单庄，虽然仅有两年的时间，已建有将近二十个房屋，包括大型建筑作为酒店或公寓，但其中除了普通住宅外并没有太明确的目的。

"我们要完整统计建筑数量，就要加上俄罗斯修道院长在灯塔处建造的一个小教堂，窦纳乐爵士、罗伯逊博士和其他人在刘庄的中间，也就是在灯塔与传教士居住地也就是叫作石岭之间建造了一些房子。大约有十几户天津人定居在联峰山附近的小辛庄，也就是斯图尔特地和石岭之间。"

由以上三大两小的居住点建筑房屋累计，北戴河海滨已有外国别墅建筑百余栋。

辛亥革命以后，北洋上层人士的生活逐渐欧化，其中有部分人每年夏季来海滨避暑。特别是第一次世界大战期间，帝国主义国家忙于战争，生产受到破坏，经济状况大不如前，资本输出明显减少，暂时放松了对中国经济的掠夺与控制，中国民族工业得到了一个发展机会，形成一批民族商业资本家。

1917 年 8 月 14 日，段祺瑞政府加入协约国对德奥宣战，按照约定开始遣返德国侨民，致使北戴河海滨德国侨民别墅大量出让。欧美人士正忙于第一次世界大战，几乎全部买下。"中德绝交，德侨遣送，纷纷售屋而去。于是西山区域之内，中国人略多英、美、法、德、日、比。"适逢北戴河支线的开通，京津一带的军政要人、富商巨贾纷纷到北戴河购地建房，修建别墅，大多居住在联峰山一带，联峰山麓成为中国人别墅集聚区。

1917 年 5 月，京奉铁路北戴河站开辟了一条支线直达海滨。海滨支线的开辟，进一步密切了与京津一带的联系，标志着北戴河海滨进入了快速发展期，已经成为中国的避暑胜地。

1919 年北戴河海滨公益会成立时，北戴河海滨已经建成中外别墅二百五十三所。

公益会时期

1916 年，朱启钤到北戴河海滨，敏锐地发现"各国外侨复纷组织团体，骎骎焉有喧宾夺主之势，乃行政官放弃不问""在外人心目中，殆以为我不能自治，宜取而代之"等问题的严重性。为了"争主权，拒外人"，又值政府倡导村市自治之际，朱启钤利用公交私谊，号召组织在海滨避暑的中国上层人士，创办地方自治公益会。1918 年7 月发起组织，开始制定会章，商借公房为会所，开展一系列正式成立公益会的筹建工作。1919 年 6 月 16 日，朱启钤联领段芝贵、周学熙、施肇曾、梁士诒、周自齐、许世英、曹汝霖、王克敏、张弧、吴颂平、雍涛、任凤苞、汪有龄、李希明、吴鼎昌共十六人向内务部和直隶省呈文，要求组织北戴河海滨公益会，并呈拟具的章程。该呈文是一份非常重要的历史档案，转录于下：

"呈为组织北戴河海滨公益会，拟具章程，呈请鉴核事：窃查北戴河海滨界在昌黎榆关之间，背倚联峰，面临渤海，天风浪浪，云山苍苍，为北方避暑胜地。往岁西人览胜，联袂偕来，小筑幽栖，藉消长夏。自前年京奉局展修海滨铁路，每逢夏令，国内士夫亦复纷如云集。一弓既拓，百堵皆兴，人境结庐，乐郊共适。惟是地方交通、卫生，以及保存古迹事宜，属在海滨，未遑议及。查东西各国，对于山川名胜以及公共事业，或由政府议备，或由地方整理，或由团体提倡修饬，均不惜巨资，俾臻完备。盖山川草木之菁英，实为国民高尚之精神所寄，而公共事业之兴举与否，尤为居民自治能力之表示也。北戴河东山一带，教会及外宾虽有乐克保会之设，然按其组织情形，盖仅以某私人感情之联络。际兹居民日繁，百端待治，交通、卫生尤关紧要，苟无处理公共事务之集合，何以促进村市自治之精神，矧为《自治条例》尚未公布，公共组合尤为必需。启钤等爱发起公益会以为之倡，并捐助款项，先从修筑西山马路入手，逐渐扩充于东、西二山，并徐图兴办其他善举。谨拟章程，呈候核示。如蒙俯准，即当依据章程，克期成立，并乞饬令临榆县知事及海滨警察局长妥为保护。除分呈直隶省长外，理合呈请核鉴，速赐批示，实为公便。谨呈。"

一个月后，内务部于 7 月 21 日发批复文："该具呈人等发起组织北戴河公益会，捐资先筑马路，徐图兴办卫生慈善等事，用意甚善，检阅会章，亦无不合，应即照准。"

1919 年 8 月 10 日公益会在西山召开成立大会，有四十三人列席，还有三人以书面委托方式参加。会上公推梁士诒为主席，推举朱启钤为会长，王郅隆为副会长，王克敏、杨以德、李士鉴为董事，张弧、施肇曾为监事，并指定吴颂平、吴鼎昌、管洛声为干事。在成立大会上朱启钤阐明了该会的宗旨，即"谋公共之健康，宜有高兴之娱乐"，"愿将使北戴河海滨为北方之模范自治村"。

公益会成立后，独立行使行政职权，管理海滨。限制了石岭会等外国组织向西山一带的扩张，标志着北戴河海滨的开发建设自此有了统一的管理、统一的领导和统一的规划。

公益会的任务是负责海滨的地方公益事业以及市政管理、建筑规划、税务收支、开发建设等事宜。公益会成员为海滨的开发与建设做了大量的有效工作，经过"缕缕心血，惨淡经营"，北戴河海滨"昔之渔户荒村变为华北胜境"，"顾履其境，欣欣向荣，顿改旧观"，在市政建设方面已初具避暑胜地的雏形，并为海滨以后的开拓与发展打下了坚实的基础。就连在当地避暑的西方人也不得不赞扬公益会"年末成绩斐然，在远东罕有其匹"。

公益会自 1919 年成立，至 1932 年 5 月河北省政府采纳该会的建议成立海滨自治区止，共十三年，近代建筑如雨后春笋般冒出，共建成近代建筑二百余栋。

"民国六年增筑十三所，七年增筑三十九所，八年增筑三十二所，九年增筑十六所，十年增筑五十七所，十一年增筑八十所，十二年增筑三十六所。统计近七年来之新建筑，有二百七十三所，合诸原有建筑共为五百二十六所，其间中国所有者居四分之一。"

公益会时期，是北戴河近代避暑地建设最快时期，为北戴河近代建筑史的繁盛期。

后公益会时期

由于时局变化，北戴河海滨公益会作为地方自治组织行使行政权力职能与国家组织机构之间产生矛盾，公益会会员们极力维持，仍有许多困难无法克服。1930 年夏，公益会会长朱庆澜向省政府作了建议在海滨避暑地建特别区，设立国家自治机构的报告。这份报告是一份影响北戴河近代历史分期的重要文献，全文记录如下："北戴河海滨自前清光绪二十四年辟为避暑地之后，准外人杂居，距城既远，行政官厅鞭长莫及，外人纷组团体，有石岭会、东山会、庙湾会，竞自修治其一部分之道路与其区域内之电灯并卫生诸事，公然按户征地捐。德人汉纳根且刊布红皮书，议访上海等租借设工部局，骎骎喧宾夺主。民国七年，中国避暑人士鉴于我不自治他人即将代治，爰组公益会。创修道路延长四十华里，数目除保存原有山林外，设苗圃培植各种林木，建公园以保名胜古迹，以便公众登临，设医院以重卫生，其他公共体育场、公共浴场依次设立，此其经过情形也。现在外侨日多，地方日行繁盛，而行政上之管辖依然为临榆县之乡村，只设有公安分局，不属之县政府，更不能直属省政府，仅受辖于临榆公安局，权力薄弱，对外侨管理当然一切放任，建设亦当然了无所闻。当此举国倡言收回租界，取消领事裁判权之际，以中外杂居之避暑地，乃自暴露其政治缺点，此应请省政府极谋行政改革之要点一也。在昔外人侨居其地者，传教士之外，若外交界之使领与商贾医士教职员等，有时酒醉驰马、殴人、采折山花，警察不敢干涉，自有公益会以来，随时纠正亦就范围，可见整理约束并非困难。然公益会耳目难周，权力不及，近俄侨日多，皆无业游民，并有操不正常之营业者，不能严密取缔，治安无法维持，后患不堪设想，此应请省政府亟谋行政改革之要点二也。公益会会员捐助之力近三五年筋疲力尽，勉强维持现状已左支右绌，固已无进行建设之能力。已修之道路皆随山势为平坡，雨后山水冲刷，不随时修治便前功尽弃矣。树木之保育长养，十年二十年乃能成活，如西联峰二十年前多合抱之树，民国初元以地方自治不得，人斫伐为童山，东联峰之树本会力为陪护，添栽频年，有地方劣绅擅伐情事，待请官厅制止，斫伐已不少。总之无行政之辅助，公益会势难存在，待其已有之基础，毁弃再谋兴举，劳力更多，此应请省政府亟谋行政改革之要点三也。地方经营发展，游客必年胜一年，商贩百工之用途，园艺物产之销路，于民间生计不无裨益。沿海渔业，近年汛期日渔轮闯入近海一网打尽，吾国网罟值亦不资，或牵引而去，或撞毁残破，民间饮恨吞声，莫可如何。庆澜去年及今年均电恳东北海军沈司令军舰为之驱逐，此关系民生重要问题，应请省政府亟谋行政改革之要点四也。谨按县组织施行法，拟请就避暑地区域以内之赤土山、单庄、刘庄、草厂、王胡庄、河东寨、丁庄、陆庄等村划为特别区，正式设立自治机关、调查人口测量土地，并先整理卫生清洁，联合保卫治安。公安局长之地位，应协助自知之进行，予以明了规定，职责管辖均须另行分别以期妥协，而人选尤以通达治体，用于建设而熟谙外交情势者为合格。经费就地筹捐，用途公开。筹捐应省度情形，不能如增加人力车等捐之漫无限制，使旅客感生活程度之日高，又如增加沙捐之窒塞，其运输销路更应顾及善良风俗之保存。前者民政厅孙厅长亲临视察本会，今仰承省政府注重地方之意，条列刍荛之见，伏乞采择施行。"1932 年 5 月，河北省政府颁布北戴河海滨自治区组织章程，成立海滨自治区公署，接替公益会行使地方行政权力。

1938 年，《北戴河海滨风景区志略》对后公益会时期开始阶段作了详细记述：

"民国二十一年五月，河北省政府采纳公益会改革行政之条陈，颁布《北戴河海滨自治区组织章程》，改为海滨自治区。管辖界限依北戴河旧案所规定，东至鸽子窝，西至戴河，南至海，北至距海三华里，是为固有区域。以公益会执行区议会职权，设自治区公署管理行政建设，设区公安局管理公安行政，而公益会复拟定自治筹备办法，经省政府批准，推民政、实业、财政三厅长与北宁路局长为董事，并历推北宁路局长兼任公益会会长，此其组织之概况也。""当自治章程颁布时，适国联调查团莅临海滨，遂由北平绥靖公署张主任指定臧启芳为区经理，公益会推荐康明震为区公安局局长，警察由路局调派，臧启芳未就职，康明震又以警饷困难旋辞职。""民国二十二年，海滨迭遭匪患，路局推荐李宝琛为区经理兼公安局长，终因匪患胁迫而离职。""公益会援各国铁路经营沿线风景区之先例，拟定《海滨自治暂行办法》，经省政府批准，委托北宁路局经营管理。民国二十三年三月，路局推荐刘钟秀为区经理，郑遐济为公安局长，与临榆县政府实行划界，区公署始正式成立。""民国二十五年十一月，海滨改为风景区管辖，区域仍依自治区旧案所规定。组董事会，设董事十一人，为本区监督机关。其职权推荐本区管理局长，审议本区单行规章、预算、决算及募集公债事项，建议本区应兴、应革事项，审议本区公民请议管理局建议事项，考察管理局各项设施得失事项，以冀东政府民政、财政、建设三厅长及北宁路局长为兼任董事，其他七人为专任董事，公益会推举三人，冀东政府政务长官选聘四人，董事长以兼任董事之民政厅长充任，副董事长由政务长官就专任董事中聘任。设管理局为区行政机关，直隶民政厅，设局长一人，由董事会遴选、荐请民政厅转请政务长官委任，掌理本区一切行政事务。本区之警务所及农林事务所并区立完全小学校统归管辖，至本区之公益会，则协助管理局办理地方公益事务。"1931 年"九一八"事变后，日本势力影响到北戴河，1933 年 4 月，日军占领滦河以东各县，北戴河沦陷。北戴河社会动荡，日伪势力横行，民不聊生，各项事业停滞，建成别墅寥寥可数。

1936 年 12 月，北戴河海滨自治区改为北戴河海滨风景区，设管理局。1941 年 12 月 7 日，日军偷袭美军基地珍珠港，将在北戴河海滨的英、美等同盟国侨民，遣送到山东潍县集中营，将其所有别墅没收。1945 年 9 月，国民政府接收北戴河海滨，成立北戴河海滨管理局，直属河北省。1948 年 11 月，北戴河全境解放，建立海滨人民政权。抗日战争胜利后，北戴河受战乱袭扰，基本没有建筑成就。

陈厉辞

男，党员，1988 年出生，秦皇岛市玻璃博物馆副馆长，副研究馆员，东北大学中国近现代史基本问题研究专业硕士，入选河北省"三三三人才工程"，河北省"宣传思想文化青年英才"，秦皇岛市委党史研究室特约研究员，河北省考古学会理事，河北省科技史学会理事，《考古青年》内刊责任编辑。

近代耀华玻璃厂的民族实业家们

　　耀华诞生在一个动荡不安的时代，民族实业家多兼政府要职，有较通达的交际网络与较大的社会影响力，先后有两任北洋政府财政总长、一任国务总理、一任国民政府行政院长、两任经济部长曾在耀华任职，还聘请了清华大学校长任副总工程师。耀华实业家的另一特点是新中国成立后选择留在大陆，有的加入中国共产党，有的作为民主人士为新中国尽心竭力，体现出浓浓的爱国之情和"实业救国""光耀中华"的初心与执着。

一、"华北工业之父"周学熙

　　中国近代民族工业素有"南张北周"的说法，"张"指的是时任北洋政府农商总长的张謇。"周"说的是任财政总长的周学熙。两位"总长"亦官亦商，差堪比拟：他们都是受传统教育的士绅，和政府关系都很好，都投资实业，都善于利用地方资源来发展经济，而且都排行老四。这一南一北两位"四先生"分别称为"长三角""京津冀"两大工业带的重要奠基人。

　　周学熙是拥有头品顶戴花翎的官员，曾是继盛宣怀之后，声名最隆、成就最大的官商。他出身官宦世家，父亲周馥早年追随李鸿章，官至两广总督，也是一位著名的洋务派大臣。

周学熙年少有为，立志实业报国，三十岁出任开平矿务局总办。周学熙还与当时的山东巡抚袁世凯的关系密切，袁世凯的一个儿子与周学熙的妹妹结婚，这也是周学熙后来一度成为北洋政府财政操盘手的重要原因。周学熙任财政总长期间，许多政绩可圈可点，对后世影响最为深远的当是对财政与利税的整顿。此外，实行印花税、所得税和遗产税在我国为首创。

周学熙善于经营，长袖善舞。在当局的支持下，他采用"以滦制开"的策略，赶走了列强势力。兴办了国内第一个官办洋灰厂，顺利地拿下了黄河大桥、交通银行等几乎所有重大政府工程。同时，他还创办了中国实业银行、新华纱厂等各类企业，还在北京铺设了近二十万米的自来水管道。这是一个涉及国计民生方方面面的北洋工业体系，囊括投资、燃料、建材、纺织、五金、交电、机械、金融等多个行业。

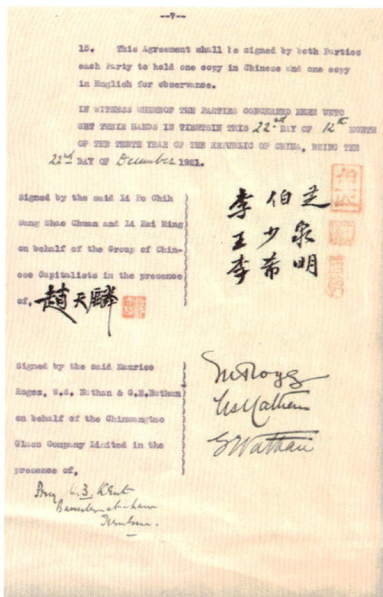

耀华机械制造玻璃股份有限公司
华洋合股合同

1920 年，比利时乌得米财团取得"弗克法"在中国制造玻璃的专利权，成立秦皇岛玻璃公司。中国驻比利时领事许熊章悉知此事，遂致信农商部，详述"新工艺"利弊，希望中国能将此厂与此技术收购。机会稍纵即逝，周学熙决心与比利时合作促成此事，具体操刀者是熟悉国际业务，且具备与国外资本周旋经验的实业家李伯芝、王少泉（王劭廉）和李希明。

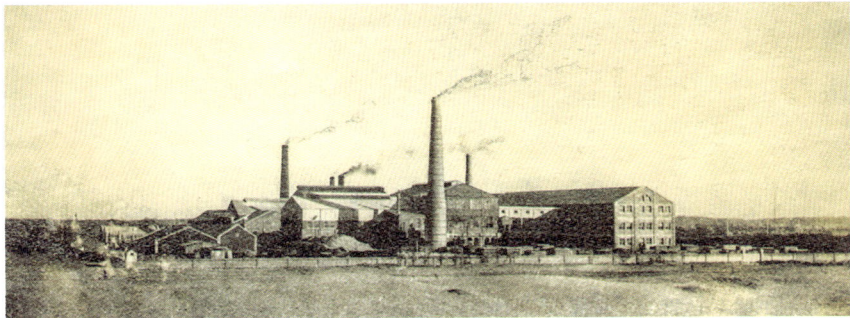

1933 年耀华玻璃厂全景

二、第一任总董李士伟，时任北洋政府财政总长

李士伟，字伯芝，1922 年 3 月至 1926 年 12 月任耀华玻璃厂总董。李士伟毕业于日本早稻田大学政治经济科，归国后成为北洋政府金融实业的重要骨干，一生致力于实业救国，与周家结为姻亲。民国成立后，李士伟历任北洋政府参政院参政、农工商部矿政顾问、中国银行总裁（第二任）、中华民国矿业联合会理事、财政总长等职。他曾以现任政府财政部总长的身份，筹建民族企业，并出任"一把手"，这在当时是十分罕见的，足见耀华玻璃厂在民族实业中地位之高。李士伟在中国近代教育事业中也有一席之地。他是日本《明治维新史》的最早编译者。他在清末任北洋师范学堂监督期间编写的《奏定北洋师范学堂章程》是我国教育界最早的经典文献。

三、副总工程师（副厂长）金邦正，时任清华大学校长

　　副总工程师也是主抓生产的副厂长，位置十分关键。公司决定聘请有康奈尔大学留学经历，时任清华大学校长的金邦正担任。金邦正一生以传播科学为己任，曾筹备近代中国历史上第一个民间综合性科学团体中国科学社。

　　刚上任的金邦正认为民族工业不能过于依赖国外专家，培养高素质、忠诚的中国技术人员是当务之急。便独自带领七名学徒前往比利时、法国实地见习溶制、切裁、造箱技术。这一批学徒是耀华玻璃厂最初的技术骨干。

　　正是因为耀华副总工程师的经历，抗战胜利后，金邦正受国民政府河北省财政厅派遣，接管日方股权，收归中国利权。有趣的是，金邦正在耀华任职时间不长，却经历了耀华"中比合办""官商合办"两个时期的开端。

四、曾任北洋政府国务总理的耀华总董龚仙舟

　　龚仙舟，字心湛，安徽人，与周学熙是同乡。清末以外交事务入仕，深得薛福成赏识。辛亥革命后，在周学熙的推荐下，任中国银行汉口分行的行长、安徽省省长等职。在安徽任职虽时间不长，却为龚

仙舟涉足北京政权，成为皖系骨干在京、津两地发展打下基础。入京后的龚仙舟如鱼得水，官至国务总理。适逢巴黎和会，中国外交失败，龚仙舟在外交、学潮、内政、南北和谈，以及各派势力相互斗争中，深感支撑困难，遂递交辞呈。龚的总理任期共一百零三天，他在辞职书中写道："张良借箸，愿有补于一时；傅说和羹，本难调以众口。"

去职后的龚仙舟，不问政事，兴办实业，先后担任中国实业银行总经理、中孚银行董事、开滦矿务局议董长、唐山启新洋灰公司总经理，并于1927年至1944年任耀华玻璃公司总董。在职期间，适逢日军入侵，龚仙舟力主以开滦英方势力与日本势力相制衡，任用中国职员。卢沟桥事变后，日军动员龚仙舟主持华北伪政权，龚断然拒绝。在日军侵占其所有产业后，七十余岁的龚仙舟一病不起，不久病逝，终年七十四岁。

五、被誉为"中国辛德勒"的耀华总董袁克桓

袁世凯子孙兴旺，共十七个儿子，十五个女儿。其中，最出名的是"皇太子"袁克定与"民国四大公子"之一的袁克文，最能为袁家增添光彩的当数袁克桓。

袁克桓，又名袁心武，袁世凯六子。1944年1月至1955年7月，出任耀华玻璃厂总董、常务董事。袁克桓早年留学英国，袁世凯去世后，辍学

回国做实业。袁克桓手中分得了耀华玻璃公司、开滦煤矿、启新洋灰公司、江南水泥等知名民族工业的股票，他便从这些股票开始迈向实业。二十世纪三四十年代已是启新公司总经理、开滦煤矿、耀华玻璃厂中方董事长。当时，袁克桓地位重要，以致他每次从唐山回天津都会引起股票波动。抗战期间，袁克桓支持丹麦人辛德贝格（当时受雇于江南水泥厂），把江南水泥厂变成了南京最大的流动性难民营，在三年半时间里接纳过三万多名南京市民，被后世誉为"中国辛德勒"。袁克桓用拖延的方式拒绝为日军提供工业资料，他的大儿子袁家宸一度被关进日本宪兵队监狱。

解放战争结束前，袁克桓的朋友们几乎都选择了离开，但是袁克桓拒绝了。按照袁克桓在发展民族工业中作出的贡献和地位，政府曾考虑请他做天津市的副市长，一心实业的袁克桓并无从政意愿。袁克桓对"三反"、"五反"、公私合营均积极主动。抗美援朝战争中，他毁家纾难支援国家，于 1956 年去世。

六、官商合办期间，第一任董事长翁文灏，时任国民政府行政院院长

抗战胜利后，翁文灏领导国民政府资源委员会，收复日军强占的厂矿资源，并担任一些涉及国计民生、经济命脉的厂矿、企业的董事长一职。耀华玻璃厂作为华北工业链条的重要一环，理所当然由翁文灏亲自操刀，翁文灏将耀华玻璃厂的日股转为官股，继而进行官商合

办的"改造"。

翁文灏是民国时期的著名学者，曾任清华大学代理校长，还是中国著名的地质学家。他对中国地质学教育、矿产勘探、地震研究等多方面有杰出贡献，是中国第一位地质学博士，也是中国第一个油田——玉门油田的组织领导者。

翁文灏曾以学者之身份在国民政府内任职，官至经济部部长、行政院院长。他地位虽高，施政却不如人意。有人曾评论翁文灏"极有行政才能"，也有学者对翁的评价是"毕竟是一介书生"。翁当了六个月行政院院长，做的第一件大事，就是发行金圆券，这件事后来完全失败了。

新中国成立前夕，翁文灏脱离蒋介石集团，初居香港，后移居巴黎。两年后，经毛泽东、周恩来的邀请，翁经香港回到中国，是首名回北京的前国民党高级官员。归国后，翁文灏任政协委员，主要从事翻译与学术研究工作。

值得一提的是，翁文灏一生与秦皇岛多有交集。一是担任耀华董事长两年之久；二是为了避免北京猿人头盖骨落于日军之手，翁文灏主持了移交美国自然历史博物馆的工作。过程中，北京猿人头盖骨在秦皇岛港离奇失踪成为当时一大悬案。三是新中国成立后，曾与好友、同为地质学家的丁文江，来柳江盆地考察。

七、"中国无线电工业奠基人"，耀华常务董事马师亮

马师亮于 1948 年 4 月至 1948 年 11 月任耀华玻璃厂常务董事。1930 年，二十六岁的马师亮从上海交通大学电机系毕业后，赴美留

学，获密歇根大学博士学位。归国后，任武汉大学物理系教授，历任浙江大学电机系教授、中央无线电厂重庆分厂和天津无线电厂厂长、中央无线电器材有限公司总经理等职。他一生致力于无线电技术研究，为中国无线电工业奠基人之一。

交通大学同一实验组成员马师亮（中）与蔡金涛（左）、蒋葆增（右）合影

1948 年 5 月，马师亮赴中央无线电器材有限公司任职，与天津政商的合影

马师亮"以学入商"，对新中国的最大贡献是，新中国成立前夕违抗国民党令其搬迁到台湾的命令，保全了宝贵的工业设施设备和专业技术人才。新中国成立后，马师亮先后在多所大学任教授，一直从事教育和科研工作，为新中国工业建设培养了大批有用人才。他因在

工业、教育、科技方面的突出贡献，被列入《中国科学家传略辞典》。

八、中国现代能源工业的奠基人，耀华董事长孙越崎

近代耀华历任董事长中，孙越崎同中国共产党的关系十分密切，对新中国的民族工业贡献也最大。学生时期的孙越崎是一位左翼爱国青年。五四运动中，以北洋大学学生会会长的身份，积极领导天津学生开展爱国运动。

他认为"实业救国"不能靠夸夸其谈的政客，而是靠脚踏实地的实干家。从北京大学采矿冶金系毕业后，孙越崎到穆棱煤矿，任矿务工程师，在一线工作六年，掌握了从勘探、建井到产煤的全部生产和管理过程。1929 年秋他赴美国留学，先后入斯坦福大学、哥伦比亚大学学习，并广泛考察美、英、法、德四国的采矿业。回国后，应翁文灏之邀，孙越崎先后任国民政府南京国防设计委员会专员兼矿室主任、陕西油矿勘探处处长，为中国历史上第一个开采石油的中国人。

抗日战争爆发后，孙越崎组建的四矿联合总公司，供应四川省一半以上的用煤。他在甘肃玉田开发的中国第一个油矿，产量几乎占后方石油生产的全部，有力地支援了抗日战争。他也因此被誉为"煤油大王"，中国现代能源工业的创办人和奠基人。抗战胜利后，被国民政府经济部任命为资源委员会委员长、经济部部长等职。

对新中国民族工业的保全，是其另一功绩。1948 年 10 月，孙

越崎以资源委员会委员长身份，召集所属各重要厂矿企业负责人秘密开会，动员部属坚守岗位，保护好财产和档案，迎接解放。所辖一百二十一个总公司，近千个大中型企业，三万两千余名科技、管理人员，六七十万工人和全部财产，均完整地移交给人民政权，为新中国成立后的经济建设作出重要贡献。

1949 年 11 月 14 日，辞职赴港的孙越崎动员资源委员会驻港国外贸易事务所起义。新中国成立后，孙越崎从香港回到北京，历任要职。1983 年后以数年时间考察长江三峡工程，在全国政协会议上作五万字书面发言。在此期间，他两赴香港，为祖国和平统一做宣传与联络工作。1995 年 12 月 9 日孙越崎在北京病逝，终年一百零三岁。

九、以厂为家的民族实业家，总经理张鄂联

张鄂联（1916—2013），祖籍浙江宁波，出自名门。祖父张嘉禄曾任清朝督察御史。父亲张寿镛民国时期曾任财政部次长、光华大学校长。张寿镛半生仕途，深感理想无着，遂萌经济民生之想，写出《考察湖北之宜，振兴实业办法》办法一文，建议从开垦、种植、制造、开采四方面入手，通盘发展经济，这样"物产既增，税源自裕，商务日盛，则收入益丰"。那些"经世济民"的设想虽未实现，却成为张鄂

联"实业救国"思想的源头。

另一位对张鄂联的人生之路产生重要影响的人是其岳父，著名教育家、社会学家吕复。吕复是孙中山与李大钊的挚友，曾在日本东京参加孙中山领导的同盟会，抗战胜利后，任北平中国大学校长。新中国成立后，他被选为第一届全国政协委员，并先后任察哈尔、河北省人民政府副主席。

在一二·九运动中，青年张鄂联结识了学生领袖姚依林。姚依林后来成为主管经济的国务院副总理，也曾为新中国成立后耀华玻璃厂复产起到关键作用。

读大学期间，父亲张寿镛就志向问题写信给他："我是曾经沧海的人，甚不愿子弟入仕途，但汝既是学政治经济学，当然在此路上走，不过要专精一些。"父亲的谆谆教诲，使青年张鄂联暗暗立下"实业救国"之志。

对张鄂联入职耀华有着决定作用的还有二哥悦联的岳父翁文灏。毕业后，在翁文灏介绍下，张鄂联加入经济部工矿调整处工作，赴美国参观学习，催运工矿器材。1946 年，张鄂联从美国回国，正逢翁文灏兼任耀华董事长，6 月，张鄂联加入耀华玻璃公司任副总经理。

新中国成立后，张鄂联为耀华复工复产倾尽心力。当时的耀华，急需收回香港、广州、台湾等地的资金，购置一批生产急需的五金产品。这项艰巨的任务自然落在了擅长英文、人脉较广的张鄂联身上。张鄂联只身乘船前往香港，见到驻粤、港、台的老同事，并开启存有港币、美金和黄金的保险箱。张鄂联一方面找到老客户，在洋货充斥市场且耀华包装较差的情况下，在香港以较低的价格顺利出售了广州存货；另一方面利用存款与外汇，用很低的价格，在国际市场买到了秦皇岛工厂所需的五金材料，解了耀华厂的燃眉之急。

复产的另一阻碍是缺煤。当得知开滦煤矿"奉工商部命"将一批耀华急需的煤块运往香港时，张鄂联想到了中学时代的同学，时任华北晋察冀边区财经办事处主任的姚依林。姚依林咨询工商部后，得知"并无此项规定及不允许卖给耀华情事"，并回信张鄂联。最终，耀华使用开滦煤矿煤炭一事被妥善解决。

1980年5月24日，六十四岁的张鄂联实现多年夙愿，光荣地加入中国共产党。张鄂联先后担任四届秦皇岛市政协副主席，积极为秦皇岛经济社会发展、参政议政献计献策。按他自己的话说，晚年还做成了两件大事。

一是1985年在老朋友、美籍华人、玻璃专家贝聿昆的协助下，促成了秦皇岛市与美国俄亥俄州的托利多市结为友好城市。贝聿昆是中国的老朋友，在新中国成立前就参与过上海耀华玻璃窑的筹建与设计，后在美国退休回北京定居，他与张鄂联已是半世故交。1984年在老友的积极促成下，贝聿昆成为秦皇岛市经济开发区顾问。1985年10月28日，秦皇岛市与托利多市缔结了友好城市协议书，并开展了多项科技、文化、经济等方面的交流与回访，协助引进世界先进的玻璃生产和深加工设备，对秦皇岛玻璃工业的发展作出了很大的贡献。

二是追讨了因抗美援朝被美国冻结的资金。中美建交后，张鄂联亲自写信给美国相关单位说明情况，并最终将这笔钱讨回，购买了耀华急需的耐火材料。张鄂联还积极与世界银行协商，获得低息贷款三百万元，弥补了外汇缺口。

中国在超过一个半世纪艰苦探索的现代化道路上，曾经出现过一大批实业家，对民族振兴、经济发展、社会进步功不可没。正如刘建萍教授在《试析秦皇岛耀华玻璃厂的创办及经营》一文中记述：中国民族工业的产生与发展，有其独特性……中国当时虽然国势积弱，仍有一批民族企业家，具有长期与外方资本代理人打交道的经验，本着民族感情和敬业精神，在中外合资企业中为中方股东争取较多权益，成功引进世界一流技术……在改革开放的今天，国内企业也面临如何引进技术、实现与国际先进水平接轨的问题。耀华实业家的探索将为引进世界一流技术、与外国协商合作维护自身权益提供借鉴。

刘剑

　　作家、历史学者、讲师,现为河北省文学院签约作家、秦皇岛市作家协会副主席、秦皇岛历史研究学会副会长。其主要作品有长篇历史著作《帝国雄关》《帝国铁骑》《大石河》《红桥》《赶考路上》,长篇历史小说《谁主沉浮——明末清初风云录》《旌旗裂》《大港口》,长篇报告文学《罗哲文与山海关》《拒绝屈服》《中国式离婚报告》及长篇社会小说《天使不在线》等多部。曾荣获河北省秦皇岛市第八届专业技术拔尖人才奖、河北省秦皇岛市首届优秀市管专家称号等,其作品曾荣获河北省好新闻一等奖、河北省"五个一"工程文艺图书类奖、河北省首届奔马奖电视片一等奖等。

秦皇岛港，一座国际旅游城市的开端

当前，秦皇岛市正在打造着一个全新的概念，即打造国际一流旅游城市，这个概念里有重要的两个词，"国际"和"旅游"。国际体现了城市的都市化、多元化和包容性，旅游则涵盖了吃、住、行、游、娱、购等要素，更在近年来又有了康养的内容。那么秦皇岛作为一个并非全国一线的城市，它是否具备了国际旅游城市的条件，又有哪些历史上的渊源能够契合今天这一发展方向，给予我们借鉴和引导，对此，我将以《大港口》一书作者和地方历史研究者的身份，针对秦皇岛历史上的城市化进程，漫谈秦皇岛与"国际化"发展变革的历史轨迹，与大家进行交流和探讨。

众所周知，秦皇岛因始皇求仙驻跸而得名，但它的重要性当然不仅因为有这一段传说一般的历史。从地理位置上，我们这座城市就有得天独厚的条件，它位于历史上的辽西走廊之间，有山海关、卢龙古城的深厚底蕴，也有滨海长城画廊般的美景，又有京津后花园的美誉。如今，它已经成为举世闻名的沿海开放城市，北依燕山，南接渤海，西近京津，东临辽宁，现辖海港、北戴河、山海关、抚宁四个城区，昌黎、卢龙、青龙满族自治县三个县，以及经济技术开发区、北戴河新区两个经济区，在 7812 平方公里的陆域面积上，聚集着 307 万人口，也吸引着南来北往、络绎不绝的游客。

这里，有山，有海，有关，但它的名字里还有一个"岛"字。就在这片小岛之上，伫立着一个著名的百年老港。于是人们更喜欢简单地叫它"港城"。

秦皇岛依海而生，向海而兴，也同样要向海图强。秦皇岛作为中国近代旅游发祥地，多年来，以"生态环境优美""历史文化厚重"而蜚声海内外。现如今，它正以昂扬的姿态向五湖四海的游客敞开大门。秦皇岛，相传为秦皇岛求仙时发现的小岛；清朝时，由自然湾泊港准建为商港；新中国成立以后，建立秦皇岛市。从"岛"，到"港"，到"市"，一字之差，勾勒出一个现代城市因港而生、向海图强的百年历史，也记录着这个当年面朝大海的新兴城市，在国际化与旅游城市进程中的每一步变迁和发展。

港口是城市走向国际化的标志

秦皇岛的发展，与中国近现代史上的工业文明息息相关，而工业文明，也恰恰是这座城市走向国际化的一个重要契机。

清朝末年，闭关锁国多年、备受列强欺凌的中国，在无奈中，不得不向国际上先进、发达国家靠拢和学习，发动了对后来中国工业文明、社会文明产生巨大影响的洋务运动，洋务运动的诞生，让我们学习了先进的经验，也吸取了先进的思想，这也是清政府向国际社会接轨的标志。

秦皇岛港就是在这一基础上诞生的。在秦皇岛建港之前，作为洋务运动的成果，秦皇岛港所在的河北省，民族工业刚刚"诞生"了若干个"第一"。

先是中国第一个自主开发、官督商办的开平矿的诞生，接着，就是中国有了第一条铁路——1881 年 6 月 9 日，从位于唐山的煤场到胥各庄的铁路正式开工，是年 11 月 28 日，唐胥铁路建成通车，全长 16.04 里，这是中国第一条标准轨距的铁路。

1882 年 6 月，当中国第一台蒸汽机车"龙号"机车载着一批清朝政府官员，以每小时 20 英里的速度在中国第一条铁路上前行时，那些曾经对铁路一直持反对态度的保守官员们才发现，和骡马相比，火车真是快得太多了。

1891 年，随着清政府在山海关设置北洋官铁路局，修建铁路开始正式成为清朝的一项国策。在此期间，李鸿章致函总理衙门，奏请建造自天津至山海关的铁路，1891 年 3 月，津渝铁路全线通车。

今天，在秦皇岛迎宾路与燕山大街的交叉地带，我们仍可以看到津榆铁路的旧址。正是这条铁路的修建，为秦皇岛开港创造了条件，也为秦皇岛的城市化进程、国际化发展提供了契机。

对于秦皇岛外这片海湾的描述，后人常用这样八个字："沙软潮平，不淤不冻。"

前者说这里的海岸线平稳，后者则说出了它具备天然良港的最佳特征。与周边的天津大沽口港等相比，因为没有大的入海河流，少有泥沙侵冲，所以"不淤"，再加上海水含盐量较高，又气候适宜，冬天也不易上冻，又被称为"不冻"。

秦皇岛有港口的历史太悠久了，早在秦皇岛建港之前，这里就曾有过三座港口，分别是春秋时期由燕昭王修建的碣石港，隋炀帝时期在古城永平府（今卢龙县）修建的秦市第一座人工港湾平州港，明王朝创建初期由大将徐达修建的马头庄港，三座港口，均为人工港口，在当时为水利运输发挥过极大的作用，也为秦皇岛建港奠定了基础。

因为在当时的中国，从鸦片战争以后，港口多为"约开"形式，即由外国人参与决策其建设权、股权，而由中国人自己管理的自开口岸并无先例。对于这片港口，人们最初的理想，就是和建设开平煤矿一样，走自开之路，把"矿山＋铁路＋港口"的梦想延续下去。

秦皇岛，恰恰是由于承载了这一梦想，才得以开始了由一个小岛到近现代城市的嬗变。

港口是国际旅游的开端

1894 年，中日甲午战争爆发，北洋海军全面崩溃。在海防严重空虚的现实面前，在天津以外再建一个拱卫京畿的军港迫在眉睫。

但《马关条约》带来的巨额赔款，造成大清国库空虚，经费紧张，清政府统治者最终不得不同意荣禄、李鸿章等大臣的请求，拟建一商港，功能以运煤为主，客旅、杂货为辅，同时"转递国家邮政文件及驻扎北洋水师，靠泊军舰"，并由开平矿务局试办码头。

此间，越来越多的人开始把目光投向今天秦皇岛的这片海域。这里面，不仅有中国的官员与实业家，还有金发碧眼的外国人。

秦皇岛港正式进入国际化的视野，也开始于一位大洋彼岸的外国人。

1897 年冬季，开平矿务局的一名英籍工程师鲍尔温，为了解决渤海海域冬季海港封冻、无法通航的问题，他在山海关海神庙附近住了近一个月，观察水文情况。

其后，鲍尔温又与开平矿务局的英国船长麦克法林一道，乘"北平"轮首航北戴河金山嘴、戴河口一带，后又上岸骑驴沿线勘测。

几次考察后，一封考察报告提交了出来，报告中称已经发现了天然良港，其英文名被命为 Cent-point——"中心点"。

这个"中心点"，其实就是秦皇岛。这个发现也出现在了西方的报纸上，这一个历史史实，我在小说《大港口》中也有所描述。可以说，中国发现天然良港，这一消息，在当时本身就是一条具有国际价值的新闻。

两个外国人，在无意间改写了一座城市的历史，因为鲍尔温与中国政府的联系，也使他们的意见能够直接面呈李鸿章，最终得到了这位洋务领袖的认可。

1897 年 2 月，开平矿务局"永平号"轮船第一次从烟台试航到秦成功，在天津港等因海河上冻无法行船的情况下，秦皇岛得天独厚的不冻港条件，让洋务官员们有一个全新的发现。于是李鸿章再次奏告总理衙门，申请建港。6 月，清政府正式批准秦皇岛为天津海河隆冬封冻时的辅助港，接海上来船的客人和邮件等。

秦皇岛优秀的地理条件不但进入了李鸿章等开明官员的视野，也进入了外国人的眼中。同年 7 月，英国传教士甘林相中了北戴河的自然风光，开始在联峰山购地建房。外国人随后也纷纷来此购地，欲攫取秦皇岛港湾之权益。为了避免洋人将这一片土地收购据为己有，同年 9 月，开平矿务局督办张翼奉清政府之令，派贺璧理、德璀琳来秦勘视，假借铁路公司名义，秘密派人抢先将北戴河至秦皇岛沿海一带地亩圈占购买。

当时，张翼、鲍尔温、津海关税务司贺璧理、德璀琳先后勘察北戴河到秦皇岛一带沿海，确定下了洋河口、戴河口、金山嘴、汤河口、秦皇岛为备选地段。后德国人德璀琳建议建在金山嘴，周学熙等人则主张建在秦皇岛东南山西南岬角处，并陈述理由：北戴河一地暗礁较多，不易停船靠泊。

周学熙，是中国著名的实业家，与另一著名实业家张謇素有"南张北周"之说，周学熙当时的身份是开平矿务局的会办，说话很有分量。而他如此选址的深层原因，其实还是北戴河当时被外国人买去了大片土地，清政府的有识之士，怕这里会变成另一个租界。

选址之争，最终获得了鲍尔温等外籍工程人员的支持，后经勘定委员会讨论，决定港口建在秦皇岛，北戴河赤土山以西则开辟为避暑地。

中国第一批自开口岸和第一批旅游区，由此确定了国际化的雏形。

1898 年 3 月 26 日，总理衙门以"振兴商务"为由，上"秦皇岛自开口岸折"。同日，光绪帝批复依议："秦皇岛与湖南省岳州府、福建省福宁府三都澳一起，成为自开通商口岸。"

其后，总理衙门照会各国驻京使节、张贴告示，宣布秦皇岛自行开埠，并划定戴河以东至金山嘴沿海，往东北至秦皇岛对面地段为各国人士避暑地，"准中外人杂居"。

清政府的这一批示，意味着中国第一批自开口岸、第一个旅游区均在秦皇岛成立了。

港口的诞生，让秦皇岛开始进入国际化的视野和领域，旅游区的建立，让秦皇岛成为中国现代旅游业的源头，秦皇岛从此开始进入现代化城市的起点，也是秦皇岛具备国际一流旅游城市特质的开端。

港口独有的"中外合作"模式，让城市焕发生机

秦皇岛的城市历史，具有很强的兼容性和包容性，也是一座拥有鲜明的东西文化特色的国际化城市。

今天，乘坐秦皇岛的 8 路汽车，我们会经过"西盐务站"和"东盐务站"。

明朝以来，因为秦皇岛临海，朝廷在当地设盐大使总理盐务，"盐务村"之名也由此而来。1898 年建港以后，开平矿务局经理办公处，就设在了东盐务村盐大使衙门内。

古老的盐务衙门，变成了港口管理者的办公地点，而在这里的管理者，则是西方人，这一微妙的转变，恰恰预示着这片土地从农业社会向现代化社会变迁的开始。

开平矿务局的办公地点几经改变，从最初的盐大使衙门，又转到港区里，此后，港口管理者活动、聚会的场所，又多设在东南山附近的南山俱乐部。

南山俱乐部，位于今日港口博物馆院内。博物馆本身，具有鲜明的西洋建筑的特点，而在里面活动的人群，既有西方的管理者，也有中方的高管。当年，这里对于普通市民来说，是一个让人羡慕而遥不可及的地方，现在，这里成为这座城市鲜活的历史坐标，也记载了一个城市中西结合的进程。

随着中国的第一家桥梁制造厂山海关桥梁厂、中国第一家玻璃厂耀华机器制造玻璃有限公司秦皇岛工厂等实业的相继建立和完善，以桥梁制造、建筑材料、食品工业为发展的一系列产业在这里相继出现。当时的管理模式是"英国管理者（经理制）＋中方把头（包工

制）"，这也是当时很多中国港口的通用模式，员工则由高级员工与码头基层工人组成。

港口的诞生，也产生了很多具有现代化城市标志的机构：第一家西医医院——港口医院，第一家邮政局，以及电报房、牛奶房、高尔夫球场、网球场、酒吧、电影院等现代化配套设施，很快也陆续出现。在中国大部分地区还处于闭关自守的小农经济社会时，秦皇岛这座面朝大港、因港而建的城市，却已打开了通往外面世界的大门。

城市人口的快速增加则始于 1904 年。

从 1904 至 1906 年之间，秦皇岛港设立劳工招募站，向南非金矿输出中国劳工。3 年时间，共有 30 批共计 4.3 万人，从这里启程离港，前往南非。亲手导演这一幕的，正是时任开滦矿务局总经理的那森和开滦矿务局工程师、后来则担任过美国总统的胡佛。

南非劳务输出，是一部中国人的血泪史，却在客观上为秦皇岛带来了大量的城市人口。几万名劳工的到来，及后来的遣返，促成了大规模的人口流动，他们与在这之前，很多借道于此、试图闯关东却选择了留下的人们一起，为城市的发展输送了大量的"血液"。

20 世纪建港之初，岛上仅有铺商 20 多处，居民很少。随着港口规模的扩大，再加上当地设立华工招募站，数万工人由此登船，住户有了三四百户，产业工人达到了 3000 人之多。后来职员、工人人数逐渐增加，就开始修建一、二、三等房，这些房子很多今天还保存着。像我们秦皇岛人熟悉的"五大里"等就是那个时代的标志。

1905 年秦皇岛有了自己的第一条水泥马路——由港区内的南山边上一直修至三角花园，被称为"开平昌道"。它还有另一个名字——

"通港路"，因为这条马路直通港口。

这条长 2.5 公里的马路，在 1912 年开平矿务局与滦州矿务局合并后，又被称为"开滦路"。1913 年，当地又修筑了从南栈房（今港口一货区）到高道口的步行街，因路面由特殊的缸砖铺成，这条开滦路的延伸路被称为"缸砖路"。

如今，砖面刻有"KMA"（即开滦矿务局的英文缩写）标志的特制缸砖，已经成为文物，被陈列在港口博物馆内。

开滦路是当时的繁华地带，相当于今天的商业街。很多著名的老字号、时尚的西餐厅、银行、酒吧以及很多外资大企业，如德士古石油股份公司、美孚烟草公司、三菱洋行等，都设在这条街上。在开滦路的四周，还有公园、医院、学校、教堂等，秦皇岛最早的南山电厂也建在这条路旁。

1919 年，京奉铁路秦皇岛绕线工程竣工，新增设南大寺站和秦皇岛站，同时，市内铁路全线也增长了。

在铁路之上，一座老天桥横空出世，勾勒出了当时整个城市的样貌。

这增长的铁路路线，像一条弯弯的玉带，穿越了这个城市，形成了一条新的分界线。从此开始，有了"道南""道北"之称。这里的"道"不是马路，是铁路。

而铁路之上架起的一条拱形过街天桥，则成为当地的一个新地标，形成了道南和道北两个世界。

当时，道南多为商铺，还有高低起伏的洋房，整齐有序的缸砖，鲜花锦簇、松柏成林的开滦广场、三角花园，还有漂亮高级的南山一号楼别墅；而道北则是平民区，低低矮矮的平房，下雨时落满污泥的土路，满大街挑着担子叫卖的小贩，以及从柴禾市到雨来散，再到老天桥市场、长城马路，熙熙攘攘、忙忙碌碌的人群。

老天桥穿起的两个世界，构成了秦皇岛最初的城市中心城区格局。

据港史办的资料显示："到民国十三年（1924 年），城镇居民总数已有 7.13 万人，占临榆县人口总数的 33.5%。"而到了 1935 年，这一地区商店已激增至 1334 家，秦皇岛一带则占了 403 家。

秦皇岛的开埠，也影响了秦皇岛地方工业的兴起，先后涌现了临榆习艺所、抚宁工艺局、昌黎织染厂、卢龙开采石灰岩的福得恒大柜、柳江煤田的石门寨无烟煤公司、长城公司煤矿等具有现代工业性质的企业，甚至还有了汽车营运公司等服务性行业。

而居住在城区里的人们，也形成了越来越浓郁的、港城特有的城市文化，"逛码头"就是秦皇岛开埠后形成的新民俗之一。

从 1916 年以后，因为秦皇岛港的码头在端午节那天对外开放，也使得在节日当天，每家每户除了大清扫、包粽子、插艾蒿和蒲草之外，还要穿上新衣服，齐聚港区，成群结队地去逛码头。有的时候，被当地人称为"大海洋楼"的大轮船也会对外开放，吸引大家争先恐后地上去观光、游览。

秦皇岛，早在几十年前，它就拥有了国际化城市的特点，而北戴河风景区，则是具有纯粹意义的旅游度假区，它与秦皇岛城区相辅相成，共同打开了即使放在全中国，也具有开端意义的国际旅游城市之路。

1984 年，秦皇岛市被确定为我国首批 14 个沿海对外开放城市之一，从此以更加开放、包容的姿态，面向世人，至此，也完成了从一片荒滩向现代化城市的转变。

2019 年，秦皇岛港西港成功入选国家工业遗产名录。当年的港口，也成为游人如织的风景区，而伴随港口而来的，不仅是工业文明，还有旅游生态文明。

以港兴市，以港兴国，秦皇岛港已经走过的风雨历程，从中国民族工业的开端者，到今天举世闻名的世界著名港口，讲述着一座港口的变迁史，也是一座城市的诞生史，更是一个时代的发展史。

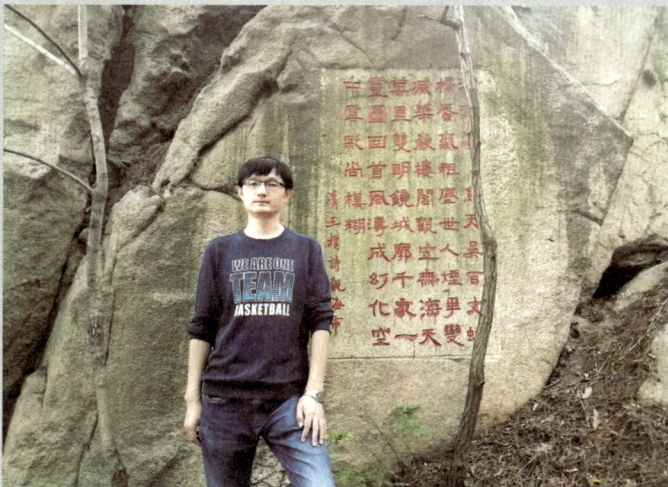

李文钢

　　男，满族，1979 年生，河北青龙人。文学博士，
河北科技师范学院文法学院教师。长期从事二十世纪
中国新诗及其理论的研究和教学，曾主持教育部人文
社会科学基金青年项目、河北省社会科学基金项目、
河北省教育厅高等学校青年拔尖人才计划项目等多项
课题，已在学术刊物上发表论文四十多篇，其中核心
期刊论文十余篇。2019 年获第十届河北省文艺评论奖
三等奖，2021 年获第十一届河北省文艺评论奖一等奖。

秦皇岛地域文化的一颗明珠

——大解诗歌

　　各位观众朋友，大家好！很高兴今天能有机会向大家介绍一位本地的著名诗人——大解。

　　大家都知道，咱们秦皇岛不只有悠久深厚的历史文化，也有着璀璨夺目的当代文化。文学艺术，是一个民族、一个地域的文化中最精粹的部分。而诗歌，在文学艺术中又处于最尖端的位置。所以，我们衡量一个国家、一个地区的文化水准，经常是要看它能催生出多少作家、诗人。就像著名文学理论家艾略特曾经说过的那样："除非他们继续造就伟大的作家，尤其是伟大的诗人，否则他们的语言将衰退，他们的文化将衰退，也许还会被一个更强大的文化所吞并。"而咱们秦皇岛，就很幸运地拥有很多著名的作家、诗人。秦皇岛当代诗人中的最突出代表，就是大解。

　　大解原名解文阁，满族人，1957 年生于秦皇岛市青龙满族自治县双山子公社王杖子村。他 7 岁开始在本村读小学，1973 年自双山子中学高中毕业后，回乡务农。1974 年和詹福瑞、王进勤等人一起创办油印刊物《幼苗》。1979 年他从清华大学水利工程系毕业，被分配到河北青龙满族自治县水利局工作。1980 年参与创办山鹰诗社。1984 年被调入青龙满族自治县政府办公室做秘书工作。1986 年进入青龙满族自治县文化馆，从事专业创作。1988 年 8 月被借调到河北省文联《诗神》月刊任编辑，1991 年 1 月进入秦皇岛市党史研究室。1991 年 11 月被正式调入河北省文联《诗神》编辑部，先后任编辑、副主编。2012 年当选为河北省作家协会副主席。主要作品有长诗《悲歌》，小说《长歌》，诗集多部，寓言集多部。作品入选三百多种选本，曾获鲁迅文学奖等多种奖项。现居石家庄。

　　在大解 31 岁被调入河北省文联之前，他一直生活、工作在秦皇岛。我们常说"一方水土养一方人"，秦皇岛的风土人情、地域文化无疑对大解的诗歌创作产生了非常大的影响。大解自己也曾说过："我的诗歌和小说，都得益于老家青龙的风土人情和我的童年生活经历。"我想，大解的这句话绝不是随便说说，而是确实有他的诗歌和小说为证的。今天，我想就和大家一起，通过几首大解的代表作，来感受大解诗歌的创作特色及其与地域文化的深厚关联。

　　我们先来看一首题为《衣服》的诗。

　　三个胖女人在河边洗衣服

　　其中两个把脚浸在水里　另一个站起来

　　抖开衣服晾在石头上

水是清水，河是小河
洗衣服的是些年轻人

几十年前在这里洗衣服的人
已经老了　那时的水
如今不知流到了何处

离河边不远　几个孩子向她们跑去
唉　这些孩子
几年前还待在肚子里
把母亲穿在身上　又厚又温暖
像穿着一件会走路的衣服

这首诗描写的是非常简单的场景，几个乡村妇女在河边洗衣服。这样的场景，在咱们秦皇岛市的郊区，比如青龙、卢龙的山区也经常能见到。但是读完之后，我们也都能感觉到，这个简单的场景在诗歌中的呈现并不简单，而是产生了非常丰富的深意，温暖又令人感动。其实这是大解很多诗歌的第一个共通特点，就是质朴而又深厚。大解的诗并没有多么华丽的语言，更没有什么花哨的修辞，即便是那个让人过目难忘的将母亲比作孩子的"衣服"的句子，也是极为自然贴切的。能取得这样的效果，核心的秘密即在于他古朴灵动而又能直取事物核心的"大"手笔：他总是在人类的无穷经验中，大刀阔斧地进行删减，截取出最具典型性的时刻，抓住最具有"象征性价值"的核心意象，将纷繁的人类生活提纯到静谧简洁的美学秩序中，既有苍茫开阔的境界，又有丰盈具体的细节。

　　《衣服》一诗中的"衣服"这个意象，便堪称这一"大"手笔的极佳范例。"衣服"，我们每个人的日常生活都离不开，但在这首诗里，它也是在时间的长河中庇护着人类文明延续不息的神圣力量的象征，这"三个胖女人"，不只是在洗"衣服"，她们自身就是人类的"衣服"。没有"衣服"，也就没有人类文明，没有这"三个胖女人"，也就没有人类的"衣服"。这里的"三"字，在中国的传统文化中也不是普通的数量词，如果我们把它替换为"四个胖女人"或者"五个胖女人"，审美效果就会打个折扣。汉代许慎的《说文解字》曾将"三"注为"天地人之道也"，《老子》中更有"道生一，一生二，二生三，三生万物"之说，因而，此处的"三"字一出场就携带着其他数字所无法体现的文化因子，真的是携带着"三生万物"的意义的"三"。随后的"胖"字则给这三个劳动着的妇女刻上了让人信赖的质感，不禁让人联想到她们朴实憨厚的性格。而且，三个胖女人中的两个，还把脚浸在水里，显示出了一种天真可爱的性格，是憨厚与天真的结合。这首诗里，既有静止的画面，也有流动不息的水、奔跑着的孩子，充分体现了动与静的结合、古朴与灵动的结合。

　　在总体构思上，这首诗由描写洗衣服的场面，到把洗衣服的人比喻为"衣服"，自然贴切。大解在接受我的访谈的时候也曾经说过："写作需要老实，什么就是什么，不要用那么多的想象、比喻、转弯。通感实际上就是一个转弯，A 是 B，然后写出来是 C，所以这些东西太拙劣。写作应该 A 就是 A，B 就是 B，不要去转那么多的弯子。"我想这就充分体现了大解诗歌的第一个重要特点：古朴灵动的大手笔。这样的诗歌是雅俗共赏的，深者得其深，浅者得其浅。而这样的美学特色的形成，和咱们的地域文化、地域风光特色也是有直接关联的，就是：

民风古朴，有着悠久的历史文化传承，同时又有山有水，非常灵动。

大解诗歌的第二个特点，是旷远博大的情怀。

作为一位从青龙河畔的小山村里走出来的诗人，乡村书写始终是大解诗歌的母题。但与一般乡土诗人不同的是，大解既无意于乡村苦难经验的廉价展示，也无意于田园牧歌的虚假讴歌。在他这里，乡村已然成了一个舞台、一个梦幻、一个象征，关于人类、社会、历史、自然、文化、现实的种种思考，都在这里交织上演着。用评论家陈超给他的评价，就是：大解是在诗中"寻求着自然与生命，历史与现实，文化与人性的深度综合"。比如，我们来看这首题为《河套》的诗。

河套静下来了　但风并没有走远
空气正在高处集结　准备更大的行动

河滩上　离群索居的几棵小草
长在石缝里　躲过了牲口的嘴唇

风把它们按倒在地
但并不要它们的命

风又要来了　极目之处
一个行人加快了脚步　后面紧跟着三个人

他们不知道这几棵草　在风来以前
他们倾斜着身子　仿佛被什么推动或牵引

河套是河流的统称，也是青龙的方言土语。作者以"河套"为题，但是并没有讲述河套周边的具体故事，而是抓住了那些更恒久、更沉实的东西：风、小草、人。诗里的时代背景完全被虚化了，小草被风按倒在地，人也被风吹斜了身子，似乎是从来如此、万古如斯，深刻展现出了人在无情的风，也即是时间、或者大自然面前的命运。人被什么推动或者牵引的样子，也展现出了一种与之对抗的精神力量。这也体现了大解诗歌的一个常见特色：善于在人类变动的历史中把握它不变的精神现实，并以此为基础创造他的诗歌时空，指认或揭示这个世界的本性和可能。

这几个大风中倾斜着身子行走的人的意象，不也正是对某一类人，乃至我们人类整体形象的一种高度综合和概括吗？生存于茫茫宇宙的这颗孤立的星球，若是没有了这种固执的精神力量，恐怕我们也就没有了今天的活力与生机。那正在高处集结的风的意象，给人带来了一种压迫感，也因此成了人类所面对的一切艰难的隐喻。最后，"他们倾斜着身子　仿佛被什么推动或牵引"一句，既强化了人类的倔强和力量，又充满了悲悯的柔情。这是一种超越了个人悲欢的大爱，显示了作者始终瞩目于人类整体命运的"大"情怀。

大解曾说："人类缺少怀疑自身和走出自身的能力，因而只提出了一些鸡毛蒜皮的质疑，在方法论的争吵中耽搁了向自身本体发问的智力进化，而成为一群喧闹不休的庸众。现在，我所关心的问题不是剧情的好坏和人类最终的结局，而是生活的实质，即人在生死之间一直不曾揭穿的问题：生活是什么？"这种对人类生活整体性的自觉反思与追问，在大解的诗中反复出现，让他的诗始终显现出一种博大的胸襟和气象：这里有与严酷的大自然相对抗、相搏杀的坚韧，有在深沉的岁月中升起炊烟、鸡鸣的安详，有万古如斯的寒冷的孤寂，有世代流淌的温暖的泪水，有在忙碌的生活中提取的奇迹，有在幻想的梦境中溢出的恍然……在这里，你可以看到全人类的心跳与悸动，感受到人之为人的全部优雅与无奈，这是经过了升华的存在之图景，是一个由"大"情怀衍生而出的"大"世界。

大解诗歌的第三个特点，是他大智若愚的幽默。下面的这首《起身》，便典型地体现了这一特征。

我已经在河滩里走了一天了
不能再走了　一旦山口突然张开
会把我吸引到黄昏弥漫的平原上
被暮色包围　而灯火却迟迟不肯出现

为了把我缩小　平原会展开几千公里
让石头飘得更高　成为远去的星辰

如果我往回走　山脉肯定会阻拦
要想推开那些笨重的家伙实在是费劲

想到这里　我就坐了下来
我真的愁了　究竟如何是好呢

就在我发呆的瞬间
从平原涌进山口的风　带着尘土
吹进了我的裤腿和袖口　与我心里的凉
正好相等　我脱口而出：就这么着啦

　　说完　我就起身

　　在这首诗里，大解用他最常使用的虚拟手法与"自己"开起了玩笑。走不出的河滩、突然张开的山口、弥漫而来的黄昏、展开几千公里的平原、阻拦回路的山脉，处处皆在与"我"作对，而"我"只能呆坐着发愁"究竟如何是好"，让读者也跟着一起惆怅于我们作为一个人的局限。我们如果是只鸟该有多好，可是我们毕竟只是个人。在这紧张的对峙中，"我"不仅在揶揄自己的"无力"，还不忘用大话调侃一下眼前的大山："要想推开那些笨重的家伙实在是费劲"，就好像如果他愿意费劲真能推开这些大山似的。前面既然已经一步步铺垫了如此尴尬的氛围，后面的解决方案就显得至关重要了。而恰恰是千钧一发之际的这个重要决断，是脱口而出、斩钉截铁地——"就这么着啦"。一句话，让他仿佛瞬间获得了生机，也让读者放下了悬着的心。然而，决断之后，真的有新的生机吗？还是仅仅是另一场危机的开始？"我"又能"怎么着"呢？他的决断里，不也还带着不得不的仓促吗？读者如释重负的微笑，也许在脸上保持不了多长时间，就会陷入更深的忧伤中。

　　大解诗歌中的幽默，其实都是这样："我"那冷静的神态，与所讲述的滑稽事件之间，显现出了一种互相较劲的张力，表面轻松的背后，掩藏着巨大的悲怆。他的幽默，是与忧伤交织在一起的，那些能给读者带来愉悦的松弛，是为了更加严肃的紧绷。他的幽默，常常因此而能让人在微笑中猛省，让人们更清醒地认识到自己作为一个人的生存状态，从而也在无形中加深了人与人之间作为同类的友爱。如果知道另一个人有着与你一样的无奈，你们之间的友爱和互相同情肯定就会增加，从而让人们怀着一颗被重新激活的仁爱之心更勇毅地投入生活。

被人类生存的荒诞和严酷困扰过的每一个心灵，都能在这一出戏剧化的情境中感受到类似的窘迫。一个人，只有懂得这窘迫，并超脱于这窘迫，才有可能在这窘迫中制造出幽默，让我们去更勇敢地面对这窘迫。一个不曾感受到生存的巨大悲怆，并在这悲怆中深深沉浸过的人，是不太可能创造出这样的幽默的。一个不能超脱于生活之外，不能与生活保持着审视的距离的人，也同样是不可能获得这种幽默感的。

这就是大解诗歌大智若愚的幽默：通过他幽默化的处理，各种人们已经习以为常的关系，都被赋予了新的理解和可能。通过这些幽默，作者缓解了人类面对未知宇宙和不确定未来的永恒恐惧，用自我揶揄或夸张来释放内心深处沉重的窒息，让很多平日里为人们所忽视的思维死角，突然在沉默中闪闪发光，闪现出更为从容、智慧的人性光辉。

大解诗歌的第四个特点，是他擅长启发冥想的智慧。下面的这首《大海》，便典型地体现了这一特征。

把大海的水全部泼掉，就会
露出鱼、珊瑚、贝类、泥土和岩石。不！
请留下这些苦水吧，世界需要一个大坑，
安葬沉船和死亡的河流。

罪恶需要深渊。远去的人，
也会回来，寻找前世的亡魂。
一个国家倘若哭泣，泪水和盐，

需要庞大的根。

我带你去认罪，路过海边并休息。

说吧，还有什么需要倾诉，请全部倒出来。

就像露出鱼、珊瑚、贝类、泥土和岩石，

大海干枯了，而你露出你的心。

我们秦皇岛人，对海是最熟悉的。面对大海的时候，通常都会把它想象成博大的胸怀、充满未知的远方之类的。但是大解这首诗，却独辟蹊径，把它理解成了装满苦水的大坑，完全颠覆了人们的想象。这样的诗歌，充分体现了大解启发读者展开冥想的智慧：他常以独特的视角和思想性取胜，但又绝不会提供可以直接采摘的思想果实，而是用虚拟的现实不断地启发着你走向思想的道路，打开心灵的眼睛去观看肉眼所看不到的世界，甚至穿破了今天与昨天、生与死的界限，让我们对现实、对生活又有了新的认知。这就是他的诗中从不说破，却又能吸引着你不断去参悟、反思的"大"智慧。

还有另一首非常典型的大解式的代表作《在时间的序列里》，同样体现着他引人深思的大智慧。

回头望去，有无数个我，

分散在过往的每一日，排着长队走向今天。

我像一个领队，

越走越老，身后跟着同一个人。

这首诗虽然很短，却颇能给人启发。它贯通了人生的过去、现在和未来，如果我们每个人都能有时间去读读大解的诗，一定会对我们的今天是怎么来的，又应该如何去面对明天有更多的深思。

大解的诗之所以能形成这样的鲜明特色，和秦皇岛的地域文化尤其是青龙的地域文化有着明显的联系。青龙有着底蕴深厚的奚国文化、满族文化，又有碧波盈盈的青龙河水持续不断地濡养、教化这里的人。秦皇岛有着历史悠久的孤竹文化、秦皇文化，又有着得天独厚的山海风光。同时，作为中国最早的沿海开放城市，其朝气蓬勃的气质，共同塑造了大解诗歌的独特风格。

大解在访谈中曾多次提及故乡的地域文化对他的影响，他说：

"我的身体故乡和精神故乡是统一的，在这一点上，我不分裂，都是在青龙这块山水。她既是给了我生命的地方，也是给了我精神滋养的地方。既是我写作起步的地方，也是我在写作上最终落脚和归宿的地方。青龙的山水是好山好水，青龙人也是半人半神的那种状态，应该说对我的影响也是非常大。

"我的故乡简直就是神的居所。尤其是我的童年时期，现代文明还没有进入那片深山区，稳定的农耕结构把人们牢牢地固定在土地上。人们依靠基因和传说进行着生命和文化的传承。在那些年代里，生活本身就是神话。

"我把那些神秘的事物，那些笼罩命运的迷雾，转换成精神幻象，通过具体人物的生死，呈现出故乡的大致轮廓。这样的努力也许不能穿透历史，但至少激活了我个人的记忆，使我在有效的文字通道里，打开时间之门，回到以往的岁月。

"恰恰是由于这种闭塞的环境，青龙这个地方保留了很多原始的自然风习、风土人情，由于她的闭塞，我们接触不到外面的世界，我们只能说瞎话，晚上只能讲神鬼故事，正是这些东西滋养了我……这一点，和写作的深度、宽度、广度都有直接的关系。

"我觉得中国文化，用一个比喻来说，就像是在一张宣纸上画国画，讲究韵味、味道，朦胧、模糊的那种感觉，我家乡青龙的山水，在我的心中就是一幅国画，尤其是在烟霞缥缈、云雾缭绕的状态下，简直就和一幅国画一样。"

可以说，大解诗歌的每一个鲜明特色，都可以在秦皇岛地域文化中找到相关联的文化因子。他古朴自然的"大"手笔正对应着秦皇岛地域文化中勤劳质朴的民风民俗，他的诗歌中体现出来的旷远博大的"大"情怀正对应着秦皇岛地域文化中悠久厚重的历史记忆，他的诗歌中那大智若愚的幽默正对应着秦皇岛地域文化苦中作乐的豁达精神，他的诗歌中那启发冥想的"大"智慧正对应着秦皇岛地区灵动秀美的山水风光。秦皇岛既有古朴厚重的历史记忆，又有山、有海、有湖、有林，这些地域文化因子，都已经融进了大解的作品中。

作为大解的同乡，我们如果去阅读大解的诗，一定会对他的创作风格与地域文化的关联有更深体会。除此之外，我们还有更多的阅读大解诗歌的理由，概而言之，他可以帮助我们：第一，换个视角感受生活；第二，换个心情感受语言；第三，换种思维创造世界。限于时间，这里就不能再深入展开了。

大解除了写诗之外，也写小说、寓言和散文。最后，我真诚地向大家推荐大解的作品，读者朋友们一定可以从中感受到一个智慧从容、旷远博大的精神世界。

张茗

二十世纪七十年代出生，毕业于河北工艺美术学院。常年坚持创作，散文、游记、书画等作品多见于各级报纸、杂志和展览，著有秦皇岛首部收藏专栏文集《知来藏往》。《秦皇岛尚生活周刊》《旧闻·收藏》专栏作家，秦皇岛新闻网《岛上老饕侃百味》专栏作家，《秦皇岛日报》《北戴河风物》专栏作家，中国民间文艺家协会会员，河北省作家协会会员，北戴河作家协会主席。

百年风物北戴河

——传统美食（海鲜篇）

北戴河，山明水秀、沙软潮平、层峦叠翠、风景绝佳。北戴河作为避暑胜地开发发轫于十九世纪末，随着津榆铁路的修建，到北戴河避暑的中外人士日渐增多。清光绪二十四年（1898 年）正式辟北戴河海滨为避暑区，成为一个"远东罕有其匹"的旅游避暑胜地。

一百多年来，北戴河形成了独特的海滨文化，数不清的名人逸事、说不尽的风土人情……

传统美食，就是某一地区受地理环境、气候物产、文化传统，以及民族习俗等因素的影响，世代相传下来，形成在某一节日或节气，众多群众喜爱食用的饮食。

北戴河位于渤海湾北岸的中部地区，近海的基岩、砂砾、淤泥地貌和众多的入海口，也是许多鱼虾蟹贝的栖息地和洄游繁殖地。得天独厚的地理环境，使之一年四季盛产各类海鲜。那么，北戴河都盛产哪些海鲜？哪些海鲜人们一直延续着俗称？又有着哪些传统饮食习俗呢？

"一鲆二镜三鳎目"——北戴河人吃鱼时的老话

北戴河人吃鱼时，常说一句老话，"一鲆二镜三鳎目"，这也是环渤海一带人们的一种说法。那么，这句老话是说鱼的味道鲜美，好吃程度的排名，还是别有他意？

为了验证这句民间流传的老话，经寻访当地的老人和渔民，结果对这一说法的理解各有不同。

有人说，是鱼汛先后的顺序，这三种鱼应季上市的先后顺序，按节气第一捕捞的是鲆鱼，第二是镜鱼，最后是鳎目鱼，这一说法与沿海鱼汛的顺序倒是吻合。

还有人说，是这三种鱼味道鲜美程度的排名等级。这些人认为在众多沿海鱼类当中，鲆鱼最好吃，为一等鱼；镜鱼其次，为二等鱼；鳎目鱼为三等鱼，这种说法较普遍。

最后一种说法，认为老话是说三种鱼的重量。1 斤的鲆鱼，2 斤的镜鱼，3 斤的鳎目鱼，三种鱼要达到这个重量，味道最为鲜美。这也是更多人认可的一种说法。我也更倾向于这种说法，除了鲜美程度，还有能达到相应重量的鱼本身就很难得。

北戴河位于渤海湾北岸中部，拥有得天独厚的海洋条件，绵延不断的海岸线。自古以来，北戴河沿海地区的人们就以打鱼为生。之所以在民间能够形成"一鲆二镜三鳎目"这句老话，就是这些人在常年的劳作和捕食中，对这三种鱼的深刻了解和品味。

鲆鱼，是比目鱼的一类，鲆科鱼的统称。各地有牙片、左口鱼、歪嘴子、牙偏、石盖子等称呼。因双眼长在头的左侧，嘴貌似是歪的，所以当地人多称其为偏口鱼。

据《北戴河海滨志略》中记载，有"谷雨节见偏口鱼"之说。每年的 4—5 月份，为偏口鱼的鱼汛期。偏口鱼体形椭圆，体侧扁，不对称，双眼的一侧呈暗灰色或具斑块，另一侧呈白色。

　　偏口鱼生长到 1 斤多的时候，其周身肉纤维最为细嫩，此时食用，做生鱼片或清蒸最佳。当地鱼汛期捕获的偏口鱼，个体硕大，每条鱼都有 3—5 斤重。周围村庄的人们吃偏口鱼，家常做法是大铁锅熬鱼。锅内倒入花生油，葱、姜、蒜、花椒、大料、辣椒、酱油、料酒爆锅，放入剁好的鱼块，一次添足开水。经过近一个小时的熬制，汤汁奶白、浓厚鲜美，肉质紧实，肉感肥腴鲜香。它是当地人逢年过节或重要宴请餐桌上的压轴菜。

　　镜鱼，鲳鱼的一种。因其形状加上银白反光的肤色如同镜子一般，而得名镜鱼。

　　有记载，"以海河入海口和秦皇岛海域的镜鱼，品质最佳，春夏之交最应季"。每年 5—6 月份形成鱼汛。镜鱼体侧扁而高，没有腹鳍，背部青白色。很多人认为镜鱼没有鱼鳞，实则鳞细不易察觉。近海捕获的镜鱼一般都有半斤至 1 斤重，很多年前还能见到 2 斤的镜鱼。

　　镜鱼的肉质细腻劲盈，肉味鲜美，一根主刺，清蒸、红烧、干烧、干炸皆可，老少咸宜。这么美味又富有营养的鱼，却因为看不到鱼鳞，在当地习俗中有上不了席面的说法。另一种说法是，"鲳"与"娼"谐音，因此不能出现在婚宴和寿宴上。

　　鳎目鱼，也是比目鱼的一类，舌鳎科鱼类的统称。北戴河当地人俗称"鳎嘛鱼"，有鳎目鱼和鳎目尖之分。

　　捕捞旺季据《北戴河海滨志略》记载，有"自春至冬常见者比目鱼"之说，古人所记载的比目鱼多指鳎目鱼。鳎目鱼身体侧扁，呈舌状，头短、眼小，两眼均在头的左侧，口下位呈弓形，左右下对称。鳞细小，有眼一侧身体呈淡褐色，无眼侧呈白色。

　　很多人都会认为，鳎目尖就是还没有长大的鳎目鱼。我曾询问过当地有经验的老渔民，得到的答案是，"鳎目鱼和鳎目尖是两种鱼，鳎目尖永远长不大"。鳎目鱼与鳎目尖的身体特征虽然一样，但鳎目鱼为半滑舌鳎，一般体长可达80厘米，体重1—3斤。鳎目尖为舌鳎，体长只有15厘米，最长30厘米，体重1—4两。

鳎目鱼是渤海湾特产之一，有"富贵鱼""海洋中的黄金"之称。尤以夏鱼汛所捕最为肥美，也以红烧鳎目鱼这道菜最为经典，2—3斤的鳎目鱼做熟后，外观红润发亮，食之肉质细腻，鲜嫩咸香，肥而不腻。所以沿渤海一带的人们，有"伏天吃鳎目"之说。鳎目尖在当地人的餐桌上有干炸和酱焖之说，是寻常百姓的家常菜。

鳎目鱼在我国古代，由于双眼长在一边，被误认为需两鱼并肩而行，故名比目鱼，并留有"凤凰双栖鱼比目"的诗句，以喻形影不离，被人们看作爱情的象征。有些地方还流传有"鳎食"平安之说，与其谐音有关。如亲人离家远行，老母或妻子要选条鳎目清炖食之，为儿子、丈夫祈祷送行，祝福亲人踏实平安。

随着社会的发展、经济的繁荣，北戴河早已经不是那个以打鱼为生的小渔村，摇身变成了一个闻名中外的旅游胜地。然而，那些在长期劳动生活中总结积累的老话，依旧在民间广为流传。人们正是通过这些通俗易懂的话语，将饮食民俗一一传承下来。

爆煎儿青皮鱼

爆煎儿青皮鱼这道菜在北戴河地区由来已久，我询问过临海村庄很多会做这道菜的妇女和老人，这道菜什么时候开始有的，又是从哪里学的，结果没有人知道，他们只记得很小的时候就见父母在做这道菜，然后学着做，就这么会了。

青皮鱼也叫青鳞鱼，是一种长约 10 厘米的小鱼，在秦皇岛周边海域均有生长，新鲜的青皮鱼腥气味大，以前吃这鱼时妇女们都三五成群地在院子外面，一边唠着家常一边清理。由于价格亲民，买得多时就晾制成咸鱼干，待冬季食用。对这种小鱼当地人却保留着一种独特的食用方法——爆煎儿。

新鲜的青皮鱼虽然毛刺多，但味道极鲜，很多人喜欢用盐腌制一会儿后煎着吃，也有用农家酱炖着吃的。爆煎儿青皮鱼则是一般家里来了客人的吃法，也许是约定俗成，周边村里的很多人更习惯把爆煎儿青皮鱼叫成"爆煎儿"而省去了鱼的名字。

记得我第一次吃"爆煎儿"是在北戴河海滨刘庄村的朋友家。当几尾貌似炸过的小鱼顶着葱、姜、蒜端上来的时候，并没有引起我的注意，我吃了几口，没想到竟如此酥嫩鲜香。听朋友的母亲说，当地人一般都会在每年 5、6 月份的时候吃青皮鱼，很多小贩骑着自行车，后面驮着个大笼子，装着满满的青皮鱼，走街串巷吆喝着叫卖，价格在 7、8 元钱一斤不等，这时候的青皮鱼带籽，肉质也最为肥美，几乎家家都买来吃。

做"爆煎儿"一般 10 条鱼左右较适合，鱼鳞稍加清洗即掉，然后用剪刀从头到腹部一剪子下去，顺势一挤就清除了内脏，鱼籽和鱼白仍保留在鱼的腹腔。葱段、姜丝、蒜片必不可少，还可以放入剁碎的红尖椒，然后倒入鲜酱油、陈醋、盐和味精一起调拌成汤汁料。说是"爆煎儿"，在制作的程序上却是先煎鱼，待把青皮鱼两面煎至结痂，将调制好的汤汁料倒入煎鱼的锅中时，只听"砰"的一声，鲜香四溢，着实火爆。

煎鱼可以让鱼刺酥软，调制好的汤汁料爆锅后保留了葱、姜、蒜的清新，煎过的青皮鱼充分稀释了酱油和醋的味道，减弱了鱼腥味，这一煎一爆后的青皮鱼，毛刺酥脆、鱼肉细嫩鲜香、酸辣适口，既是下饭菜也是下酒的美味。

如果你在北戴河的饭店用餐，菜单上见到了"爆煎儿"，那一定是当地人经营的饭店。由于青皮鱼上市的季节性很强，很多饭店为了保留"爆煎儿"这道菜，用料上改用了可以冰鲜的气泡鱼，气泡鱼貌似青皮，实质上还是有很大区别，气泡鱼脊鳍很长，体形虽比青皮大很多，但肉质没有青皮鱼细嫩，口感远不如青皮鱼鲜美。

近年来，秦皇岛地区为了保护海洋资源，让鱼类更好地繁衍生息，每年从 5 月 1 日到 9 月 1 日有 4 个月的禁渔期，这正是青皮鱼的产卵期，也是以前人们食用青皮鱼的季节。虽然开海后仍有少量青皮鱼上市，但再也看不到走街串巷售卖青皮鱼的小贩和家家飘出鱼香的景致了，爆煎儿青皮鱼这道地域美食也正在渐渐淡出人们的餐桌。

"一色如银说面条"

"东风解冻雪初消，一色如银说面条。珍味允宜称上品，满盘皎洁讶琼瑶。"这首诗里的"一色如银说面条"说的不是面粉制作的面条，而是指沿海特产面条鱼。

这首诗出自清代诗人张凤翔的《渔诗》，诗句描述了早春时节，渤海湾一带，一片如银的面条鱼潮水般涌来，还说面条鱼不但明亮洁白，而且肉鲜味美，是席上的珍品。

　　作者通过多年的细心观察，了解当地的风土人情、鱼汛以及鱼虾洄游的季节，用诗句描述了一年当中每个月份上市的海产品，有声有色地勾画出烹饪的方法、口味以及人们喜爱的程度。不难想象，这位诗人对这片海、这块土地，对安居乐业生活的热爱。

　　面条鱼学名玉筋鱼，体细长稍扁，长近 10 厘米，青灰色或乳白色，很像面条。北戴河地区老辈人有每年雨水节气起锚下海，头一个鱼汛捕捞面条鱼的习俗。这时节正是面条鱼"大喷"时期，也是面条鱼产卵之时，等到产卵之后，面条鱼从头部开始颜色逐渐发红，有些人称作"红脖儿"，最后枯瘦而死。

　　每年的 3 到 4 月份，临近农贸市场的路旁会看到一些商贩向下班的人群兜售面条鱼时一定要说上一句"咱海边的面条鱼！"。刚捕捞上来的面条鱼，光滑柔嫩，雄鱼身子肥肥的，脖颈微带粉红；雌鱼鼓着一肚子鱼籽，晶莹剔透。面条鱼无鳞无刺，味道极其鲜美，恰逢这个季节其他海鲜未上市，只有它最当时，被人们称作"开春鲜"。作为"开春鲜"的面条鱼是秦皇岛海域的特产，也有着极具特色的食用习惯，可以摊鸡蛋、蒸蛋羹、油炸、炒韭菜、炖汤、包饺子，甚至清蒸，无论怎么烹制都极其鲜美可口。

　　我在做面条鱼摊鸡蛋时，喜欢加一点儿春韭，做法与一般的面条鱼摊鸡蛋近同，但色香味截然不同。面条鱼稍加冲洗，打入三两个鸡蛋，放适当春韭末、葱花、盐，轻搅均匀，入油锅小火，将蛋饼两面煎至金黄出锅，夹开，黄的、白的、绿的，热气升腾，极是悦目，韭香夹杂着鱼籽的些许沙弹感，咬一口便知春天的味道。

　　面条鱼在我国的很多地区都有出产，而且都称是地方特产，这种半透明的鱼类，咸水、淡水中都有生存，均属银鱼科。虽然都叫银鱼，但无论是模样、口感都大相径庭。

号称"馋人"的唐鲁孙在他所著的《中国吃》中，就曾谈及塘沽一带所产的面条鱼，与秦皇岛同属渤海海域，上市季节相同。唐鲁孙称："此海域的面条鱼与众不同，口味绝佳。"相关资料显示，世界上约有17种银鱼，我国就多达15个品种。山东至浙江沿海地区、长江口崇明岛等地尤多，辽宁、河北、沿海河口入海处较少。

有一年去丹东旅游，一家海鲜家常菜的餐厅里服务员极力推荐一道本地的特色菜——银鱼丸子汤，说我们太幸运了，赶上这个季节面条鱼刚上市，从鱼的珍贵程度到夸到滋阴补肾的功效，简直就是"神药"。虽然价格不菲，还好肉丸弹牙，几尾小银鱼虽炖碎了，汤汁却足够鲜香可口。

妻去华东旅游，回来时带了一盒苏州著名特产"太湖小银鱼"。太湖银鱼堪称鱼中珍品，清康熙年间曾作为贡品进献给皇室食用，足见身价不菲。按说明将淡干的银鱼发制后做了银鱼鸡蛋羹，鲜度略有不足，但色香味俱佳。

还有一次在青岛，当地的朋友请我们一行人吃饭，席间有一道软炸面条鱼，一看便知是蛋清挂糊，外表脆软，鱼肉鲜嫩。朋友迫切地问大家："怎么样？我们这儿的特产，软炸味儿最好，这家酒店的特色菜。"众人连连点头称赞。

我无法告知哪里还有面条鱼，也无法评定哪种做法最好吃，因为每一种食材都被所在地的人们在经年累月的饮食习惯中重塑，形成了特有的味觉。这滋味有祖辈的传承，有挥之不去的记忆，是改不掉的味道，也是对家乡无限的热爱。

北戴河的螃蟹

螃蟹是一种魅力无穷的佳肴，在我国食来已久，据说可以追溯到周代。北戴河所产的螃蟹主要有梭子蟹、花盖儿、大红夹子等。很多螃蟹一直延续着俗称和流传下来的食用方法，这些传统的吃法，形成了北戴河独特的饮食习俗。

"大海蟹"是北戴河当地人对梭子蟹的俗称。梭子蟹学名三疣梭子蟹，因体型酷似织布的梭子而得名。早些年北戴河沿海捕捞上来的梭子蟹一只就有一斤多重，人们习惯称母蟹为"圆脐"，公蟹为"尖脐"，母蟹在即将成熟时被称为"塔脐"。梭子蟹是北戴河的主要特产，味道明显优于其他海域所产的梭子蟹。当地有"蟹过无味"之说，意思是吃过了"大海蟹"再吃其他海鲜就没有什么味道了。

北戴河捕捞梭子蟹有两个捕捞旺季，春天的捕捞旺季在每年的4月份左右，秋天的捕捞旺季在每年的10月份左右。春季的梭子蟹以尖脐公蟹最为鲜香，到了秋季，梭子蟹以圆脐带蟹黄的雌蟹最为肥美，当地有"春吃尖秋吃圆"的说法。

梭子蟹肉质细嫩，肉色洁白，膏似凝脂，蟹黄香鲜，其鲜美的味道被人们冠以海鲜之首，丰富的蛋白质、微量元素和维生素A，也是老少补益的佳品。当地人挑蟹首先用手掂量轻重，然后看蟹壳的尾部与尾脐之间是否拱起，拱起则说明蟹肉饱满。翻过来，尾鳍与纹路边缘略带红色，蟹肉一定肥厚。

梭子蟹有很多种烹制方法，油焖蟹、葱姜炒蟹、香辣蟹、盐水煮蟹和清蒸蟹等，不管如何烹饪，其味道总是无比鲜美。当地人吃梭子蟹大多水煮或清蒸，吃的时候不蘸任何佐料。这种食蟹的方法，明朝的张岱早就说过："食品不加盐醋而五味全者无他，乃蟹也。"吃的就是原汁原味。

当地还有一种吃法叫酱炒螃蟹，也称炒螃蟹酱，就是将蟹掰开去蟹腮后与葱段、姜丝、干辣椒下油锅同炒后取出，再重新炸豆瓣酱，倒入炒好的蟹块，加适量的水稍焖片刻即熟。炒好的酱螃蟹葱段咸香，蟹肉微辣，酱味十足，最适合喝粥下饭。

很多渔民在船上喜欢生食梭子蟹，就是把刚从网上摘下来的大海蟹用盐腌一小会儿，直接生吃，才有了当地人常说的"生吃螃蟹活吃虾"。我曾尝试过，那腥气味着实接受不了，可渔民说，要比熟吃鲜美得多。当地人吃海蟹都要喝一点白酒，而且十有八九都嗜蟹成癖，三两个人无论男女都能嗑掉一大盆。他们说："当年大海蟹多的时候，一煮一大锅，全家人当饭吃，可毕竟不是饭，吃了一大锅该饿还是饿。"

二十世纪五六十年代，北戴河沿海的梭子蟹产量很高，为了便于储存多采用风干和腌制的方法。沿岸的河东寨、草场、刘庄、单庄、赤土山等村庄的生产队有手摇船或单篷船（当地人忌讳"翻"以及谐音字，所以管帆船叫"单篷船"）。这些渔船根据节气捕捞梭子蟹，一小部分供应给秦皇岛周边的市场，大部分由生产队晾晒蟹肉，上交给国家出口。晾晒蟹肉需挑选新鲜、丰满的梭子蟹，煮熟后去壳，沿身体的纹络掰开蟹身，剥出蟹肉，在盐水里浸泡后进行晾晒。这项工作由村中的妇女完成，酬劳是螃蟹中的蟹膏，如果有人偷吃螃蟹，下次村里便不会再用她了。

村民自家晾晒的螃蟹干，一般储存到冬季无海鲜时再拿出来食用。用温水泡开后的螃蟹干与大白菜一同炒制，味美无比。螃蟹干还可以做汤，将螃蟹干放入锅中加水煮沸后打入蛋花即可，蟹干汤集清鲜浓香于一身，喝过的人无不称其鲜美。当时几乎家家腌制螃蟹酱。《周礼》中记载的"蟹胥"，说的就是螃蟹酱，可见早在两千多年前，螃蟹酱就已出现在先人们的餐桌上了。近几年，北戴河的一些食品厂重新挖掘出这一独特的美食，生产瓶装的螃蟹酱，虽然都叫螃蟹酱，却不是当年村民腌制的味道。

当年，一走进北戴河沿海的这几个村子，远远就能闻到浓烈的臭螃蟹酱味，可以说是"臭气熏天"。制作螃蟹酱首先要把螃蟹加盐，然后用木棍捣烂，经晾晒后再盛入缸中进行发酵。晾晒和发酵的过程会产生臭味，经过一个月左右那味道就淡了，成为咸香四溢的螃蟹酱。村民一般在熬白菜、土豆、萝卜时，放上一勺螃蟹酱，清淡的蔬菜立刻鲜咸适口，海鲜味十足。捣螃蟹时，有些人家故意留下完整的螃蟹爪，家里要是来了客人实在没菜上桌，便会捞出几个螃蟹爪下酒，经过发酵的螃蟹爪也是别有一番风味。

北戴河还有一种"软壳儿"的梭子蟹，是蜕皮时旧壳还没有脱掉，里面就又长了一层软皮。这软皮和蟹肉长在一起，非常饱满，吃时像有细沙，却含有丰富的游离钙，是老人小孩补钙的佳品。"软壳儿"很难遇到，船上的人见了，就会挑出来拿回去给家人食用，作为游客很难尝到这种美味。

梭子蟹称得上是海蟹中的极品，但我个人最爱吃的却是花盖儿，花盖儿学名赤甲红，虽体小但肉质发甜，膏肥黄满，味道极佳。可以说渤海湾沿海最好吃的花盖儿非北戴河莫属，北戴河海域是沙子底而且岩礁众多，所产的花盖儿没有淤泥的土腥味。每年的 12 月到次年的 2 月，是花盖儿最为肥美的季节。

早些年，我经常到东山旅游码头的护堤上或军委装舰艇大洞旁的碎石堆那里钓花盖儿。一根绳子，拴上海边随地拾来的小鱼，放入石缝，花盖儿见到后就会死死地夹住，在花盖儿即将被提出水面时，迅速用抄子抄上来，一个早上就可钓到二三斤。北戴河的另两道美食"螃蟹熬瓜"和"螃蟹粥"，用的就是花盖儿。

北戴河还有一种海蟹叫大红夹子，与花盖儿同属赤甲红，由于蟹螯坚硬，当地也有人称其为铁夹子。个头却比花盖儿大得多，有当地老人说："这大红夹子如同骡子一样，都是公的，不能产卵，所以看不到母蟹。"经询问海洋院所的专家后得知，原来大红夹子母蟹与公蟹个体大小差别很大，母蟹很小如同花盖蟹，公母并不在同一时期上市，每年冬季、初春正是大红夹子公蟹最为肥美的时节，而大红夹子母蟹与花盖蟹在秋季蟹黄饱满时同时上市，多被误认成花盖蟹食用了。

大红夹子蟹螯硕大，煮熟后色彩红艳，蟹肉很是鲜美，蟹螯堪称螃蟹肉中的极品。卖蟹的小贩用皮筋精心捆好，以免它们在打斗中被碰掉，如果少了大爪大红夹子就徒有虚名不值钱了。我也是喜爱蟹螯之人，觉得那蟹螯中的蟹肉比起其他位置的蟹肉更胜一筹，李白有诗云"摇扇对酒楼，持袂把蟹螯"，白居易的"陆珍熊掌烂，海味蟹螯咸"都足以说明蟹螯的鲜美，可与熊掌相媲美，世间佐酒之物都不能与之相比。可见从古至今，无人不喜食鲜蟹螯。

位于北戴河鸽子窝附近的大潮坪，每当海水退潮后，裸露的泥滩上布满了密密麻麻的小洞眼，可以看到小螃蟹在洞口周围捕食。这种螃蟹当地人叫它"驴粪球"，学名蟛蜞。蟛蜞生性胆小，一对眼睛如火柴头般竖起，稍有动静就马上钻回洞里。很多游客用手挖开螃蟹洞捕捉到的就是这种螃蟹。

捕捉蝲蛄最好的方法是夜里用灯光照，它们会从洞里爬出来朝着灯光方向聚集，只要眼疾手快，一会儿就能捡满一桶。当地人吃蝲蛄一般只放入盐和花椒煮熟，待泡入味后再食用。还有一种吃法就是将蝲蛄除去壳和腮脏，在清水中浸泡后捣碎，加入适量面粉和盐下锅油炸，味道酥脆鲜香，既可下饭也可下酒。很多人将蝲蛄用酒腌制做成醉蟹，我却未曾尝试。

还有一种螃蟹，大如纽扣，蟹壳坚硬，一个壮汉用两个指头都捏不碎，当地人管它叫"好汉捏"，其实是馒头蟹的一种。还有颜色红黄被叫作鬼蟹的黎明蟹、貌似关公脸的关公蟹等，这些螃蟹都很少能食用。

早些年北戴河人不认河蟹，嫌它有土腥味。河蟹是在咸水中孵化，淡水中生长，北戴河沿岸的河流是河蟹生长得天独厚的环境。每到秋天，满高粱地里爬的到处都是，除了孩子捉来玩，大人很少问津。近几年受大闸蟹的影响，当地人也开始食用河蟹，大多酱油泡制后蒸食。

自20世纪80年代后期，随着北戴河旅游业的蓬勃发展，当年沿海的小渔村已经发生了翻天覆地的变化。当地的很多村民改变了以打鱼为生的传统劳作方式，开始经营起民宿和餐饮等行业。世事变迁，没有改变的，是当地人在长期的生活实践中逐渐积累起来的饮食习俗，这些习俗也是北戴河特有的民俗文化。

北戴河特产对虾

对虾是北戴河的特产之一，很早以前，渤海湾打上来的大虾一只足有半斤，两个一斤成对出售，所以叫对虾，北戴河人更习惯称其大虾。

对虾主产于北戴河及昌黎、抚宁、滦南、丰南、黄骅等地海域，多在秋季幼虾发育为成虾，且未南游前捕捞，个大肥壮，肉嫩味美。

渤海湾所产的大虾是我国特有的品种，也叫中国对虾、东方对虾、斑节虾。熟后通体橙红，食之鲜美异常，且营养丰富。对虾中所含的镁能保护心血管系统，丰富的虾青素是美容的佳品。对虾还有通乳的作用，对产妇和幼儿都有补益功效，是虾类中的上品。

渤海湾的大虾还曾是明清两代朝廷的贡品，专供皇宫食用。在二十世纪五六十年代，北戴河地区的相关部门开始收购对虾，价格为几毛钱一斤，为国家出口创汇换钢材，同时还供应给北京，所以当时在北京的水产品市场上也能看到北戴河对虾的身影。

大虾在我国民间有顺利、活力十足、节节高升、吉祥讨喜等寓意。北戴河地区有一个习俗，那就是重大节日、结婚和重要的宴会一定要有大虾。大虾有盐焗、盐水、油焖等多种做法，当地人最喜欢也最擅长的是爆大虾。虽然吃法各异，但一定是宴席上的头道菜，可见大虾在人们心中的地位。

妻是北戴河刘庄人，每次到她家吃饭，酒过三巡后如果提及大虾，岳父一定会拿起一支筷子，说："我年轻那会儿，大虾都这么长，多得可以吃饱。"岳父祖辈都生活在北戴河海滨，出生时正赶上国家困难时期，十几岁时曾跟着生产队的渔船出海打鱼。他吃大虾的那段经历大概在 1976 年，那年北戴河沿海的海域忽然出现大量洄游的对虾，人们奔走相告："海都红了！"可见当时大虾繁多的盛况。据当年赶上捕捞大虾的老人讲："凌晨 1 点多钟就下海了，船摇到金山嘴前几海里的地方，就能听见大虾'嚓嚓嚓'地迎着浪头跃出水面的声音，顺着船尾打浮网，眼看着成片的大虾粘在网上。"河东寨村用手摇船就打了1000多斤大虾，装满了船舱。刘庄生产队的渔船打了几千斤，当时家家都分了好多，吃不完就摊放在院子里晾虾干。那之后的很多年，北戴河的海域再也没有见到过成群的对虾。岳父说："那是我这辈子见到大虾最多的一次。"

渤海湾的大虾不同于日本和欧洲的对虾，只生活在一个固定的海域。渤海湾的大虾每年秋末冬初便都游向黄海东南部的深海区过冬，直到第二年春天天气转暖，再北上洄游到渤海湾产卵。辽宁、河北、山东及天津等沿海省市的海域都能捕捞到这种洄游对虾。正是洄游线上的严重捕捞，对虾在我国曾一度绝产。

到了二十世纪八十年代后期，沿渤海这些省市的渔业资源部门每年都在海域里放流大量的对虾苗，而且养殖对虾也日趋成熟。经过多年的增殖放流，近年来渤海湾的对虾年产量已达到2万多吨，老百姓的餐桌上又见到对虾了。

海鲜的不同吃法成就了北戴河人独特的饮食文化。每逢过年，岳父家的餐桌上一定要有几样海鲜，而且大都延续着传统的做法。头道菜必定是爆大虾，爆大虾也是我的拿手菜，每次都由我来料理。我的做法是将收拾干净的大虾过油，变色后捞出；油锅下葱姜爆炒出香味，再放入番茄酱、料酒、糖、酱油和醋，然后放入大虾。我一般用新鲜的西红柿调制番茄酱，味道会更加鲜美；待小火爆至汤汁浓稠后，加入盐、香油，调好口味，一盘红彤彤、鲜香油亮的爆大虾就出锅了。岳父说："你做的大虾虽然味道好，但不是北戴河当地的做法。我们当年做爆大虾，哪儿来的番茄酱？那时候油都比虾贵，舍不得用油炸虾呀，但做出来的味道和颜色并不比你这个差。"按照他的说法，爝大虾的步骤是，先用清水煮虾，熬出鲜红的虾油后捞出大虾，油热后，大虾连同葱姜一起下锅翻炒，然后把煮过大虾的原汤倒入锅中。岳父说："关键是带有虾油的原汤，爝到黏稠后，颜色才会红亮。"

我一直没有吃过岳父烹制的爝大虾，那是他们那个年代特有的做法，也一定有特有的味道。那味道已不仅仅是一种食物的属性，而是保留在岁月中的生活和记忆。

春吃雪虾的习俗

不同的节气，不同的天候，当然有不同的应时美味。春天在秦皇岛人的味觉中是有记忆的，雪虾就是这个时节里特有的美味之一。

每年的惊蛰过后，雪虾便开始游入浅海水域，有些地方的海鲜市场，相继能看到雪虾的身影，但价格较高。谷雨前后，是渤海湾里雪虾的捕捞旺季，这时秦皇岛的农贸市场，甚至街头巷尾，都可以看到一户挨着一户售卖雪虾的商贩。刚刚捕捞上来的雪虾活蹦乱跳，闪着晶莹的亮光，十分诱人，然后随着时间逐渐变白。很多人都趁着鲜活买上一些回去尝鲜，他们知道，只有这个时节才能吃到如此的美味，错过了，就要再等一年。

雪虾因熟后颜色雪白、肉质鲜美、营养丰富，而备受人们的喜爱。当地人在春天食用雪虾的习惯由来已久，烹制方法也是多种多样。最传统的做法就是雪虾摊鸡蛋，将打好的鸡蛋内放入沥干的雪虾，调好口味，搅拌均匀，两面煎至金黄，厨艺好的可以煎成整张的雪虾鸡蛋饼，外焦里嫩，鲜香可口，可以说老少皆宜。也有将雪虾烫熟后沥干，搭配早春的小葱凉拌，是一道鲜美爽口的下酒小菜。雪虾炒韭菜，韭菜提虾的鲜味，有补肾温阳的功效，适合中年人食用。雪虾还可以当作辅料，放入任何的汤菜中，会大大提升汤菜的鲜味，甚至还有人用雪虾做馅，蒸包子、包饺子，味道也极其鲜美。

据一些沿海村庄的老人讲，当年他们吃雪虾哪里来的鸡蛋呀，大都将雪虾和面粉放在一起，打成糊糊，或煎出糊咯吱，或直接上屉蒸熟，保留了雪虾的鲜香，既是菜肴也是主食。我一直想尝试着用面粉做一回，但每每买到鲜活的雪虾，还是不由自主地做成了自己心中喜欢的味道。

雪虾只是当地人的一种叫法，学名叫毛虾，是渤海湾一带海域一年生定居虾类。尤其早春上市的雪虾，含有丰富的蛋白质，营养价值很高，其肉质和鱼一样松软，易消化，而且无腥味和骨刺，同时含有丰富的钙、磷、铁等矿物质，适合各类人群食用。早些年，每到雪虾的鱼汛期，秦皇岛周边海域都有大量的雪虾上市，当地人把吃不完的雪虾制作成虾皮或虾酱。

秦皇岛地区食用虾皮较为普遍，炒菜、做汤、蒸蛋、包馅都离不开它。用雪虾腌制的虾酱，没有糟粕，具有独特的鲜咸滋味。发酵后的雪虾酱可以直接吃，也可以作为调味品搭配其他食材食用，咸香可口。虾皮也好，虾酱也好，人们想尽办法，尽可能保留住雪虾的鲜美，但永远不能与鲜活雪虾的味道相媲美。

四季轮回，我相信每一种食材都有属于它自己的时节，每一个时节都会保留住它独特的味道，就像在秦皇岛人的记忆中，春天一定要吃雪虾一样。

赶海

赶海，是居住在海边的人们，根据潮涨潮落的规律，赶在潮落的时机，到海岸的滩涂和礁石上打捞或采集海产品的过程。

近些年，一些游客已经不满足到北戴河游览景点、洗海澡、看日出、吃海鲜，他们更希望能像当地渔民或居民一样，参与到海鲜的捕获中。很多民宿也开始利用到北戴河赶海来招揽游客，参与赶海的大都是年轻的情侣和带着小孩的父母。他们赶海已不再是为了满足口福，更多的是体验赶海的乐趣，从中认知大海，感知当地的风土人情。

北戴河当地人早些年是不说"赶海"这个词的，大都说："海边落大潮了，抠海虹或抠蛎蝗去。"一直流传有"初一、十五落大潮"的谚语，实际的大潮汛一般在农历的初一至初五、十五至十九之间，落大潮是赶海的最佳时间，也形成了当地人祖祖辈辈逢初一、十五赶海的习俗。平缓的海滩海水退去3—5里，才能称得上退大潮。北戴河的海岸线适合赶海的地方非常多，当地的老人会根据季节，刮多大的风，判断潮水能退多远，哪些礁石会露出来，去哪里、带什么工具、捕拾什么。

鸽子窝到金山嘴沿海，礁石颇多，大潮过后，一些行动迟缓的贝类、小鱼、小虾、螃蟹，甚至海参，被留在滩涂或礁石根部、礁石缝里，捕拾它们是赶海人顺带手的事。赶海的主要工作是在潮水涨上来之前，尽快地多铲下附着在礁石上面的海虹或蛎蝗。近两年时有发生食用海虹中毒的情况，秦皇岛地区已经禁止食用。蛎蝗也称海蛎子或牡蛎，早些年海虹和蛎蝗都是便于存放的海鲜，回家后放到院子的墙角，盖上浸了海水的麻袋片，经久不死，解决了一冬天的副食。

浅水湾一带滩涂平缓，而且这里曾养殖过文蛤，直到现在沙滩下面文蛤、黄蛤还是很多。而从东海滩一直到西海滩沿岸的浴场，滩缓沙平，适合于用小耙子在海湾处扒花蛤，沙滩上挖猫眼、挖蛏子，还能捡拾到一些扇贝或海星。

退潮后，沙滩上也时常能遇到被海浪卷上来的海蜇，捡海蜇稍不小心就会被蜇中毒。当地海域有海蜇和麻蜇之分，从外形上看，海蜇呈规整圆形，麻蜇外形随意、不规则，毒素更高，都不适宜用手直接触摸。当地人几乎家家都会腌制海蜇，所以看到哪一种都会捡回家，腌制后的海蜇为棕褐色，麻蜇颜色泛黄，海蜇口感清脆，麻蜇口感韧涩，不常接触的人不好分辨。

猫眼儿在北戴河的海滩上比较容易捡到。退潮后沙滩上一个一个的小鼓包，一锹下去就是一个冒着水的大猫眼儿。猫眼儿，因外壳尖部为深绿色有如猫眼而得名，学名香螺。当地人按个头大小食用猫眼儿，大的猫眼儿煮出肉，切片拌黄瓜，再放点辣椒油，鲜辣爽脆。还可以用五花肉和宽粉条一起炖猫眼肉，味道鲜香适口。小的猫眼儿水煮后，蘸三合油直接食用，吃的是原味。最有特色的是小猫眼儿同干辣椒、蒜薹、甜面酱一起炒，叫酱爆猫眼儿，是当地人普遍的做法，也形成了一种习俗。

大潮过后，花盖儿和八带多躲在礁石缝、碎石堆和水洼处。花盖儿个头不大味道鲜美，是当地人比较喜爱食用的蟹种，花盖儿螯足要比其他螃蟹的锋利。八带是当地人对八爪鱼的俗称，一次傍晚退大潮，我在海滩上借着月光看到一只八带立起八根爪子向大海的方向快速跑去，那是我第一次见到八带在沙滩上站立着行走，很不可思议。

若捡拾到几只八带，当地的家庭主妇会用它来熬咸白菜，既下饭又能下酒。八带熬咸白菜要是能再放上几片猪肉，对劳作了一天的人们可以称得上是神仙菜了，八带熬咸白菜也是当地的传统美食。

赶海也是要看运气的，所以在沿海村民的口中总会有这样或那样关于赶海鱼获丰硕的流传，"单庄村有个人，前几天退大潮捡了一条大鲁子鱼，那鱼嘴上还挂着假鱼呢，有十多斤，天一亮就被人买走了"。假鱼，是早些年人们用来钓大鱼时制作的像小鱼一样的假饵，现在人称路亚饵。"那年早上退大潮，赶上刚刚刮完大风，金山嘴一带海滩上到处都是海兔子"，北戴河人称大墨鱼为大海兔子，"那天去得早的人都成袋子捡，吃不完晾得满院子都是"。据当地的老人讲："他们年轻的时候赶海，两头天不亮，非常辛苦，主要是靠它生活。当时一部分赶海的是渔民，冬季渔船休海只能靠赶海补贴家用。还有就是沿海周边村庄生活穷苦的村民，赶海是为了一家人能填饱肚子。"

如今，除了暑期一些游客参与赶海活动，北戴河仍有一部分人，按当地的习俗在冬季大风过后的初一或十五去赶海。那段时间你会发现，各菜市场门口，总会有一些妇女在售卖已经剥好的蛎蝗肉。吆喝着："咱海边的蛎蝗，自己家抠的。"之所以这样说，是因为北戴河海边所产的蛎蝗个头虽然有些小，但蛎蝗肉的味道要远比外面运来的其他海域的鲜嫩。

蛎蝗肉最终也都卖给了当地人，我相信很多买蛎蝗肉的人有着同我一样的感受，这些鲜美的味道，不仅能勾起曾经赶海的记忆和情怀，还能回味起那段过往的困苦时光。

我国最早研究海洋贝类的地方——北戴河

北戴河位于渤海湾北岸中部，有着几十公里的海岸线。在鸽子窝、金山嘴、老虎石一带分布有基岩海岸，山东堡到海滨一带沿海有沙砾质海岸和淤泥质海岸，不同环境的海岸线里，自然分布着各种贝类。

贝类即软体动物中的一类，身体柔软不分节，能从自己的身体里分泌出石灰质来建造各式各样美丽的贝壳用于栖身、防御和逃跑。贝类绝大多数是可以食用的，而且肉质肥嫩，鲜美可口，营养丰富，又较易捕获，在北戴河地区一年四季都有上市，是海产品中人们非常喜爱的种类。

由于北戴河生态环境和贝类分布的特殊性，早在 1925 年，就有我国学者、科学赞助者、贝类学开拓者金绍基与美国地质学家、古生物学家、地层学家葛利普在北戴河建立了海洋生物研究室，并在周边海域收集了大量的软体动物标本，对这些标本从学名、生活环境、采集地、采集时间、采集方法等进行了详细的记录。

北戴河及周边海域常见的贝类，参考以上文献，通过对这些贝类的俗称与学名对照，从生长环境及食用习俗等方面，初步了解北戴河的贝类。

牡蛎，俗称蚝、海蛎子，当地人习惯称蛎蝗。多分布于基岩海岸，附着在近海的礁石上，退大潮时露出，便可捕获。蛎蝗冬季最为肥美，蛎蝗肉也是当地人涮火锅必备的锅底，蛎蝗肉摊鸡蛋是当地人的家常菜，现在又增加了炭烤蛎蝗、蒜蓉蛎蝗等吃法。

贻贝是学名，也有青口贝之称，南方干制品称淡菜，北戴河亦称海虹，多分布于基岩海岸。海虹最为简单的食用方法是白灼，肥美鲜嫩；当地还有把煮熟的海虹肉剁碎与白菜或韭菜一起做大馅蒸饺的习俗。

蛤，蛤蜊、蚬子的泛称。北戴河地区海域常见有黄蛤、文蛤、花蛤、白蛤、扇贝、蚶子、蛏子等。黄蛤，也称黄蚬子，学名中国蛤蜊，多分布于沙砾质海岸。黄蛤肉多与韭菜、蒜薹、韭黄等爆炒。腌制后的贝尖、贝边，经水发后再炒菜、煲汤、凉拌俱佳，也可炭火烤制。

文蛤，有随潮水涨落"跑流"的习性。有着光滑美丽的蛤壳，肉质细嫩，鲜美异常，素有"第一鲜"的美誉。文蛤可以与各种鲜蔬煲汤，风味俱佳。

花蛤，学名菲律宾蛤仔，也叫杂色蛤，广东一带称花甲，多生活在淤泥质海岸，贝壳粗糙不光滑。除白灼外，当地人喜欢酱爆、辣炒，都别有味道；当地还有用剁好的花蛤肉加豆角丁做成卤头的习惯，浇在过水的手擀面上，口味独特。

白蛤，也叫白蚬子，学名四角蛤，蛤肉小但味道鲜美，常见的食用方法有白蛤蒸蛋。当地的面糊白蛤汤，黏稠适度，既有面香又有海鲜的味道，极有特色。

扇贝，又称海扇蛤，当地常见为栉孔扇，色彩鲜艳，是贝雕工艺品的绝好原料。扇贝主要的食用部分为扇贝柱，肉质细嫩，味道鲜美，所制作成的干贝是海产八珍之一，是煲汤、火锅汤底的佳品。常见食用方法有蒜蓉粉丝蒸扇贝。

蚶子，俗称毛蛤、麻蛤、麻蚶。埋栖型贝类，当地人习惯称毛蚶子，特点是肉色鲜红，肥嫩鲜美。当地有冬吃毛蚶子的说法，新鲜的毛蚶子可以生食，蚶肉爽脆，鲜嫩无比。还可以将肉焯水，拌菠菜或与蒜薹、韭菜、尖椒等爆炒。

蛏，生活在海边河口附近有淡水流入的淤泥质海岸，也称蚬蛏，近海海域常见有竹节蛏和缢蛏。竹节蛏学名竹蛏，有长竹节、大竹节之分。缢蛏，当地人称"小人鲜"。蛏子味道鲜美、营养丰富，有"海里人参"的美誉，常见的食用方式有清蒸、蒜蓉蒸，爆炒、韭黄或韭菜烧蛏子、蛏子炒蛋、拌蛏子肉、汤类等。

腹足纲大都是带一个壳的螺类，多分布于基岩海岸。北戴河海域常见有脉红螺、疣荔枝螺、锈凹螺、扁玉螺等。

脉红螺，当地俗称大海螺，附着在近海的礁石上、暗沟里，大海螺多凿壳后切片葱姜爆炒，也可白灼后蘸三合油食用。码头防波堤石块上或礁石上常见到的小蛤蜊锥，可能是疣荔枝螺和锈凹螺。疣荔枝螺当地人称辣螺，因螺肉一侧有一条黑绿色的螺线，很多人吃不习惯。锈凹螺也称偏腔波螺，螺身较扁铁锈色，肉质鲜美细腻。

扁玉螺是学名，也称蚄蛴，当地人叫猫眼儿或海肚脐儿。它喜欢生活在砂砾质海岸，可以白灼，也可以将煮熟的猫眼儿肉取出切片，与黄瓜、洋葱凉拌，也可以酱爆猫眼儿。

头足纲最为有趣，代表有乌贼和章鱼，很多人认为乌贼没有贝壳怎么就是贝类，原来它们在长期的进化中退去了外壳，在体内形成一角质或石灰质的内骨，称为海螵鞘。

乌贼，也叫墨鱼、墨斗鱼，用来煲汤、红烧、烧烤皆可，味感鲜脆爽口。

章鱼，即是蛸、八爪鱼，沿岸岩礁下穴居生活。近海有长蛸和短蛸之分，当地人俗称八带。长蛸，八足较长，称畲八带。八带鱼既没有外壳也不生长内骨，所以善于躲在其他贝类的壳中。蒜薹炒八带、韭菜炒八带较为普遍，畲八带可以生食，当地还习惯用五花肉炖八带或咸白菜熬八带。

其实，贝类在我国很早就有观察和记载，《尔雅·释鱼》篇，记载有一些贝类的名称。直到1928年，贝类学开拓者金绍基与美国学者葛利普，两人将在北戴河海洋生物研究室的部分科研成果，合著出版了《北戴河的贝类》一书。这本书不仅对我们了解北戴河的贝类有着重要的参考价值，也是我国贝类最早的研究成果、我国海洋贝类研究最早的学术专著，在科学研究和生产实践中均具有重要的价值。

消失的拉大网和拉网号子

拉大网是我国一种传统的近海捕捞方式，据记载迄今已有千年的历史。北戴河地区沿海村庄也有拉大网的传统，当地的老人们讲，他们的上几辈人就有这种捕捞方式，也是当时的一种生计，直到20世纪六七十年代，才逐渐消失在人们的视野里。

《北戴河海滨志略》中，记载了一首海滨捕鱼歌，"一波一波千万波，浪花拍岸白婆娑。遥望海滨现簇蚁，蠕蠕如把螳螂拖。欲问乡人是何物，忽闻似歌又非歌。乡人告我下大网，网入汪洋数千丈。两端丁壮百十人，互挽长绳拽之上。春秋二季获最丰……"渔歌详细描述了当时拉大网的时节、人数、劳作过程以及渔获的情况，是旧时当地渔人拉大网的真实写照。

北戴河拉大网的历史除了地方志中的文字记载，在《北戴河记忆》一书中，还有当时拉大网的老照片，能够看到20世纪初北戴河海滨渔民在海边生活、修补渔网及拉大网劳作等场景。旧时山东堡到狼牙山一带沿海，滩缓沙平，适于拉大网作业，捕捞人早早就来到这里，住在简易的地窝棚中等待鱼汛的到来。

什么时候下网，一般是由经验丰富的网头根据天气、风向、潮汐、海流来决定。拉大网用的渔网小的也有1000米，网宽一般5米左右，上有木制的浮漂，下有烧制的土陶网坠。作业时，划着小船将大网送入离海岸100米左右的海中撒开，整张网形成半弧形，在大网的中间插一面小红旗，以判断两端用力是否均匀。拉大网至少需要 30 到 50 人，大家用绳子编织成腰围系在绠绳上，面朝大海。当收到网头收网的号令后，两组人分别向岸上一步一退。整个过程大约持续两到三个小时，这是拉网人出大力气的过程，需要用特有的拉网号子来协助完成。大网一圈一圈地往岸上盘，鱼虾便在网兜中被一步一步拖向岸边。当大网拖至不足一人深的海水处，便有人跃入水中扯网脚，压网肚，防止鱼虾逃跑，跃起的鱼虾引得众多海鸥在上空盘旋。一网下去，能拉到多少鱼，一方面凭网头长期风里来雨里去、摸爬滚打积累的经验，另一方面靠运气，时有惊喜，也有失望。

拉大网除了拉网号子还有抬网号子和抬船号子，一般都是一领众和，由网头反复喊出几句，众人应答"哎嘿""呜呼""嗨呦"等。《北戴河海滨志略》中记载的"忽闻似歌又非歌"，说的就是沿海渔民特有的拉网号子。拉网号子主要起到消遣时间、统一发力节奏的作用，网头诙谐的语言还能解除疲劳，也能防止有人偷懒。那时的号子中少不了一些污言秽语，拐弯抹角地辱骂不出力气的人。当大网拖至浅滩上时，一些无暇顾及的小虾小鱼，会遗漏在网后的沙坑中。这时就会有沿海村庄的一些小男孩挎着柳筐蜂拥而上，逐一清扫。

据当地的老人讲，每逢农历的初一、十五都会落大潮，附近沿海村庄的男女老少有赶海的习俗。但很少有大人跟着大网去捡拾鱼虾，除了遭其驱赶，还有拉大网者多全身赤裸，也不会让家里的妇女和女孩子去看拉大网。绝少有妇女靠近拉大网的海滩，一旦出现，那一定会引人起哄的。

　　种种原因，拉大网这一传统的捕鱼方式在北戴河地区消失了。不久前的一个视频中，我再次看到了浙江沿海一带拉大网，只是拉着绠绳的一群人已被两台绞盘的机械代替，没有了当初那种边拉大网、边喊号子的场景。